Hermann Wedewer

Grundriss der Apologetik für die oberen Klassen höherer Lehranstalten

Hermann Wedewer

Grundriss der Apologetik für die oberen Klassen höherer Lehranstalten

ISBN/EAN: 9783743492158

Hergestellt in Europa, USA, Kanada, Australien, Japan

Cover: Foto ©Paul-Georg Meister /pixelio.de

Manufactured and distributed by brebook publishing software (www.brebook.com)

Hermann Wedewer

Grundriss der Apologetik für die oberen Klassen höherer Lehranstalten

Grundriß der Apologetik

für die

oberen Klassen höherer Lehranstalten

von

Dr. theol. **Hermann Wedewer,**
Religionslehrer an den Königl. Gymnasien zu Wiesbaden.

Mit Approbation des hochw. Herrn Erzbischofs von Freiburg.

Zweite, neu bearbeitete Auflage.

Freiburg im Breisgau.
Herder'sche Verlagshandlung.
1890.
Zweigniederlassungen in Straßburg, München und St. Louis, Mo.
Wien I, Wollzeile 33: B. Herder, Verlag.

Buchdruckerei der Herder'schen Verlagshandlung in Freiburg.

Aus dem Vorwort zur ersten Auflage.

Vorliegendes Büchlein möchte als Grundlage für den Unterricht in den oberen Klassen höherer Lehranstalten dienen. Im Anschluß an meinen „Grundriß der katholischen Kirchengeschichte" und wesentlich nach denselben Grundsätzen arbeitend, habe ich versucht, das weite und wichtige Gebiet der Apologetik möglichst kurz und faßlich zur Darstellung zu bringen. Wie in der Kirchengeschichte ward auch hier durch kleinern Druck dasjenige ausgeschieden, was mehr ins einzelne geht oder was wohl zum Durchlesen oder Nachschlagen, nicht aber zum eigentlichen Lernen geeignet ist.

Die Einteilung des Stoffes ist aus dem Inhaltsverzeichnis und der „Übersicht" (S. 2, Nr. V) erkennbar. Auch hier ist wieder eine „planmäßige" Ungleichheit in der Ausführung vorhanden, insofern nämlich diejenigen Fragen eingehender behandelt sind, die unsere Zeit bewegen, dagegen solche kürzer gefaßt, die mehr theoretische als praktische Bedeutung haben. Verhältnismäßig großer Raum ward der Widerlegung jener Irrtümer gewidmet, die heutzutage wie eine geistige Epidemie unser ganzes ideales Leben zu verpesten drohen; deshalb sind Abschnitte wie Materialismus, Pantheismus, Geistigkeit und Unsterblichkeit der Seele, Realität der Wunder u. a. m. ausführlicher behandelt. Dasselbe gilt von der Apologetik der Kirche. Sollte etwa hie und da eine Einteilung und Trennung bis zu den letzten Unterabteilungen vermißt werden, so bemerke ich, daß ich solche zuweilen absichtlich weggelassen habe; denn ich machte in der Schule stets die Erfahrung, daß sie mehr verwirren als Klarheit geben.

Selbstredend wurden die vorhandenen größeren Werke sorgfältig benutzt und besonders auf Hettingers ausgezeichnete Arbeiten zur Ergänzung des Materials häufig verwiesen, da deren Besitz bei dem Lehrer der Apologetik am ersten vorausgesetzt werden durfte.

Da ich mit meiner kleinen Kirchengeschichte hinsichtlich des Gebrauches außerhalb der Schule die erfreulichsten Erfahrungen machte, so habe ich bei der Ausarbeitung auch auf diesen Leserkreis Rücksicht genommen.

Vorwort zur zweiten Auflage.

Bevor dies Büchlein wiederum seine Reise in die Welt antritt, möchte der Verfasser ihm einige Begleitzeilen mit auf den Weg geben. Diese neue Auflage ist nochmals sorgfältig durchgearbeitet; sie unterscheidet sich von der frühern durch die Hinzufügung von drei neuen Paragraphen (§ 15, 16, 20), in welchen die Bücher des Alten und Neuen Testaments nach Inhalt und Bedeutung besprochen sind, und durch die teilweise veränderte Anordnung des Stoffes. Es wurden nämlich die positiven Gottesbeweise vor die negativen, die „Kennzeichen der Kirche" vor die „kirchliche Lehrgewalt" gestellt und manche Paragraphen zusammengezogen, andere geteilt. Durch die Neuordnung des Stoffes und durch **vielfache Kürzung**, besonders in der Ausführung, wurde es möglich, den Umfang dieser Auflage trotz der neu zugefügten Paragraphen noch erheblich zu verringern. Alle Fremdwörter, die nicht alltäglich sind, wurden etymologisch erklärt; die Citate aus Hettinger sind nach den neuesten Auflagen umgeändert: „Apologie des Christentums." 6. Aufl. Freiburg, Herder, 1887 und „Fundamentaltheologie." 2. Aufl. Freiburg, Herder, 1888.

Zum Schlusse drängt es mich noch, allen Gönnern des Büchleins, insbesondere den Herren Recensenten meinen wärmsten Dank für die gütige Aufnahme auszusprechen; wie sehr ich alle wohlgemeinten Ratschläge benutzt habe, zeigen gerade die Umarbeitungen, die fast alle auf Wünschen der Kritik beruhen.

Möge Gott die Arbeit mit seinem Segen begleiten, damit das Büchlein in den Kreisen, für die es berechnet ist, Gutes stifte und die Herzen der Leser von der Wahrheit, Schönheit und Erhabenheit der Religion Jesu Christi überzeuge.

Wiesbaden, 30. Juli 1890.

Der Verfasser.

Inhalt.

	Seite
Vorwort zur ersten Auflage	v
Vorwort zur zweiten Auflage	vi
Einleitung in die Apologetik und Übersicht über den Beweisgang derselben	1

Erster Teil: Grundlegung.

§ 1. Orientierung 4

Erstes Kapitel: Das Dasein Gottes.

Erster Abschnitt: Positive Gottesbeweise.

§ 2. Der kosmologische Beweis	6
§ 3. Der teleologische Beweis	7
§ 4. Der psychologische Beweis	9

Zweiter Abschnitt: Negative Gottesbeweise.

§ 5. Der Materialismus	10
§ 6. Die Geistigkeit und Unsterblichkeit der menschlichen Seele	15
§ 7. Der Pantheismus	20
§ 8. Der Unglaube	21

Zweites Kapitel: Theorie der Offenbarung.

§ 9. Religion und Offenbarung	22
§ 10. Notwendigkeit einer übernatürlichen Offenbarung	23
§ 11. Die Kennzeichen der Offenbarung im allgemeinen	24
§ 12. Die inneren Kennzeichen	25
§ 13. Die äußeren Kennzeichen: I. Wunder	26
§ 14. Die äußeren Kennzeichen: II. Weissagungen. Die Bedeutung der Wunder und Weissagungen	28

Zweiter Teil: Die Göttlichkeit des Christentums.

Erstes Kapitel: Die Beweisquellen.

Erster Abschnitt: Das Alte Testament.

		Seite
§ 15.	Der Inhalt der alttestamentlichen Bücher	29
§ 16.	Der Inhalt der alttestamentlichen Bücher (Fortsetzung)	31
§ 17.	Die Schriften des Alten Testaments sind echt	33
§ 18.	Das Alte Testament ist unverfälscht bewahrt worden	35
§ 19.	Die Verfasser des Alten Testaments sind glaubwürdig	36

Zweiter Abschnitt: Das Neue Testament.

§ 20.	Der Inhalt der neutestamentlichen Schriften	38
§ 21.	Die neutestamentlichen Schriften sind echt	40
§ 22.	Das Neue Testament ist unverfälscht bewahrt worden	45
§ 23.	Die Verfasser des Neuen Testaments sind glaubwürdig	46

Zweites Kapitel: Die göttliche Sendung Jesu Christi.

Erster Abschnitt: Die göttliche Sendung Christi wird bewiesen durch die messianischen Weissagungen.

§ 24.	Der Messias wurde von Juden und Heiden erwartet	50
§ 25.	Weissagungen über Ort und Zeit des Messias	51
§ 26.	Weissagungen über die Person und das Wirken des Messias	52
§ 27.	Weissagungen über das Leiden und Sterben des Messias	54

Zweiter Abschnitt: Die göttliche Sendung Christi wird bewiesen durch seine Wunder und Weissagungen.

§ 28.	Die Wunder Jesu	56
§ 29.	Die Weissagungen Jesu	58
§ 30.	Die Auferstehung Jesu	60

Dritter Abschnitt: Die göttliche Sendung Christi wird bewiesen aus der Geschichte.

§ 31.	Die wunderbare Ausbreitung des Christentums ist ein Beweis seines göttlichen Ursprungs	62
§ 32.	Die Göttlichkeit des Christentums wird bewiesen durch das Märtyrertum	65
§ 33.	Die wunderbare Erhaltung des Christentums ist ein Beweis seiner Göttlichkeit	67
§ 34.	Wohlthätiger Einfluß des Christentums auf die Welt	68

Drittes Kapitel: Die Gottheit Jesu Christi.

§ 35. Jesus Christus ist Gottes Sohn und wahrer Gott . . . 70
§ 36. Schlußergebnis und Übergang zum dritten Teil . . . 71

Dritter Teil: Die Göttlichkeit der katholischen Kirche.

Erstes Kapitel: Die Gründung und Bestimmung der Kirche.

§ 37. Begriff der Kirche. Ihre Gründung durch Christus. Ihre Sichtbarkeit 73
§ 38. Die Bestimmung der Kirche und die Pflicht, sich ihr anzuschließen . 75

Zweites Kapitel: Die Verfassung der Kirche.

§ 39. Klerus und Laien 77
§ 40. Die Abstufungen im Klerus 80
§ 41. Petrus ist das Oberhaupt der ganzen Kirche 81
§ 42. Fortbauer des Primates in der Kirche 84
§ 43. Der römische Bischof oder Papst ist der Nachfolger Petri im Primat 85

Drittes Kapitel: Die Kennzeichen der wahren Kirche Christi.

§ 44. Die Kirche Christi muß einig, heilig, katholisch und apostolisch sein . 88
§ 45. Die römisch-katholische Kirche und nur diese hat die vier Kennzeichen der wahren Kirche 91

Viertes Kapitel: Die kirchliche Lehrgewalt.

§ 46. Die Kirche kann im Glauben nicht irren 93
§ 47. Die Entscheidungen des kirchlichen Lehramtes im allgemeinen . . 95
§ 48. Der römische Papst als Träger der kirchlichen Lehrgewalt . . 96
§ 49. Die übrigen Träger der kirchlichen Lehrgewalt 98
§ 50. Das Gebiet des unfehlbaren kirchlichen Lehramtes . . . 99
§ 51. Die Quellen der Offenbarung: I. Die Heilige Schrift . . 99
§ 52. Die Quellen der Offenbarung: II. Die mündliche Überlieferung . 102
§ 53. Die Glaubensregel 106
§ 54. Schlußbetrachtung 107

Namen- und Sachregister.

Grundriß der Apologetik

für die

oberen Klassen höherer Lehranstalten.

Einleitung in die Apologetik und Übersicht über den Beweisgang derselben.

I. **Begriff und Aufgabe.** Die Apologetik ist dasjenige theologische Fach, welches den wissenschaftlichen Beweis für die Göttlichkeit des Christentums und der Kirche führt und dieselben gegen die Angriffe der Gegner verteidigt [1].

II. **Geschichte.** Die Apologie ist so alt wie das Christentum selbst; schon im Neuen Testamente finden wir das Wort „Apologia" und die Aufforderung des Apostels: „Seid stets bereit zur Rechtfertigung" (ἀπολογία) eures Glaubens [2]. Zahlreich sind die Apologeten in den ersten christlichen Jahrhunderten, ja die Apologie tritt in dieser Zeit in der christlichen Litteraturgeschichte sogar in den Vordergrund.

Schon der Apostelschüler Barnabas († c. 70) und der unbekannte Verfasser des Briefes an Diognet (zw. 98—117) haben Apologieen hinterlassen; ihnen folgten unter den **griechisch Schreibenden**: Quadratus, Melito und vor allen Justinus († 166), dessen berühmte Schutzschriften uns ein schönes Bild des christlichen Lebens und Glaubens entwerfen und ihm zur Märtyrerkrone verhalfen, dann Tatian, Athenagoras, Theophilus von Antiochien, Hermias — unter den **Lateinern**: Minucius Felix (c. 166), Tertullian († c. 240), Cyprian († 258).

Die späteren großen Kirchenväter haben teilweise sehr bedeutende apologetische Schriften verfaßt [3], alle aber übertraf im Abendlande der hl. Augustinus († 430) durch sein umfassendes Werk „über den Gottesstaat". — Nach dem Fall des Heidentums forderten Judentum und Mohammedanismus noch fortwährend zu geistiger Bekämpfung heraus. Unter den apologetischen Schriften des Mittelalters ragt das große Werk des hl. Thomas von Aquin († 1274) „contra gentiles" (gegen die Heiden) dadurch hervor, daß er darin eine systematische Apologetik begründete. — In der neueren Zeit, besonders seit dem Auftreten des Rationalismus und des Unglaubens im Anfang des 18. Jahrhunderts, nahm mit den Angriffen

---

[1] Apologetik ist die Wissenschaft oder Lehre von der Apologie (griech. = Verteidigungs-Rede oder -Schrift), wie Dogmatik die Lehre von den Dogmen.

[2] 1 Petr. 3, 15.

[3] Vgl. Hettinger, Lehrbuch der Fundamentaltheologie. 2. Aufl. Freiburg, Herder, 1888. S. 31—42.

auf das Christentum auch die Apologetik einen neuen Aufschwung und ward tiefer und wissenschaftlicher begründet.

III. **Stellung und Methode.** Die Apologetik ist in der Religionswissenschaft der Ordnung nach das erste Fach, sie bildet die Grundlage der übrigen, weshalb sie auch „Fundamentaltheologie" genannt wird, und setzt deshalb selbst nur jene natürlichen Wahrheiten voraus, welche die menschliche Vernunft bei gutem Willen ohne besondere göttliche Offenbarung erkennen kann: die sogen. philosophischen Wahrheiten.

IV. **Einteilung.** Aus der Aufgabe der Apologetik, das Christentum in seinem Ursprung und Fortbestand (in der katholischen Kirche) als göttlich zu begründen, ergiebt sich auch ihre Einteilung. Im ersten Teil wird die Grundlage gelegt und werden die Waffen zur Verteidigung geschmiedet; im zweiten Teil wird die Göttlichkeit des Christentums als der allein wahren Religion bewiesen („demonstratio christiana"); und im dritten Teil wird die Göttlichkeit der katholischen Kirche als der allein wahren, von Christus angeordneten Form des Christentums wissenschaftlich erhärtet („demonstratio catholica").

V. **Gang des Beweises.** Wir müssen, um einen sicheren, festen Grund zu legen, im ersten Teil, in der „**Grundlegung**", zunächst, Kap. 1, das **Dasein Gottes**[1] beweisen, und zwar 1. positiv durch die eigentlichen Gottesbeweise, und 2. negativ durch die Widerlegung derjenigen Systeme, welche die Welt ohne Gott erklären wollen (Materialismus und Pantheismus). Dann müssen wir, Kap. 2, in der **Theorie der Offenbarung** die Begriffe von Religion und Offenbarung erklären, die Notwendigkeit und die inneren und äußeren Kennzeichen einer übernatürlichen Offenbarung (besonders die Wunder und Weissagungen) näher bestimmen. Das Ergebnis des ganzen ersten Teils ist die Überzeugung, daß es einen Gott giebt, der uns in übernatürlicher Weise belehren kann und dessen Güte und Weisheit es durchaus entspricht, uns über unsere Bestimmung, unsere Pflichten, unser Ziel aufzuklären, so daß wir eine solche übernatürliche Offenbarung von ihm fest erwarten dürfen, die wir an bestimmten Kennzeichen von jeder falschen, angeblichen Offenbarung unterscheiden können.

Aufgabe des **zweiten Teils** ist es, die „**Göttlichkeit des Christentums**" zu beweisen. Darum müssen wir zuerst, Kap. 1, die Beweisquellen untersuchen, auf denen als historischen Urkunden die behaupteten Thatsachen beruhen. Wir haben daher die Echtheit, Unverfälschtheit und Glaubwürdigkeit 1. des Alten Testaments und 2. des Neuen Testaments nachzuweisen. — Nun können wir aus diesen Quellen, Kap. 2, die **göttliche Sendung Jesu Christi** unschwer beweisen, da 1. die Weissagungen des Alten Testaments an ihm erfüllt sind; da er 2. durch die zuverlässigsten äußeren Kennzeichen, durch Wunder, Weissagungen und besonders durch seine Auferstehung, sich als einen Gottesgesandten erwiesen hat; und da 3. die Weltgeschichte in wunderbarer Weise für ihn Zeugnis ablegt durch die rasche Verbreitung des Christentums, durch das Martyrium, durch die wunderbare Erhaltung und durch

---

[1] Die Gottesbeweise gehören eigentlich nicht zur Apologetik, sondern zur Philosophie, sie bilden also einen Teil jener natürlichen Wahrheiten, die wir voraussetzen; dennoch sind sie hier der Vollständigkeit halber zugefügt.

den wohlthätigen Einfluß der christlichen Religion. Zum Schluß zeigen wir dann, Kap. 3, daß **Jesus Christus mehr als ein Gottesgesandter, daß er selbst wahrer Gott war.**

Sind wir so zur vollen Überzeugung gekommen, daß Jesus Christus als Gottesgesandter und wahrer Gott uns die höchste Offenbarung im Christentum übergeben hat, so bleibt die große Frage zu beantworten, wie nach seinem Willen die christliche Religion allen Völkern und Zeiten rein erhalten zukommen sollte. Daß dieses durch Stiftung einer besonderen Gemeinschaft, der Kirche, geschehen sollte, hat der **dritte Teil** nachzuweisen, der von der „**Göttlichkeit der Kirche Christi**" handelt. Hier ist im 1. Kap. **die Gründung und Bestimmung der Kirche** durch Jesus Christus zu besprechen, im 2. Kap. **die Verfassung der von Christus gestifteten Kirche** zu betrachten, und zwar ist 1. die Hierarchie im allgemeinen und 2. der kirchliche Primat zu behandeln. Dann ist — Kap. 3: „**die Kennzeichen der wahren Kirche Christi**" — die Frage zu entscheiden, welche von den zahlreichen christlichen Gemeinschaften, die alle auf den Namen der wahren Kirche Christi Anspruch erheben, die echte und wahre ist. Obgleich nämlich schon die Bestimmung und Verfassung, die Christus seiner Kirche gegeben, nur der einen wahren Kirche zukommen, so hat derselbe doch, um allen die Auffindung seiner Kirche zu erleichtern, derselben noch besondere Merkmale gegeben. Endlich ist im 4. Kap. „**die Lehrgewalt der Kirche**" zu besprechen, nach ihren Trägern, ihrem Gebiete und ihren Quellen. Das **Schlußergebnis unserer ganzen Forschung** lautet dann: Gott hat in seiner Weisheit und Liebe der Menschheit durch seinen eigenen Sohn Jesus Christus die Fülle der Wahrheit geoffenbart, hat diese Offenbarung der von ihm gestifteten Kirche anvertraut, damit dieselbe alle Menschen aller Zeiten ihrer ewigen Bestimmung zuführe, und diese Kirche ist keine andere, als die eine, heilige, katholische und apostolische Kirche, die seit achtzehn Jahrhunderten diese Aufgabe treu erfüllt, der daher alle in Liebe und Treue angehören und folgen müssen, wenn sie ihr Ziel erreichen wollen.

Erster Teil der Apologetik: Grundlegung.

§ 1. Orientierung.

Wir sehen rings um uns eine reiche Mannigfaltigkeit von Dingen; dieselben sind zum Teil nach uns entstanden, zum Teil schon vor uns dagewesen, sie kommen und gehen: sie sind veränderlich [1].

Alle diese veränderlichen Dinge müssen eine Ursache für ihr Dasein haben, denn: „keine Wirkung ohne Ursache" lautet das Causalitätsgesetz [2].

---

[1] Bei Einteilung der Dinge unterscheidet man notwendiges und zufälliges Sein. Notwendig ist dasjenige, dessen Nichtdasein unmöglich ist; was zufällig ist, könnte auch nicht da sein. Man teilt dann ferner das Notwendige wieder ein in absolut, physisch und moralisch Notwendiges. Absolut notwendig ist etwas, dessen Gegenteil undenkbar, in sich widersprechend und deshalb unsinnig ist; so liegt z. B. notwendig im Begriff des Parallelogramms, daß die Gegenseiten einander gleich sind. Physisch notwendig ist dasjenige, was einem zwingenden Naturgesetze gemäß sein muß, z. B. Atmen für den Menschen. Moralisch notwendig ist dasjenige, was einem verpflichtenden (Moral-) Gesetze zufolge sein muß, z. B. daß man sein Versprechen halte. Ein Wesen, welches in seiner Existenz absolut notwendig ist (es ist dieses, wie wir später sehen werden, nur Gott), kann also vernünftigerweise gar nicht anders, als es wirklich ist, und gar nicht ohne Existenz gedacht werden; es ist in nichts von anderen Wesen abhängig oder bedingt, sondern hat alles, was es hat und was zu ihm gehört, aus sich selbst, auch den Grund seines Daseins — es ist das absolute Wesen. Natürlich ist es auch unveränderlich; denn jede Veränderung müßte ja von einer außer ihm stehenden Ursache kommen, und dann wäre es nicht mehr absolut oder unbedingt. Es kann auch nicht zeitlich sein, d. h. es kann keine Zeit geben, in der es noch nicht da war; denn da der Grund seines Daseins in ihm selbst ist, war derselbe immer vorhanden, es muß daher ewig sein. Das zufällige Sein dagegen, welches auch nicht da sein könnte, muß einen Grund für sein Dasein haben, eine Ursache, daß es da ist, denn ohne eine solche wäre es eben noch nicht da; es ist daher bedingt (abhängig von anderen Wesen) und veränderlich; da es ferner erst durch eine andere Ursache ins Dasein gesetzt wurde, war es nicht stets vorhanden, ist also nicht ewig, sondern zeitlich.

[2] Alles, was entsteht oder verändert wird (was also nicht ewig ist), setzt etwas voraus, wodurch es hervorgebracht oder verändert wird; dieses Etwas, welches der Grund des Daseins eines anderen Dinges ist, wird Ursache genannt. Jede

Jedem denkenden Menschen drängt sich daher die Frage auf: Woher ist denn dieses alles, was mich umgiebt, woher ist „die Welt", welches ist ihre Ursache? — Auf diese Frage sind nur zwei Antworten möglich, die sich geradezu widersprechen: 1. die Welt ist von einem höheren Wesen (Gott) erschaffen; 2. die Welt ist nicht erschaffen, sondern existiert durch sich selbst. Wir haben im folgenden zunächst zu zeigen, daß die erstere Antwort die allein richtige ist, da ein höheres Wesen, nämlich Gott, die Ursache aller Dinge ist (sogen. **positive Gottesbeweise**). Die letztere Ansicht, welche die Welt als ihren eigenen Urgrund angiebt, findet sich in den zwei Hauptformen des menschlichen Irrtums: im Materialismus und im Pantheismus. Der Nachweis, daß diese Systeme unhaltbar sind (**negative Gottesbeweise**) und wir ohne Gott nichts erklären können, verstärkt unsere positiven Beweise vom Dasein eines höheren Wesens.

Ehe wir die Gottesbeweise im einzelnen besprechen, haben wir noch den Einwand des Unglaubens zu beachten, daß man den unendlichen Gott („wenn es einen gäbe") überhaupt nicht erkennen könne, da er als unendliches Wesen unsere endliche Erkenntnis bei weitem übersteige. Es handelt sich hier um ein **Mißverständnis**. Es ist allerdings wahr, daß Gott unsern menschlichen Verstand so sehr überragt, daß wir niemals eine volle (abäquate) Erkenntnis seines Wesens durch unsern menschlichen Verstand erreichen können. Etwas anderes aber ist die Kenntnis von seinem **Dasein**, und nur um diese handelt es sich bei den Gottesbeweisen. Um zu erkennen, **daß Gott existiert**, braucht man keineswegs sein eigentliches **Wesen** zu durchdringen. So wissen wir ja auch recht gut, daß unzählige Sterne existieren, ohne daß wir deren Wesen erkennen.

Alle wirklichen Gottesbeweise gehen von der gegebenen Wirklichkeit, von der Erfahrung aus und schließen, gestützt auf das Causalitätsgesetz, von der vorhandenen Welt (der Wirkung) auf die Ursache. Der Versuch des hl. Anselm, Gottes Dasein aus dem bloßen Denken, abgesehen von der Erfahrung, zu beweisen, der sogen. „ontologische Beweis", ist unhaltbar (Ontologie, griech. = Lehre vom Sein).

Wirkung muß aber eine Ursache haben, denn eine Wirkung oder etwas Bewirktes setzt natürlich ein Bewirkendes (die sogen. Ursache) voraus, weil es sonst „Bewirktes" gäbe, das zugleich „nicht-bewirkt" wäre — ein offenbarer Widersinn! Auch jede Veränderung von etwas schon Vorhandenem setzt für diese Veränderung eine Ursache voraus, insofern nämlich jede Veränderung ein teilweises Werden oder Vergehen ist und durch Hinzukommen oder Wegnehmen von etwas geschieht, für diesen Teil einer Wirkung also auch eine entsprechende Ursache haben muß.

Aus dem Gesagten ergeben sich einige Folgerungen: 1. Jede Ursache muß zeitlich früher vorhanden sein als ihre Wirkung. 2. Die Wirkung muß ihrer Ursache **entsprechen**, und zwar a) der **Qualität** nach — ein Dornstrauch bringt keine Feigen hervor — darum der Schluß von der Wirkung auf die Ursache: „Ein jeder Baum wird an seiner Frucht erkannt, denn nicht sammelt man Feigen von den Dornen." Luk. 6, 44. — b) der **Quantität** nach: „Keine Wirkung kann größer sein als ihre Ursache" (wohl aber kann sie größer sein als der „Anstoß" oder die „Veranlassung", denn da gilt das Wort: „Kleines die Wiege des Großen").

Erstes Kapitel: Das Dasein Gottes.

Erster Abschnitt: Positive Gottesbeweise.

§ 2. Der kosmologische[1] Beweis.

Alle Dinge haben, wie die tägliche Erfahrung zeigt, die gemeinsame Eigenschaft, daß sie a) bedingt, b) zufällig und c) veränderlich sind.

a) Alles, was bedingt, also nicht durch sich selbst entstanden ist, muß von einem andern hervorgebracht oder „verursacht" worden sein. Diese Ursache kann selbst wieder bedingt oder unbedingt sein. Ist sie selbst bedingt, so setzt sie wieder eine Ursache voraus, und so geht es weiter, bis man zuletzt zu einem Unbedingten kommt, welches durch sich selbst existiert und die Ursache der anderen Dinge ist — dieses nennen wir Gott.

Einwand: Man kommt nicht notwendig zuletzt auf ein Unbedingtes; die Weltdinge bilden vielmehr α) eine **unendliche Reihe**[2] von Bedingtem oder β) einen **ewigen Kreislauf**, wo eins das andere bedingt und wieder von ihm bedingt wird.

Widerlegung von α): 1. Eine endliche Reihe von Ursachen, die einander bedingen, ist ohne erste Ursache absurd; also auch, und noch viel mehr, eine **unendliche Reihe**. Denn eine erste Ursache ist nicht wegen der geringeren oder größeren Zahl von einander bedingenden Gliedern der Reihe, sondern **darum** notwendig, weil man sonst nur **verursachte Ursachen**, also nur Wirkungen ohne Ursachen hätte, und je mehr Glieder der Reihe, um so mehr Wirkungen ohne Ursache, also bei einer unendlichen Reihe unendlich viele Absurda! (Gutberlet, Metaphysik S. 84.) Die „unendliche Reihe" ohne erste Ursache gleicht einer unendlich langen Kette, in welcher jeder Ring den andern trägt, der erste Ring aber — in der Luft schwebt!

2. Eine „unendliche" Reihe von **wirklichen** Dingen — und um solche handelt es sich hier — ist in sich absurd (vgl. Anm. 2), ganz besonders, wenn man das **letzte** Glied vor sich hat, da man dann doch auf das erste zurückgehen kann. Zudem würde diese unendliche Reihe durch jedes neu entstehende Glied noch „unendlicher" — der vollste Widersinn!

3. Die ganze Fabelei von unendlichen Reihen ist hinfällig, denn, sagt Liebig, „die exakte Naturforschung hat bewiesen, daß die Erde in einer gewissen Periode eine Temperatur besaß, in welcher **alles organische Leben unmöglich** ist; schon bei 78° Wärme gerinnt das Blut" ... Und von organischen Wesen, die bei einer höheren Temperatur noch existieren könnten, weiß die „exakte" Naturforschung nichts. — Für eine „unendliche Reihe" und einen „ewigen Kreislauf" der organischen Wesen ist also hier in der Wirklichkeit, auf Erden kein Platz vorhanden, die gehören ins Fabelland!

---

[1] Kosmos, griech. = die „geschmückte", geordnete Welt, das Weltall.

[2] Man spricht in der **Mathematik** von unendlichen Reihen, Zahlen und Größen und versteht darunter solche, die keine Grenzen haben, die man sich also ins Unbestimmte vermehrt **denkt** (indefinitum oder infinitum potentia); in **Wirklichkeit** kann es solche „unendliche" Größen und Zahlen aber gar nicht geben, da jede noch vermehrbar ist. Das wirklich Unendliche (infinitum actu) ist gar keiner Steigerung mehr fähig, da es sonst vorher nicht unendlich gewesen wäre.

Erstes Kapitel: Das Dasein Gottes.

β) Ebenso widerspruchsvoll in sich ist ein „ewiger Kreislauf", in dem eines die Ursache des anderen sei und doch selbst wieder von ihm erzeugt werde: denn dann müßte z. B. ein Baum, der im J. 1890 entsteht, die Ursache eines im J. 290 entstandenen Baumes sein, müßte also, noch ehe er selbst vorhanden war, schon eine Wirkung gesetzt haben. Der offenbarste Widersinn! Überhaupt ist es thöricht, bei zeitlichen Verhältnissen von einem „Kreislauf" zu sprechen. Hier kann keine Rede sein von einem Schließen und in sich Zurücklaufen, einem wesentlichen Merkmal der Kreislinie, denn dann müßte die Zeit vor 1000 und mehr Jahren mit der jetzigen identisch sein. (Vgl. nebenstehende Figur.)

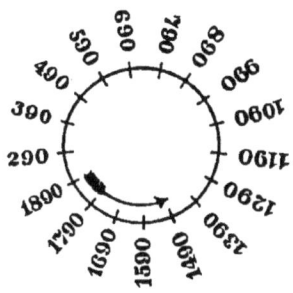

b) Alles, was zufällig ist, muß einen Grund für sein Dasein haben. Ist dieser Grund selbst zufällig, so bedarf er auch selbst wieder eines Grundes für seine Existenz. So geht es weiter, bis wir zu einer Ursache kommen, die nicht zufällig, sondern mit Notwendigkeit, durch sich selbst existiert — Gott.

c) Alles, was veränderlich ist und verändert wird, bedarf dazu eines anderen, welches die Veränderung vornimmt[1]. Dies andere, welches die Veränderung hervorruft, kann selbst wieder veränderlich sein, und dann müssen wir weiter gehen, bis wir zuletzt auf eine Ursache kommen, die selbst unveränderlich ist — Gott.

So weist unser Verstand gleichsam mit Gewalt auf das Dasein eines **unbedingten, notwendigen, unveränderlichen Weltgrundes** hin, den wir Gott nennen.

Der kosmologische Beweis läßt sich nur von jenen angreifen, die das Causalitätsgesetz, die Grundlage unseres Denkens, verwerfen und damit die Grenze überschreiten, wo das vernünftige Denken aufhört und den Widersprüchen des Irrsinns ein weites Feld eröffnet ist. (Vgl. Anm. 2 auf S. 4.)

§ 3. Der teleologische[2] Beweis.

Wo immer ein Wirken nach Zwecken stattfindet, da muß die bewirkende Ursache ein vernünftiges und freies, also persönliches Wesen sein. — Denn zu einem zweckmäßigen Handeln gehört Überlegung, um das Bessere zu erkennen, also Vernunft, und die Möglichkeit, unter verschiedenen Wegen den besten zu wählen, also Freiheit.

In der Welt besteht aber im einzelnen wie im ganzen eine wunderbare Zweckmäßigkeit. — Die Gestaltung des Weltganzen, die Himmelskörper, die Bildung der Erdmassen, die Gliederung der anorganischen, organischen, animalischen Natur bis hinauf zum Menschen, die Bildung der einzelnen Organe, z. B. des Auges: das alles zeigt planmäßigen Fortschritt, Ordnung, Zweckmäßigkeit. Die

---

[1] Vgl. Anm. 2 auf S. 4. Man könnte einwenden, wir sagten doch: „Er hat sich sehr verändert" — allein dieses ist nur eine ungenaue Redeweise; in Wirklichkeit sind es die Verhältnisse, die Zeit, die Mühen u. s. w., welche uns verändern.

[2] Teleologie, griech. = Lehre von der Zweckmäßigkeit.

vielen Naturgesetze bilden zusammen ein gegliedertes System, in dem jedes dem anderen dient und zur Erreichung seiner Zwecke beiträgt [1].

Folglich muß die Welturſache (Gott) ein zweckſetzendes, alſo vernünftiges, freies, perſönliches Weſen ſein.

Einwand I.: Die anſcheinende Zweckmäßigkeit in der Natur iſt „Zufall".

Widerlegung: Es heißt, den Geiſt mit der Geiſtloſigkeit zufriedenſtellen wollen, wenn man ihn an den Zufall [2] als Erklärungsgrund verweiſt. „Wenn die zufällige Verbindung von Atomen dieſes Weltganze bilden könnte," ſagt darum ſchon Cicero, „warum kann ſie keinen Tempel, keinen Porticus, keine Stadt und kein Haus hervorbringen, was doch etwas viel Geringeres und Leichteres wäre?" — Wenn jemand im Ernſte behaupten wollte, Rafaels Werke ſeien durch „Zufall" entſtanden, indem ein Blinder Farben durcheinander ohne Wahl auf die Leinwand geworfen hätte, ſo würde man ihn für irrſinnig halten. Und ein vernünftiger Menſch ſollte glauben, daß die Natur, die alle Kunſtwerke der Menſchen bei weitem übertrifft, durch einen ähnlichen „Zufall" blind wirkender Kräfte entſtanden ſei? Schon Cicero bemerkt dagegen als Heide, daß er dann weit eher glauben könne, daß, „wenn man unzählige Alphabete irgendwo hingeworfen hätte, aus dieſem Wurf die Annalen des Ennius entſtanden wären". Wenn ein Schiffbrüchiger im Sande einer Inſel die Worte eingeſchrieben fände: „Hoch Kaiſer Wilhelm II.", ſo könnte er daraus nicht nur mit Sicherheit erſehen, daß hier ein Menſch geweſen ſei, ſondern auch eine ganze Reihe von Schlüſſen machen; ſo ſieht auch der menſchliche Verſtand an jedem Grashälmchen die Wirkſamkeit eines weiſen Schöpfers.

Wenn ferner der Zufall die Urſache eines zweckmäßigen Wirkens der Natur wäre, woher kommt es dann, daß dieſe zufällig zuſammengewürfelten Atome die gegenwärtige Ordnung gewahrt und bis jetzt niemals neue Kombinationen hervorgebracht haben? Die Biene bereitet noch heute geradeſo ihren ſüßen Honig wie in den Tagen des Ariſtoteles, und die Ameiſe baut ihre Gänge noch geradeſo und ſammelt ihre Vorräte noch ebenſo geſchäftig wie in den Zeiten, als Salomon ſie als Vorbild des Fleißes empfahl; und die Mumien Ägyptens zeigen uns die Tiergattungen noch völlig unverändert. Welche Hand hat aber die Atome gezwungen, die „zufällig" entſtandenen Bildungen konſtant beizubehalten? (Beiſpiele aus der Wahrſcheinlichkeitsrechnung!)

---

[1] Vgl. die trefflichen Beiſpiele in „Gott und Natur" von Hartwig, Wiesbaden 1864, und in „Das Zeugnis der Natur für Gottes Daſein" von Arthur König, Freiburg, Herder, 1870.

[2] Das Wort „zufällig" wird verſchieden gebraucht: im ſtreng wiſſenſchaftlichen, **philoſophiſchen** Sinne iſt es der Gegenſatz von „notwendig" (vgl. S. 4 Anm. 1); im **gewöhnlichen** Leben (und ſo iſt es hier gemeint) nennt man „zufällig" eine Erſcheinung, bei der wir keinen urſächlichen Zuſammenhang (Cauſalnexus) zwiſchen Wirkung und Urſache zu erkennen vermögen. Man ſagt z. B.: „Zufällig kam er gerade nach Hauſe, als die Diebe die Thüre erbrochen hatten", wenn kein Zuſammenhang zwiſchen dem Kommen des Beſitzers und der That der Diebe erkennbar iſt; wir würden es aber gewiß keinen „Zufall" nennen, daß der Beſitzer den Dieb überraſchte, wenn er durch das Bellen des Haushundes oder das Geräuſch des Einbrechens geweckt worden wäre. Sagt man alſo: „Das iſt Zufall", ſo iſt das ein verblümter Ausdruck für: „Das weiß ich nicht!" Da Gott für jede Wirkung die Urſache kennt, ſo ſagt man mit Recht: „Es giebt eigentlich (d. h. für Gott) keinen Zufall!"

Einwand II.: Es giebt auch Zweckwidriges in der Natur, das die angebliche Zweckmäßigkeit aufhebt und widerlegt.

Widerlegung: 1. Was dem engen Gesichtskreis des einzelnen „zweckwidrig" erscheint, ist dies keineswegs immer im großen Ganzen der Natur. Es giebt in der Natur nichts absolut Zweckwidriges. Der Sturm z. B. reißt allerdings manche gesunde Blüte ab, aber tausendmal mehr schwächliche und kranke und verhilft so den gesunden zu kräftigerem und besserem Gedeihen. Und wenn wir auch den Zweck von manchem nicht einsehen, so haben wir durchaus kein Recht, dasselbe zweckwidrig zu nennen. 2. Das „Zweckwidrige" bildet nur die Ausnahme von der Regel der Zweckmäßigkeit, und wenn man von „Mißbildungen" spricht (die stets durch äußere Einflüsse veranlaßt werden), so liegt darin schon die Ausnahme ausgesprochen, die die Regel nicht aufhebt, sondern bekräftigt. Wenn aber auch nur die Zweckmäßigkeit eines einzigen Strohhalms erwiesen ist, so setzt dies schon einen zwecksetzenden und deshalb weisen und freien Schöpfer voraus.

§ 4. Der psychologische[1] Beweis.

I. Alle Menschen stimmen in der Erkenntnis der logischen, mathematischen, metaphysischen (griech. = übersinnlichen) und moralischen Grundideen[2] überein; dieselben sind allen Menschen gemeinsam und deshalb keine nur subjektiven Vorstellungen. Sie sind und bleiben wahr, wenn auch unsere Vernunft, die sie erkennt, nicht existierte; sie waren richtig vor der Existenz des ersten Menschen und bleiben wahr, wenn der letzte gestorben ist. Sie sind also nicht unser Werk, nicht abhängig von unserm Verstand. — Die Wahrheit ist auch nicht von den Dingen abhängig, die wir wahr nennen, denn diese wechseln, die Wahrheit bleibt, und wenn es auch nie eine geometrische Figur gäbe, so bleiben die Sätze der Geometrie doch ewig wahr. — Da also die Wahrheit weder von dem sie erkennenden Geiste, noch von den Dingen abhängig ist, so setzt sie eine allgemeine oberste Vernunft voraus, welche vor und über der Einzelvernunft existiert, und von welcher alle Wahrheit stammt. Diese Urvernunft nennen wir Gott.

II. Wie die Wahrheit über dem menschlichen Erkennen, so steht die Idee des sittlich Guten über dem menschlichen Wollen als Richtschnur und Regel, nach welcher der Mensch jede freie That an sich und an anderen bemißt. Und wie der Mensch das Rechte und Gute erkennt, so fühlt er sich auch zum Handeln danach verpflichtet; diese Verpflichtung, die ihm in der Stimme des Gewissens entgegentritt, ist unabhängig von seinem Willen, ja oft gegen sein irdisches Interesse. Das Gewissen kann deshalb nicht des Menschen Werk sein, kann nicht durch Erziehung u. a. erklärt werden. Es kann auch schon deshalb nicht von

---

[1] Psychologie griech. = die Lehre von der Seele.
[2] Z. B. daß das Ganze größer ist als jeder Teil, daß das Dreieck nicht viereckig ist, daß jede Wirkung eine Ursache haben muß, daß man das Gute thun und das Böse meiden soll u. s. w.

der menschlichen Vernunft gegeben sein, weil die Vernunft nicht zugleich Gesetzgeberin und Untergebene sein kann. Zudem könnte sie das Gesetz des Gewissens dann ja auch wieder abschaffen und aufheben. — So weist also dieses Gesetz in der eigenen Brust auf einen höchsten Gesetzgeber hin, der durch die Stimme des Gewissens seine unwandelbaren und unbestechlichen Richtersprüche fällt, und dessen Stimme wohl übertäubt, aber nie ganz vernichtet werden kann.

III. Wie schon Cicero sagt, ist „kein Volk so roh und wild, daß es nicht den Glauben an einen Gott hätte, wenn es auch sein Wesen nicht kennt". — „Was aber alle gemeinsam aussprechen," sagt der hl. Thomas von Aquin, „das kann unmöglich falsch sein. Denn eine irrige Meinung ist eine Schwäche des Geistes, ein Fehler desselben, kommt demnach nicht aus dessen Wesen. Sie ist darum nur zufällig eingetreten; was aber zufällig da ist, das kann unmöglich immer und überall sein. Einer kann einen irrigen, krankhaften Geschmack haben in sinnlichen Dingen, aber nicht alle. Ebensowenig kann das Urteil, das alle in religiös-moralischen Fragen aussprechen, falsch sein." — Also muß es einen Gott geben, da der Irrtum nie zeitlich und räumlich zugleich allgemein sein kann; und diese Übereinstimmung im Glauben an die Existenz Gottes konnte nur der ins Herz des Menschen legen, der es erschaffen hat.

Einwand: Die Übereinstimmung im Gottesglauben ist nicht allgemein, da es einzelne Menschen und selbst ganze Stämme giebt, die nicht an Gott glauben.

Widerlegung: Bei jenen Stämmen, die angeblich (die Berichte sind noch unzuverlässig!) gar kein Gottesbewußtsein haben, ist das eigentlich menschliche Bewußtsein überhaupt gar nicht entwickelt; es ist die Verwilderung bis zum Stumpfsinn und Blödsinn, die nicht nur das Gottesbewußtsein, sondern überhaupt die Menschenwürde bei einzelnen isolierten Stämmen fast erstickt hat. — Die vereinzelten Beispiele von wirklichem Atheismus unter civilisierten Völkern aber (von den Fällen abgesehen, in welchen die Eitelkeit, Unsittlichkeit und Verkommenheit den Atheismus affektiert) beweisen ebensowenig gegen das allgemeine Gottesbewußtsein wie etwa einzelne Fälle von Farbenblindheit gegen den Farbensinn. Von den angeblichen Atheisten, die andere und wohl auch sich selbst überreden wollen, sie glaubten nicht an Gott, sind weitaus die meisten nur solche, die guten Grund haben, zu wünschen, daß es keinen Gott geben möchte; deshalb sind auch so viele, die im Leben Gott verleugneten und sogar Apostel des Unglaubens waren, in dem Lichte der Ewigkeit, kurz vor dem Tode wieder zu Gott zurückgekehrt, wie Buffon, La Harpe, Maupertuis, Montesquieu, Fontenelle, Bayle u. a. (Hettinger, Apologie des Christenthums. 6. Aufl. Freiburg, Herder, 1887. I, 1, S. 48.)

Zweiter Abschnitt: Negative Gottesbeweise.

§ 5. Der Materialismus.

Der Materialismus, schon im Heidentume bekannt, durch die Freigeister der französischen Revolution und den Unglauben unserer Zeit aufs neue verbreitet, behauptet, daß die Materie mit ihren Eigenschaften, den sogen. „Kräften", der Grund und Ursprung aller Dinge sei, der toten und lebendigen, der vernünftigen wie der vernunftlosen. „Der Stoff" sei unerschaffen und unzerstörbar und deshalb das Absolute = Gott. Indem er nach unveränderlichen chemisch-physikalischen Gesetzen die mannigfaltigsten Verbindungen eingehe, bekunde er fort und fort seine Allmacht. Es giebt daher nach dem Materialismus nur Stoffwesen, aber keinen Geist, am wenigsten einen überweltlichen Gott[1].

Widerlegung: 1. „Der" Stoff soll nach dem Materialismus der Urgrund aller Dinge sein. — Aber was ist denn „der Stoff"? — „Der" Stoff, d. i. ein allgemeiner, unbestimmter Urstoff, existiert überhaupt nicht; die „exakte Wissenschaft" kennt vielmehr gegen 70 Grundstoffe oder Elemente; dann denkt (!) sie sich den Stoff in „unendlich kleine" Teilchen oder Atome zerlegt. Woher weiß aber der Materialismus, daß es Atome giebt? Denn als „kleinste, unteilbare und ausdehnungslose" Körperchen sind sie der sinnlichen Wahrnehmung völlig entzogen, können nicht gesehen, gemessen, sinnlich wahrgenommen, sondern nur durch Denken erkannt werden. Nun erklärt aber der Materialismus nur das „sinnlich Wahrnehmbare" für wahr und wirklich, alles andere für Traum und Phantasie. So widerspricht er sich gleich selbst, indem er nur das sinnlich Wahrnehmbare für wahr und doch etwas sinnlich nicht Wahrnehmbares als den Urgrund aller Dinge annimmt!

2. Woher kommen dann diese Atome? — „Sie sind ewig und absolut!" — Aber dann müßten sie auch unveränderlich sein, während sich ja nach dem Materialismus gerade die „schöpferische Allmacht des

---

[1] „Der Naturkundige kennt nur Körper und Eigenschaften von Körpern, was darüber ist, nennt er transcendent, und die Transcendenz ist eine Verirrung des menschlichen Geistes," sagt Büchner („Kraft und Stoff"). — „Mit der Grenze der sinnlichen Erfahrung ist auch die Grenze des Denkens gegeben," lehrt Vogt („Köhlerglaube und Wissenschaft"). Ja, wenn solche Naturforscher nur wirklich Wort hielten und über das „Transcendente", das sie nicht anerkennen und nicht verstehen, sich auch kein Urteil erlaubten! Treffend sagt darüber Schleiden: „Die erste Regel für den exakten Naturforscher ist die, daß er auf Dinge, die gar nicht in den Kreis seiner Wahrnehmung fallen und fallen können, sich gar nicht einläßt, dieselben weder bejaht noch verneint. Geist, Freiheit, Gott kommen aber auf dem Gebiete der möglichen Erfahrungen des Naturforschers gar nicht vor; wie kommt er denn dazu, von ihnen zu reden? Mag er sie bejahen oder verneinen, er ist in beiden Fällen gleich inconsequent, gleich verworren. Kommt der Naturforscher aber als Mensch auf diese Dinge zu sprechen, so soll er sich erinnern, daß es zweite Regel für den exakten Naturforscher ist, niemals über Dinge zu urteilen und abzusprechen, ehe er sich gründlich unterrichtet hat; daß man zum astronomischen Urteil Astronomie, zum chemischen Chemie und ebenso zum philosophischen, b. i. zum Urteil über die genannten Ideen, Philosophie gründlich studiert haben muß, wenn man sich nicht lächerlich machen will" („Der Materialismus" S. 52).

Stoffes" in der beständigen Veränderung zeigen soll. — Sie soll ferner absolut, d. h. unbedingt sein, aus sich und für sich bestehen; wie können sie sich dann gegenseitig bedingen, sich zusammensetzen, „mit Notwendigkeit" anziehen u. s. w.? Schon durch ihre Vielheit beschränken sie sich gegenseitig und beweisen ihre Bedingtheit. — So nimmt der Materialismus die stets wechselnden, veränderlichen Dinge als unveränderlich, das Zeitliche als ewig, das Bedingte als unbedingt an — lauter Widersprüche!

3. Einmal den widersinnigen Begriff eines „ewigen Stoffes" angenommen, wie erklärt sich dann die Bewegung der Weltkörper? Die angeblich in den Stoffen ruhende „Anziehung" vermag ohne Anstoß niemals eine Bewegung hervorzurufen, denn die Materie als solche ist indifferent für Ruhe oder Bewegung; sie hat in sich keine Bewegung; ohne Anstoß bleibt sie in Ewigkeit in Ruhe. — „So wenig eine Kanonenkugel," sagt selbst Virchow (Materialist), „sich durch die Kräfte, die ihr innewohnen, bewegt, so wenig die Himmelskörper sich durch sich selbst bewegen oder die Kraft ihrer Bewegung einfach aus ihrer Form und Mischung abgeleitet werden kann, so wenig sind auch die Lebenserscheinungen ganz und gar aus den Eigenschaften der die einzelnen Teile zusammensetzenden Substanz zu erklären." — Jede Bewegung materieller Dinge ist eine Wirkung, setzt also eine Ursache, ein Bewegendes, und als letzte Ursache ein Erstbewegendes voraus. Bewegung und Thätigkeit aus sich selbst und durch sich selbst ist aber reine Thätigkeit, kommt nur dem reinen, absoluten Geist zu. Woher also die Bewegung?

4. Woher ferner die Gesetzmäßigkeit und Ordnung der Weltkörper? und wie ist die Verschiedenheit in der Dichtigkeit der Körper zu erklären (Merkur z. B. 15mal dichter als die Sonne), und wie kommt es, daß in demselben Sonnensystem zwei Monde des Uranus eine rückläufige Bewegung haben? — „Das ist alles nur Zufall!" entgegnet der Materialismus, und braucht damit, wie schon Demokritos es nennt, „die Ausrede der Unwissenheit"[1]. (Vgl. S. 8 Anm. 2.)

5. Woher kommen die lebenden Wesen auf der Welt? — Von Anfang an können sie, wie die Geologie zeigt, nicht dagewesen sein, denn schon bei 78° Wärme gerinnt das Blut und macht das Leben unmöglich; ebensowenig können sie auf chemisch-physikalischem Wege entstanden sein, denn anorganische Stoffe können nie organische Lebewesen, Totes kann nie Lebendes erzeugen, und alle Naturforscher zusammen können nicht einmal ein lebendes Grashälmchen machen. — „Nie wird es der Chemie gelingen, eine Zelle, eine Muskelfaser, einen Nerv, kurz einen wirklich organischen, mit vitalen Eigenschaften begabten Teil des Organismus in ihrem Laboratorium dar-

---

[1] Dasselbe gilt von der zuweilen angewandten Redensart: „Das ist Naturnotwendigkeit"; denn jeder Denkende fragt dann doch: „Warum ist es notwendig, da es doch auch nicht sein könnte?"

zustellen", sagt Liebig (vgl. auch Virchows Urteil, Nr. 3), denn nicht die Stoffe bilden den Organismus, sondern die Lebenskraft, die im Keime (potentia) schon das Ganze enthält. Deshalb tritt sogleich, wenn das Lebensprincip gewichen ist, die Verwesung ein, d. h. die Stoffe verbinden sich nach ihren ursprünglichen Gesetzen, nachdem sie frei geworden sind von der Kraft, die sie zum Organismus verband. Wenn der Organismus schon deshalb lebte, sagt bereits der hl. Thomas, weil er aus bestimmten Stoffen besteht (ohne eine besondere Lebenskraft), dann müßte jeder Körper leben — und dann wäre es leicht, auf chemischem Wege lebende Wesen darzustellen!

6. **Woher der Mensch** mit Vernunft[1], mit den Begriffen von Tugend und Laster, von Raum und Zeit, von Freiheit, Wahrheit und Recht? — Ihn als das Produkt von millionenjähriger Entwicklung des Affen[2] hinzustellen, geht um so weniger, als die ganze Descendenztheorie auf tausend naturwissenschaftliche Widersprüche stößt. Aber selbst wenn sie für die Tierwelt richtig wäre, zeigt sich gerade bei dem Menschen ihre Unzulässigkeit, denn dann würde die Wirkung größer sein als die Ursache, dann müßte der Körper — Geistiges, das Zusammengesetzte — Einfaches, das Bewußtlose — Bewußtes, das Unfreie (die Materie) — den freien Willen, kurz, das Niedere — Höheres hervorbringen können: das ist nicht nur, wie der Materialismus sagt, etwas „noch nicht Erklärtes", „Unbegreifliches", sondern ein Widerspruch gegen die ersten Denkgesetze (§ 1 Anm. 2).

7. Furchtbar sind endlich die **sittlichen Konsequenzen** des Materialismus. Selbstverständlich ist dann sittliche Freiheit und Zurechnungsfähigkeit, ein Unterschied zwischen Gut und Böse, zwischen Recht und Unrecht bei dem Menschen ebensowenig möglich wie bei den Bestien der Wälder. Dann hat die niedrigste Selbstsucht recht, wenn sie sagt: Laßt uns das Leben genießen, denn morgen ist alles vorbei! Dann ist die Aufgabe unseres Lebens: Genuß und Befriedigung der Sinnlichkeit; unsinnig ist dann, wer Tugend und Aufopferung liebt; wahnsinnige Träume-

---

[1] Die Beweise für die Geistigkeit der Seele siehe § 6. — Wenn ungläubige Naturforscher gegen die Existenz der Seele den faden Witz machen: „Sie hätten schon so viele Leichen seciert, aber noch nie eine Seele gefunden", so können wir sie nur bemitleiden, daß sie so thöricht sind, mit dem Seciermesser im ent-seelten Körper die Seele zu suchen. Man könnte ebenso logisch das Nichtvorhandensein von Infusorien dadurch beweisen, daß man sagte: Ich habe schon so oft mit der Heugabel in einem leeren Wassereimer danach gefischt und doch noch nie welche gefunden!

[2] Nur nebenbei wollen wir daran erinnern, daß der Materialismus schon unglaublich lächerliche Hypothesen aufgestellt hat, um das Dasein des Menschen auf natürlichem Wege, ohne Erschaffung durch Gott, zu erklären; so z. B.: die ersten Menschen seien aus einem im Uferschlamme eines Sumpfes entwickelten, durch die Sonnenglut ausgebrüteten Ei entstanden; oder: sie hätten sich „wie Bandwürmer" von selbst gebildet (Strauß), oder seien wie Pilze von selbst aus der Erde hervorgewachsen (Rittgen), oder aus dem Urschleime entstanden, oder in Gestalt zweijähriger Kinder aus dem Meere ausgeworfen worden (Oken) u. a. m.

reien sind dann alle Ideale, alles Edle und Erhabene; eine Thorheit ist dann jedes andere Gesetz als das des Stärkeren, und so gut wie wir Pferd und Esel zur Arbeit zwingen, können wir dann den starken Neger unterjochen und als Sklaven dienen lassen. Leere Phrasen sind dann endlich die Worte: Ehre, Treue und Redlichkeit, und ein Thor, wer noch Diebstahl, Raub, Mord, Lug und Trug, kurz irgend ein Laster tadeln wollte. Käme der Materialismus je zur Herrschaft, so müßte die Welt in eine Unwissenheit, Rohheit und Barbarei zurücksinken, gegen die selbst das Heidentum in seiner tiefsten Erniedrigung noch hoch erhaben bestände, und das Geschlecht würde bald an seiner eigenen Verkommenheit zu Grunde gehen müssen.

Dieses allein würde genügen, die Falschheit des Materialismus zu beweisen. Selbst Rousseau macht in dieser Beziehung eine treffliche Bemerkung: „Fliehe jene, welche unter dem Vorwande, die Natur erklären zu wollen, trostlose Lehren ausstreuen, die alles umstürzen, zerstören und mit Füßen treten, was der Wahrheit heilig ist, die dem Unglücklichen den letzten Trost in seinem Schmerze rauben, dem Reichen und Mächtigen den einzigen Zügel seiner Leidenschaften nehmen, die im Herzen die Stimme des Gewissens ersticken und sich dabei rühmen, die Wohlthäter des Menschengeschlechtes zu sein. Nie, sagen sie, ist die Wahrheit dem Menschen schädlich! — Das ist ein Beweis, daß i h r e Lehre die Wahrheit n i c h t ist."

So muß der Materialismus seinen vollständigen Bankerott eingestehen: er kann das Dasein der Welt mit ihren tausendfachen Formen nicht erklären, er weiß nicht anzugeben, woher das alles stammt, woher wir selber sind, er vermag keine Antwort auf die wichtigsten Fragen des denkenden Menschen zu geben, und dennoch nimmt er lieber hundert unsinnige Hypothesen an als einen schöpferisch eingreifenden Gott. Der Beweis aber für solch lächerliche Theorieen, wie die von der „freien Zeugungskraft der Materie im Urzustand", ist: „weil ohne diese (Hypothese) die Entstehung der Organismen auf Erden nur durch unmittelbares Eingreifen einer höhern Macht denkbar wäre" (Burmeister, Geschichte der Schöpfung). Um also keine Wunder Gottes anzunehmen, ersinnt man selbst eine viel wunderbarere und dabei unsinnige Hypothese, und diese glaubt man dann trotz hundertfacher Widersprüche und spottet noch dabei über „Köhlerglauben". Was Alexander von Humboldt über Strauß schreibt, gilt von den meisten Materialisten: „Was mir an Strauß gar nicht gefallen hat, ist der n a t u r h i s t o r i s c h e L e i c h t s i n n, mit dem er in Entstehung des Organischen aus dem Unorganischen, ja in Bildung des Menschen aus chaldäischem Urschlamme keine Schwierigkeit findet." Ehrliche, wenn auch ungläubige Naturforscher müssen mit Bernhard Cotta eingestehen: „Ein unlösbares Rätsel, bei dem wir nur an die unerforschliche Macht eines Schöpfers appellieren können, ist ebenso, wie der erste Ursprung der Erdmasse, auch die Entstehung organischer Wesen."

Anhang: § 6. Die Geistigkeit und Unsterblichkeit der menschlichen Seele[1].

Während das Wort „Seele" im weitesten Sinne vom Lebensprincip eines jeden Organismus gebraucht wird[2], verstehen wir unter einem geistigen Princip, unter „Geist" ein über die Materie erhabenes und von ihr im Sein und Handeln unabhängiges Wesen. Kennzeichen des Geistes sind besonders Vernunft und freier Wille. Daß der Mensch eine „Seele" besitze, leugnet auch der Materialismus nicht, wohl aber, daß dieselbe „Geist" sei. Unsere Aufgabe ist es daher, nachzuweisen, daß die menschliche Seele geistig und unsterblich ist.

I. **Die Geistigkeit der menschlichen Seele** ist unschwer zu beweisen.

1. Die Erfahrung sagt uns, daß das „Ich" der Träger unseres Selbstbewußtseins ist und uns von allen anderen Dingen unterscheidet; es bildet den Mittelpunkt und ist das Princip **aller** unserer Thätigkeiten. Wir sagen: „Ich bin (vegetativ), ich empfinde (sensitiv), ich denke und ich will" (intellektiv), und unser Selbstbewußtsein sagt uns, daß es dasselbe „Ich" ist, welches ist, empfindet, denkt. Da die Materie teilbar ist, so kann sie dieses **einheitliche Ich** nicht bilden, das bei **allen Akten und zu allen Zeiten** von Jugend an bis zum Greisenalter stets dasselbe ist, während Gestalt und Stoff des menschlichen Körpers wechseln. (Nach einigen Jahren wechselt der Stoff, aus welchem der menschliche Leib zusammengesetzt ist, vollständig.) Unerklärlich ist ferner für den Materialisten, daß die Wahrheit für alle Altersstufen, Geschlechter und Menschenrassen bei aller körperlichen Verschiedenheit dieselbe ist, was undenkbar wäre, wenn sie das Produkt der Gehirnmasse wäre; ebenso unerklärlich wäre dann eine plötzliche Änderung **unserer Meinung** durch geistige Einflüsse, da sich doch die Gehirnmasse nicht plötzlich ändert. Welche Einwirkung vermag aber ein einziges Wort, selbst ein Blick auszuüben! Wie kann unsere Ansicht, unsere Stimmung z. B. durch ein Telegramm von einigen Worten umgeändert werden („Mutter gestorben" — „Begnadigt" — „Verurteilt" — „Zu spät" u. s. w.)! — Daß dieses „Ich" von meinem Körper verschieden ist, sehe ich endlich auch daraus, daß ich mir meinen Körper in seinen Teilen und in seiner Gesamtheit in meiner Vorstellung recht gut gegenüberstellen, ihn von meinem Ich getrennt denken und als einen von meinem Ich verschiedenen Gegenstand betrachten kann.

2. Unsere Gedanken und Begriffe sind übersinnlich in **der Art und Weise, wie sie zu stande kommen** (in formaler Hinsicht), denn sie sind nicht einfache Abbilder der sinnlichen Erscheinungen, sondern werden vielmehr gerade durch ein Abstreifen (Abstrahieren) vom Sinnlichen gebildet. So sind z. B. unsere Begriffe: Pflanze, Blume, Baum, Tier, Mensch u. s. w. nicht einfache Bilder der Wirklichkeit (da wir in Wirklichkeit nur diese oder jene bestimmte Pflanze, Blume 2c., keine all-

---

[1] Diese Beweise gehören eigentlich nicht in das System der Apologetik. Da sie aber gerade in unserer Zeit von großer Wichtigkeit sind, glaubte der Verfasser, sie dem Lehrer zur **beliebigen** Durchnahme — je nach den Fähigkeiten der Schüler — hinsetzen zu sollen. Zur Ergänzung des hier Gebotenen ist besonders Hake, Handb. der allg. Religionswissensch. I. Teil. Freiburg, Herder, 1875. § 47—56 sehr zu empfehlen.

[2] Man spricht 1. von der „**Pflanzenseele**", dem vegetativen Princip der Pflanze, wodurch sie ernährt, zusammengehalten wird, 2. von einer „**Tierseele**", welche vegetativ und sensitiv (empfindend und willkürlich bewegend) im Tiere wirkt, und 3. von der **menschlichen**, vernünftigen **Seele**, welche neben den vegetativen und sensitiven Funktionen auch intellektiv (denkend und wollend) thätig ist.

gemeine „Blume" finden), sondern sie sind geistige Begriffe, bei denen gerade das Sinnfällige zurücktritt. Also muß auch das Princip unseres Denkens, das diese Begriffe bildet (abstrahiert), etwas Übersinnliches sein, da etwas Übersinnliches (Höheres) nicht von etwas Sinnlichem (Geringerem) hervorgebracht werden kann („Keine Wirkung größer als die Ursache").

3. Betrachten wir den Inhalt unserer Gedanken und Begriffe, so finden wir in demselben nicht nur Sinnfälliges, sondern auch die verborgenen Gründe der Dinge, die inneren Gesetze der Natur, ja selbst völlig übersinnliche Gegenstände, die kein sinnliches Bild uns darstellt und darstellen kann, wie die Begriffe von Tugend, Wahrheit, Recht, Freiheit, Schönheit, Zeit, Ewigkeit u. s. w. Rein geistige Begriffe setzen aber mit Denknotwendigkeit ein geistiges Princip als Ursache voraus (die Wirkung muß stets der Ursache entsprechen).

4. Die Erfahrung zeigt uns, daß wir Willensfreiheit besitzen, daß unser Ich der Herr unserer Entschlüsse und Handlungen ist und eine souveräne Macht über unsern Körper ausübt; ja unser Ich kann dem Körper und den Sinnesreizen nicht nur widerstehen, es kann sie sogar unterdrücken und dem Körper mit klarem Bewußtsein und nach reiflicher Überlegung freiwillig Schmerzen bereiten, es kann Verwundungen, Qualen, selbst den Tod für eine edle Sache ertragen (Märtyrer, Helden, Asceten mit Fasten 2c.). Dieses ist nur möglich, wenn unser Ich ein geistiges Princip ist, das, frei von dem Sinnlichen, über unserem Körper steht. Sehr schön hat dieses schon Plato entwickelt: „Wenn die Seele", sagt er im Phädon, „nichts wäre als Einklang (Produkt) des Körpers, müßte sie ihm dann nicht immer gehorchen, nie aber befehlen? Scheint sie aber nicht gerade gegen ihn zu handeln, indem sie alles das beherrscht, woraus sie nach der Meinung jener bestehen soll, und ihr ganzes Leben lang dagegen kämpft in der verschiedensten Weise, jetzt mit Strenge den Körper züchtigend durch Gymnastik und Arznei, jetzt milder ermahnend?"

5. Endlich wollen wir auch die Nachtseite des Seelenlebens nicht ganz übergehen, da die Träume mit ihren Erfüllungen, die Ahnungen, Vorgefühle, die Lösung schwerer geistiger Arbeiten im Schlafe, die außerordentlichen Zustände des Schlafwachens (Nachtwandler), Hellsehens (Somnambulismus — Swedenborg) u. s. w. einerseits unmöglich zu leugnen (wenn auch hier die größte Vorsicht geboten ist) und anderseits durch materielle Kraft gar nicht zu erklären sind, vielmehr notwendig ein geistiges Princip voraussetzen.

Die Versuche des Materialismus, die Geistigkeit der Seele zu leugnen und das Denken als rein materielle Funktion des Gehirns zu erklären, bedürfen nach den angeführten Beweisen keiner weiteren Widerlegung; die vom Materialismus als Beweise seiner These angeführten Behauptungen aber, daß das menschliche Gehirn größer und phosphorhaltiger sei als das der Tiere, und daß deshalb der Mensch gescheiter sei als jene, sind auch naturgeschichtlich gänzlich unhaltbar, da z. B. das Gehirn von Schaf und Gans das menschliche Gehirn an Phosphorgehalt, dasjenige vom Ochs und anderen Tieren das menschliche an Masse weit übertreffen, ohne durch Klugheit hervorzuragen. Wohl aber findet auf Erden eine gewisse Abhängigkeit der Seele vom Körper statt, besonders vom Gehirn, das ihr Werkzeug ist. Es ist dieses eine geheimnisvolle Wechselwirkung zwischen Leib und Seele, die für die irdische Lebensdauer eng vereinigt sind. So hindern körperliche Schmerzen, z. B. Kopfweh, am Denken, ebenso wie geistige Schmerzen und Anstrengungen den Leib angreifen und erschüttern. Höchst leichtfertig aber ist der Schluß des Materialismus: weil der Körper auf Erden das Werkzeug des Denkens ist, ist er auch die Ursache desselben; denn die Seele kann ihrer Natur nach ganz wohl ohne Körper bestehen, und selbst schon auf Erden haben wir Beweise, daß die **Denkkraft** bleibt, wenn sie sich auch wegen Störung ihres Organs zeitweise nicht bethätigen kann, so z. B. bei Ohnmachten, Schlaf, Wahnsinn, Gehirnverletzungen ꝛc. Daß die sogen. „Geistes"= krankheiten nur Krankheiten des Körpers, besonders des Gehirnes sind, ist bekannt (wirkliche Geisteskrankheiten sind nur Irrtum und Sünde). Deshalb findet auch bei Wahnsinnigen oft monatelanges Überlegen von Rache= oder Fluchtplänen statt, wo= bei sie mit größter Schlauheit alles klar bedenken, so daß nach der Aussage von Gerichtsärzten Überlegung und List keine Zeichen von Zurechnungsfähigkeit eines Menschen sind. Es erklärt sich dieses daraus, daß die in ihrem Wesen einfache Seele in ihren Kräften und Thätigkeiten vielfach ist. So denkt die Seele durch sich allein, empfindet und vegetiert aber in und durch die körperlichen Organe. Das Bewußtsein ist nicht das Wesen, sondern nur ein Vermögen der Seele und hängt auf Erden teilweise von den körperlichen Organen ab, während das rein geistige Denken auch bei geschwundenem Bewußtsein fortdauern kann. Der menschliche Geist ist, um einen Vergleich zu gebrauchen, in ähnlicher Weise vom Gehirn abhängig, wie der Künstler von seinem Instrumente: ist das Instrument zerstört oder verstimmt, so kann er gar nicht oder nur schlecht durch dasselbe wirken; aber nichts hindert ihn, die herrlichsten Akkorde hervorzubringen, sobald das Instrument wieder hergestellt ist oder er ein anderes zur Verfügung hat.

So erhebt sich also die menschliche Seele als **geistiges Princip** im Denken und im Wollen über den Leib, über das Sinnliche, herrscht über die Materie und bekundet dadurch dem Körper gegenüber ihre **Selbständigkeit** oder **Substan= tialität**. Da sie ferner im Gegensatze zur Materie eine **immaterielle Sub= stanz** ist, so ist sie auch **physisch einfach**, nicht zusammengesetzt, wie auch unser Selbstbewußtsein in seiner Einheit, im „Ich", uns bezeugt, und erfüllt auch keinen Raum, ist **nicht ausgedehnt**. Endlich ist die Seele **individuell**, d. h. eine jedem Einzelmenschen eigene, wie das Selbstbewußtsein, besonders im Widerstreit gegen andere, beweist.

Einwand: „Auch das Tier hat eine Seele, zeigt Klugheit und Überlegung, es lernt und denkt, giebt Beweise von Liebe und Haß, kurz der Mensch ist nicht wesentlich vom Tier verschieden, sondern nur graduell."

Widerlegung: Richtig ist, daß auch das Tier eine Seele besitzt, daß es Klugheit u. s. w. zeigt, aber falsch ist der Schluß, der daraus gezogen werden soll. Die Tierseele ist allerdings nicht Materie, sondern eine immaterielle (Lebens=) **Kraft**, aber sie ist nicht Geist, sondern gebunden an die Materie, an den Körper, so daß sie mit dem Körper stirbt; denn das Tier hat nur ein Leben in und durch den Körper. Alles Geistige aber fehlt bei dem Tiere, insbesondere Freiheit und Selbstbewußtsein. Der Mensch wird bei seinen Handlungen durch die Vernunft ge= leitet, das Tier durch den Instinkt, d. h. es ist durch seine Natur von vornherein **gezwungen**, so und nicht anders zu handeln. Während bei dem Menschen eine **eigene** Vernunft herrscht, ist bei dem Tiere gleichsam eine objektive, **fremde** Ver= nunft (Gott) thätig, die seiner Natur gewisse Regeln und Wirksamkeiten eingepflanzt hat, nach denen es handeln muß, ohne es selbst zu wissen und ohne anders zu können. Dieses zeigt uns ein Blick in die Natur: die Kunstfertigkeit erscheint nämlich gerade bei den Tieren niederer Ordnung (Bienen, Ameisen ꝛc.), in derselben Weise bei den jungen wie bei den alten, einerlei, ob sie Vorbilder gehabt haben oder nicht; sie ist eben angeboren. Dieses sehen wir auch daraus, daß das Tier nur diese **eine** ganz bestimmte Thätigkeit ausüben kann, daß es darin weder Fort= schritt noch Rückschritt, niemals Abwechslung und Änderung giebt. Ja, sein Handeln ändert sich auch dann nicht, wenn der Zweck, den es instinktmäßig erstrebt, durch veränderte Umstände völlig unerreichbar ist; alles ist bei dem Tiere stabil, es handelt wie eine Maschine, es hat in Jahrtausenden nichts gelernt und nichts vergessen. Wohl kann der Mensch durch „Dressur" auf das Tier einwirken, aber das ist kein innerer Fortschritt im Tier, also kein „Lernen", sondern nur ein äußerer Zwang, der dem Tiere angethan wird, ähnlich wie einer Maschine. Wenn die Tiere Bewußtsein hätten, müßten sie sich gegen den viel schwächeren Menschen empören oder, falls sie zu schwach wären, sich selbst töten; des bedachten Selbstmordes aber ist nur der selbstbewußte Mensch fähig. — Was ferner die Gefühle des Tieres betrifft, so sind diese instinktiv, d. h. dem Tiere ist von außen (von Gott) ein dunkles, ihm selbst durchaus unbewußtes Gefühl eingepflanzt für das, was ihm nützt oder schadet. Es vermag daher seine „Neigungen", diese instinktiven Regungen von Abneigung und Zuneigung, von Furcht oder Freude, nicht zu beherrschen und weder willkürlich hervorzubringen noch zu unterdrücken; es ist vielmehr in jedem Augenblick dem äußeren Sinneseindruck und dem dadurch erzeugten Reiz unterworfen und muß sich demselben gemäß bewegen. Was darüber hinaus von „Überlegung", „Nachdenken" u. s. w. erzählt wird, beruht auf Übertragung unserer menschlichen Begriffe auf das Tier. — So ist also ein durchaus wesentlicher Unterschied zwischen Mensch und Tier, und zwar ist er so groß wie der Unterschied zwischen selbstbewußtem, freiem Geiste und bewußtloser, unfreier Lebenskraft. Eine Ähnlichkeit bei Mensch und Tier ist allerdings auch vorhanden, und zwar deshalb, weil der Mensch mit dem Tiere die sensitive Lebenskraft teilt; aber eine Ähnlichkeit ist sogar bei Mensch und Pflanze vorhanden, insofern nämlich beide die vegetative Lebenskraft besitzen, ohne daß deshalb jemand die wesentliche Verschiedenheit beider zu leugnen wagte.

II. Die menschliche Seele ist unsterblich, d. h. sie dauert in ihrer Wesenheit (individuell) fort, so daß sie ihr Dasein in geistigen Akten bethätigen kann: sie besitzt persönliche Unsterblichkeit. Um dieses klarzustellen, müssen wir einen zweifachen Beweis führen: wir müssen zeigen, A. daß die Seele ihrer Natur nach unsterblich ist, d. h. daß sie die Fähigkeit besitzt, fortzuleben, und B. daß sie auch thatsächlich fortleben wird.

A. Die Seele ist ihrer Wesenheit, ihrer Natur nach unsterblich. Unsterblich ist ein Wesen, das weder einen Keim der Auflösung in sich selbst trägt, noch auch von außen durch eine natürliche Kraft zerstört werden kann. 1. Da die Seele immateriell und als geistiges Princip unabhängig vom Körper ist, so trägt sie keinen Grund des Vergehens in sich und kann durch die Zerstörung des Körpers (Tod) nicht mitzerstört werden; sie kann vielmehr selbständig auch ohne Körper fortexistieren. 2. Die Seele kann auch nicht von einer äußeren natürlichen Kraft zerstört werden, denn jede Zerstörung einer Substanz durch natürliche Kräfte besteht in der Auflösung, in der Trennung und Zerlegung in ihre Teile; diese Teile selbst können wir nicht vernichten, sie bleiben bestehen; da die Seele aber nicht ausgedehnt ist, kann sie auch nicht geteilt, also auch nicht zerstört werden.

B. Die Seele wird auch thatsächlich fortleben; denn da sie weder aus sich noch durch eine natürliche Kraft zerstört werden kann, könnte sie nur durch Gottes Allmacht zerstört, d. h. vernichtet werden. Das Vernichten = ins Nichts Zurückversetzen ist nämlich ebenso wie das aus Nichts Hervorbringen = Schaffen ein Akt der höchsten Macht, der nur dem höchsten Wesen zukommt. Gott aber wird die Seele nicht vernichten, denn

1. es widerspräche seiner Weisheit, wenn er ein Wesen, das er für die Ewigkeit unzerstörbar erschaffen hat, nachher willkürlich vernichten würde.

2. Der Mensch hat von Gott Anlagen und Fähigkeiten, die auf Erden nie ihr Ziel vollkommen erreichen. So wird z. B. der Drang nach irrtumsloser Erkenntnis

nach Wahrheit, auf dieser Erde voll des Irrtums und des Zweifels nie erfüllt. Gott kann aber in seiner Weisheit und Liebe dem Menschen nicht Ziele setzen, die unerreichbar sind, also muß es nach diesem Leben ein anderes geben, wo unser Streben nach Wahrheit sein Ziel, seinen Ruhepunkt findet.

3. Der Mensch trägt in seiner Brust einen Drang nach Glückseligkeit, der durch kein irdisches Gut gestillt werden kann. Es würde sich aber nicht mit der Heiligkeit und Güte Gottes vertragen, daß er den Menschen, das höchste irdische Wesen, allein inmitten aller zufriedenen Geschöpfe mit dem Bewußtsein seines Elendes auf die Erde versetzt hätte, ohne daß dieser Drang jemals befriedigt würde. Also muß derselbe in einem anderen Leben seine Erfüllung finden.

4. Die Gerechtigkeit Gottes erfordert ein ewiges Leben nach diesem zeitlichen; denn Gott verlangt vom Menschen die Erfüllung seiner Gebote trotz großer Schwierigkeiten und Unannehmlichkeiten, ja er fordert manchmal geradezu die Hingabe des Lebens unter den schrecklichsten Qualen, um eine Sünde zu vermeiden. Es wäre aber die größte Ungerechtigkeit, wenn der Mensch, der seinem Gott alles aufgeopfert hat, als Preis und Lohn — die Vernichtung empfinge!

5. Auf Erden herrscht die vollste Disharmonie zwischen Tugend und Glückseligkeit: der Gute ist von allen Schicksalsschlägen getroffen, der Schlechte oft mit allen irdischen Gütern überhäuft. Wenn also mit dem Tode alles aufhörte, so könnte der verworfenste Bösewicht nach langem Lasterleben durch Selbstmord aller Strafe entgehen, und niemals würde dann ein Ausgleich zwischen Tugend und Glück, zwischen Laster und Strafe stattfinden, kurz es würde keine Gerechtigkeit herrschen, was der göttlichen Gerechtigkeit durchaus widerstrebt.

So fordert also die Weisheit, Liebe und Gerechtigkeit Gottes, daß er die Seele des Menschen, die er für die Ewigkeit erschaffen, auch ewig im Dasein erhalte. — Wie sehr der Glaube an die Unsterblichkeit dem vernünftigen Denken entspricht, zeigt sich auch darin, daß

6. alle Völker im Glauben an die Unsterblichkeit übereinstimmen[1]. Und zwar muß die Fortdauer eine ewige, unwandelbare sein, denn nur das vermag den Menschen zu befriedigen, was ewig ist. Während das Tier nur Lust und Schmerz des Augenblicks kennt und weder eine Vorstellung noch ein Verlangen nach Zukunft und Fortdauer hat, ist es gerade der Gedanke an die Ewigkeit, an die Fortdauer in der Zukunft, den jeder Mensch unaustilgbar und naturnotwendig in sich trägt. Wäre der Mensch nicht unsterblich, woher sollte er die Idee der Unsterblichkeit geschöpft haben, da er überall im Weltall nur Sterben und Vergehen sieht? Wie sollte er an Unsterblichkeit denken und darnach verlangen? Dieser Gedanke der Unsterblichkeit ist dem Menschen so tief eingeprägt, daß er bei Guten und Bösen, als Hoffnung oder Furcht, niemals ganz zu vertilgen ist, daß er den sterbenden Märtyrern in den Todesqualen das Lächeln auf die Lippen, dem

---

[1] Bei den Griechen und Römern: Hades (Elysium, Tartarus), Manenkultus, Apotheose — bei den Deutschen: die Walhalla — bei den Ägyptern: das Totengericht („Totenbuch") — bei den Babyloniern: ewige Strafe („Höllenfahrt der Istar") — bei den Hebräern: Scheol — bei den Persern: drei Himmel und drei Höllen („Zend-Avesta") — bei den Indern: die Seelenwanderung — bei den Chinesen: Ahnenkultus. — Von den Heiden behandeln die Unsterblichkeit am schönsten Cicero in den Tuskulanen und Plato im Phädon, wo die Schilderung vom Jenseits mit den Worten schließt: „Darum ziemt es sich gewiß, alles aufzubieten, um in diesem Leben der Tugend und Einsicht teilhaftig zu werden, denn herrlich ist der Preis und die Hoffnung ist groß." Vgl. Lüken, Die Traditionen des Menschengeschlechtes.

sterbenden Tyrannen den Angstschweiß auf die Stirne rief. Darum bestatten alle Völker ihre Toten, darum schreiben wir auf die Gräber unserer Lieben: „Andenken hier und Wiedersehen drüben!"

7. Die Leugnung der Unsterblichkeit führt zu den schrecklichsten Konsequenzen. Vgl. § 5 Nr. 7.

§ 7. Der Pantheismus.

Der Pantheismus[1], schon bei den alten Indiern ausgebildet und in neuerer Zeit besonders von deutschen Philosophen, wie Schelling und Hegel, wieder aufgegriffen, geht im Gegensatz zum Materialismus aus von der Einheit des „Unendlichen" oder der „Weltsubstanz". Aus dem „Unendlichen" ist alles hervorgegangen, was in den Reichen der Natur und des Geistes lebt und sich bewegt. (Bis hierher lautet es noch christlich.) Aber dieses „Unendliche", dieser „Gott" des Pantheismus ist nicht die schöpferische Ursache aller Dinge, ist nicht wesentlich von den Dingen selbst geschieden, sondern kommt nur in den Dingen zur Erscheinung und Verwirklichung; alles, was wir auf Erden sehen, ist „der Gottheit lebendiges Kleid". „Alles ist Gott" oder „Gott ist alles" heißt daher der Hauptglaubenssatz des Pantheismus. Selbstverständlich kann dabei von einer Schöpfung nicht die Rede sein, sondern alles, was wir sehen, ist nur eine „Erscheinung", nur eine „Offenbarung" des Unendlichen (Gottes) und hat ebensowenig ein selbständiges Dasein wie die Meereswelle dem Meerwasser gegenüber. Unter dem Kleide der Natur verborgen ist die „Weltseele", die Gottheit selbst.

Die Falschheit des Pantheismus ist leicht erkennbar, denn die ganze pantheistische Weltanschauung ist nur ein Spiel der Phantasie, eine Märchenwelt, die vor dem ruhigen Denken nicht besteht, vielmehr auf hundert Widersprüche führt.

1. Wenn die Weltdinge nicht wesentlich von der göttlichen Substanz verschieden, sondern nur Erscheinungen und Äußerungen derselben wären, so müßten sie dieser ihrer göttlichen Wesenheit entsprechen; sie müßten also als Erscheinungen einer ewigen, notwendigen, unbedingten Substanz auch selbst ewig, notwendig, unbedingt wie diese sein. Nun sind sie aber zeitlich, zufällig, bedingt. Also können sie nicht Erscheinungen der göttlichen Substanz sein, sondern sind von ihr verschiedene, endliche Wesen.

2. Wenn der Pantheismus recht hätte, wäre das Unbedingte, Ewige und Notwendige (Gott) die Summe des Bedingten, Zeitlichen, Zufälligen. Eine Summe, auch die denkbar größte, von bedingten, zeitlichen, zufälligen Wesen kann aber ebensowenig in ihrer Gesamtheit etwas Unbedingtes, Ewiges, Notwendiges geben wie eine Summierung von lauter Linien je eine Fläche, denn jede Summe behält immer den Charakter ihrer Einzelglieder.

3. Wenn der Pantheismus wahr wäre, so wäre alle Verschiedenheit und aller Gegensatz nur Schein. Nun ist es aber unleugbar, daß nicht einmal zwei Menschen

---

[1] Griech. = Allgottheitslehre.

genau dasselbe erkennen und wollen: der eine versteht dies, der andere nicht; der eine will dies, der andere nicht. Also giebt es mehrere selbständige Wesen, nicht nur die eine göttliche Substanz.

4. Wir finden in uns das Bewußtsein, daß wir frei handeln können, daß wir zwischen Verschiedenem, zwischen Gutem und Bösem wählen können. Wir schreiben uns Verdienst und Schuld, Lohn und Strafe zu, rühmen uns des einen, schämen uns des anderen, entschuldigen uns wegen des Schlechten, empfinden Freude oder Reue nach einer That. — Bei der Annahme einer einzigen göttlichen Substanz ist aber die Freiheit des einzelnen ein Unsinn. Der Pantheismus muß daher alle diese Gefühle leugnen, muß gut und bös für gleichberechtigt erklären und widerspricht so der Stimme der Vernunft wie des Gewissens und der einfachsten täglichen Erfahrung.

Der Pantheismus vermag nicht das Rätsel der Welt zu lösen. Sein Gott ist kein wahrer Gott, seine Welt nur Trug und Schein; er kann nicht die Natur des menschlichen Geistes, nicht sein Selbstbewußtsein, nicht sein Erkennen, nicht die Geschichte, nicht die freie That, nicht das Bewußtsein von Schuld und Verdienst, nicht die Existenz des Bösen, mit einem Worte: er kann nichts erklären. Er muß schließlich wie der Materialismus die Stimme des Gewissens und das Verlangen der Gerechtigkeit nach Lohn und Strafe für eine unglückselige Selbsttäuschung erklären, er muß die Zurechnungsfähigkeit des Menschen, den Unterschied zwischen Tugend und Laster, zwischen Wahrheit und Irrtum leugnen und so jeden Halt und jede Grundlage für die Gesittung und Bildung umstoßen und den Weg zu einer schauderhaften Barbarei anbahnen.

Der Pantheismus bildet in seiner Halbheit und Phantasterei meistens nur eine Übergangsstufe in der Verirrung des menschlichen Geistes, der, wenn er nicht in dem Sumpf des Materialismus untergehen will, zu der Annahme eines persönlich waltenden, weltschaffenden Gottes zurückkehren muß, wie sie schon die Welt vor Christus in den größten Denkern: Sokrates, Plato und Aristoteles[1], ausgesprochen hat; mit einem Worte, er muß sich bekennen zu dem Grunddogma: „Gott sprach, und es ward." „Und wahrlich," sagt Rousseau von diesem biblischen Worte, „das ist ein so großartiges System, so voll Trostes, so erhaben, so ganz geeignet, die Seele zu erheben und die Tugend zu begründen; so lichtvoll, so überraschend, so einfach, kurz, es ist ein System, das Unbegreifliches enthält, aber nicht jene Unzahl von absurden Behauptungen, wie wir sie in allen übrigen finden."

§ 8. Der Unglaube.

So sehen wir, daß jene Systeme, welche hauptsächlich einen Ersatz für den Gottesglauben bieten sollen (Materialismus und Pantheismus), gänzlich unhaltbar sind und auf tausend Widersprüche führen, während anderseits die ganze Welt um uns (kosmologische und teleologische Beweise), der Geist in uns (psychologische Beweise), die Geschichte vor uns (historischer Beweis) auf Gott hinzeigen.

Und was vermag der Ungläubige denn gegen die Existenz Gottes anzuführen? Etwa Beweise? O nein! Nicht eine Spur davon, nichts als leere Zweifel!

---

[1] Vgl. Hettinger, Apologie des Christentums I, 1, Bemerk. zum 5. Vortrag Nr. II.

Es giebt in der That nichts Thörichteres und zugleich Trostloseres als den Unglauben; nur „der Thor spricht in seinem Herzen: Es giebt keinen Gott" (Pf. 13, 1). „Ohne Gott, da sinkt dieses Leben, ohnehin der Arbeit, des Schmerzes und der Kämpfe so voll, es sinkt hinab und immer tiefer hinein in die Nacht; da schwindet mit jedem Tage ein Stück des Lebens, und es ist das ganze Leben, es giebt für uns kein zweites mehr; da reißt jede hineilende Stunde ein Stück aus deinem Herzen, und mit ihm geht mehr und mehr sein Mut, sein Aufschwung und seine Freude dahin" ... „Der Mensch kann sich auflehnen gegen Gottes Wahrheit und seine ewige Ordnung, aber diese steht ruhig und unbewegt über ihm, wie seit Jahrtausenden. Sie ergreift wie ein gewaltiges Räderwerk den, der störend und hemmend sie anzutasten versucht, geht über ihn dahin, sie zermalmt ihn und wirft ihn hinaus in die ewige Nacht" (Hettinger, Apol. d. Chr. I, 1 S. 163 u. 165).

Wie wahr muß doch das Christentum sein, wenn selbst ein Rousseau sich zu dem Geständnis gezwungen sieht: „Mein Sohn, bewahre deine Seele in einem Zustande, der dich wünschen läßt, Gott möchte existieren, und du wirst nie an seiner Existenz zweifeln!" Ja, „nur der leugnet Gott, dem es dienlich wäre, wenn er nicht existierte" — „aller Irrtum stammt in gewissem Sinne aus der Sünde" (St. Augustinus), und „unser Denksystem ist oft nur die Geschichte unseres Herzens" (Fichte).

Nicht die Wissenschaft führt zum Unglauben, sondern nur die hochmütige Oberflächlichkeit, die die Resultate ihrer Unwissenheit als „exakte Forschung" ausgiebt, die in anmaßendster Weise mit jeder luftigen Hypothese wie mit unumstößlichen Beweisen auftritt, gegen die sich Gott und Offenbarung als „Köhlerglaube" in die Ecke drücken sollen. Im edelsten Gegensatze zu solch anmaßenden Epigonen erkannten die wirklich großen Geister das gerade in der Naturwissenschaft unermeßlich weite Gebiet des Unerforschlichen an. So schrieb der große Newton: „Ich komme mir vor wie ein Kind, das am Ufer des Meeres spielt und sich damit belustigt, daß es dann und wann einen glatten Kiesel oder eine Muschel, schöner als gewöhnlich, findet, indes der große Ocean der Wahrheit unerforscht vor mir liegt"[1].

Es giebt nichts, was leichter zum Unglauben führt, als Hochmut und Unsittlichkeit, nichts, was sicherer vor dem Unglauben schützt, als Demut und ein reines, tugendhaftes Leben und der Gedanke an einen gerechten Richter und Vergelter. Deshalb „gedenke bei allen deinen Werken der letzten Dinge, und du wirst in Ewigkeit nicht sündigen" (Eccli. 7, 40).

Zweites Kapitel: Theorie der Offenbarung.

§ 9. Religion und Offenbarung.

Unter Religion versteht man die lebendige Verbindung des Menschen mit Gott, die sich in Verehrung, Gehorsam und Liebe Gott gegenüber bethätigt. Sie ist das Band (religio von religare = festbinden, verflechten), das die Menschen mit ihrem Schöpfer verbindet und sie untereinander zu Kindern eines Vaters im Himmel, zu einer Familie vereinigt.

Die Religion entspricht dem Wesen Gottes, denn als der unendlich Erhabene muß er Verehrung, als Schöpfer Dank und Liebe fordern — und dem

---

[1] Holzammer, Handbuch zur bibl. Gesch. 4. Aufl. Freiburg, Herder, 1886. I. Teil. S. II. — Ebendas. S. IV eine Aufzählung der bedeutendsten Naturforscher, die gläubige Christen waren.

Wesen des Menschen, denn als Diener und noch mehr als Geschöpfe und Kinder Gottes fühlen wir uns zu Gehorsam, Verehrung und Liebe gegen Gott verpflichtet. — **Wahr** ist diejenige Religion, die dem **wahren** Gott die **entsprechende** Verehrung leistet. **Falsch** ist jede Religion, die entweder nicht dem wahren Gott dient oder ihm auf eine unpassende Weise, z. B. durch Menschenopfer, huldigt.

Man teilt die Religion in **natürliche** und **übernatürliche**, je nachdem ihre Lehren durch den natürlichen Verstand des Menschen erkannt werden oder nicht. Und da alle Gotteserkenntnis, alle Religion nur dadurch möglich ist, daß Gott sich uns zu erkennen giebt, sich uns **offenbart**, nennt man die wahre Religion auch die **göttliche Offenbarung**.

Man spricht von **natürlicher** Offenbarung, sofern sich Gott durch die **Natur** den Menschen zu erkennen gegeben hat (vgl. die Gottesbeweise); **übernatürlich** dagegen heißt jene göttliche Offenbarung, welche uns dadurch zu teil wird, daß Gott selbst zu uns redet; letztere ist stets gemeint, wenn man einfachhin von „Offenbarung" redet.

Wenn Gott direkt zu uns redet, so ist dieses eine **unmittelbare**, wenn er durch eine Mittelsperson zu uns spricht, eine **mittelbare** Offenbarung.

§ 10. Notwendigkeit einer übernatürlichen Offenbarung.

I. Wenn Gott aus reiner Güte und Barmherzigkeit den Menschen zu einer **übernatürlichen** Glückseligkeit (zur Anschauung Gottes) bestimmte, so mußte er ihm selbstredend dieses auch mitteilen und ihm die Mittel und Wege zur Erreichung dieses Zieles angeben. Deshalb ist für diesen Fall eine übernatürliche Offenbarung **unbedingt** (absolut) **notwendig**.

II. Aber wenn auch Gott dem Menschen kein anderes Ziel gegeben hätte als eine **natürliche** Seligkeit, so wäre es doch seiner Weisheit und Güte **angemessen**, den Menschen zur Erreichung dieses natürlichen Zieles durch übernatürliche Offenbarungen zu unterstützen, „weil die wahre **Erkenntnis Gottes auf dem Wege der rein vernünftigen Forschung a) nur wenigen, b) diesen nur nach langer Zeit und c) nur unter Beimischung vieler Irrtümer zu teil wird"** (Thomas v. Aquin, S. Th. I. 1. 1), und weil zudem d) niemand **Gewißheit** hätte.

a) Es ist offenbar, daß nur **wenige** die Wahrheit finden würden, denn die meisten würden durch Mangel an Bildung, durch irdische Geschäfte, durch Trägheit und Gleichgültigkeit davon abgehalten. Nach Plato ist die Kenntnis der Wahrheit „niemals eine Sache für die Menge, sondern immer nur für wenige, für den Adel der Menschheit". b) Es würden diese wenigen nur nach langem, irrigem Ringen und Forschen, **nur spät** zur nötigen Erkenntnis gelangen, und ehe sie dieselbe erreicht hätten, würden sie des nötigen Haltes und der Richtschnur entbehren. c) „Es irrt der Mensch, so lang er strebt" (Göthe), und die wenigen, die endlich zur Erkenntnis gelangt wären, würden vielleicht noch mehr Irrtum als Wahrheit gefunden haben. d) Endlich würden die Menschen, selbst wenn sie die Wahrheit gefunden hätten, doch keine Gewißheit darüber haben, sondern fürchten müssen, daß sie vom Irrtum getäuscht seien. So sagt Xenophanes: „Keiner hat je die gewisse Wahrheit erkannt, noch wird sie einer erkennen, weder in Bezug auf die Götter noch über das Weltall, und wenn es ihm auch glückte, das Vollkommene zu sagen, so wüßte er es doch selbst nicht, denn auf allem haftet die Meinung."

Ein Blick auf die Geschichte beweist uns dieses auf das klarste: Bei allen Völkern, die keine Überreste der göttlichen Offenbarungen bewahrt hatten, waren die Massen in den greulichsten Götzendienst versunken. Im hochgebildeten Rom und Athen huldigten selbst die „Gebildeten" dem unsinnigsten und unsittlichsten Aberglauben; nur wenige Männer, wie Cicero, Plato, Aristoteles, gelangten zu einer nur irgendwie befriedigenden Gotteserkenntnis. Und wie unsicher war auch ihre Erkenntnis! „Welche von diesen Meinungen wahr ist, möge ein Gott wissen; welche die wahrscheinlichste, das ist eine schwere Frage," sagt Cicero; andere verzweifelten völlig an der Möglichkeit, die Wahrheit zu erkennen, und sprachen mit Demokritos: „Entweder giebt es keine Wahrheit, oder sie ist uns verborgen." Und selbst das edelste und erhabenste System, das dem Christentum am nächsten kam, die Lehre Platos, ist von Anschauungen entstellt, die ebenso irreligiös und unsittlich, wie inhuman und widerrechtlich sind. Er billigt z. B. das Aussetzen schwächlicher Kinder, die Unsittlichkeit, die Sklaverei, die Verachtung der Nichtgriechen u. s. w. Und er meint, daß es „schwer ist, den Schöpfer und Vater des Weltalls zu finden; mit allen aber darüber zu sprechen, unmöglich". Deshalb trösteten sich die heidnischen Weisen mit dem Ausspruch eines Schülers des großen Plato: „Wir wollen warten auf einen, sei es ein Gott oder gottbegeisterter Mensch, der uns unsere religiösen Pflichten lehrt und die Dunkelheit von unseren Augen wegnimmt."

So haben wir in dem Ringen und Streben der heidnischen Weisen zwar großartige Versuche, die Wahrheit zu erkennen, aber sie enden alle mit Todesmüdigkeit und Verzweiflung. „Ignoramus et ignorabimus!" Und wie die menschliche Weisheit vor Christus, so muß auch der gottentfremdete Unglaube nach Christus noch bekennen: „Daß wir nichts wissen können, das will mir schier das Herz verbrennen" (Göthes Faust). Von ihnen allen gilt das Wort des Apostels: „Immer suchend gelangen sie nie zur Erkenntnis der Wahrheit" (2 Tim. 3, 7).

Wir können also schon von vornherein annehmen, daß Gott als der Weise und Gütige die Menschen nicht sich selbst überlassen, sondern durch übernatürliche Offenbarung unterstützen wollte. Wir werden demnach fragen müssen: „Hat sich Gott thatsächlich geoffenbart?" — Allein ehe wir dies beantworten, müssen wir erst wissen: „Welches sind die Kennzeichen einer angeblichen Offenbarung?"

§ 11. Die Kennzeichen der Offenbarung im allgemeinen.

Offenbar ist es eine strenge Pflicht des Menschen, die Mitteilungen Gottes zu glauben[1]; allein zu diesem Glauben sind wir nur dann ver-

---

[1] Glauben heißt, etwas auf das Zeugnis eines andern hin für wahr halten. Wissen heißt, etwas durch eigene Einsicht und Erfahrung kennen. Wir können dann vernünftigerweise etwas glauben, wenn der Zeuge, der uns die Mitteilung macht, 1. die Wahrheit wissen kann und 2. sie sagen will. — Wissen und Glauben stehen sich nicht feindlich gegenüber, sondern ergänzen sich gegenseitig; die meisten Kenntnisse haben wir nicht durch eigene Einsicht (Wissen), sondern durch Glauben. Der Glaube ist auch nicht unsicherer als das Wissen; im Gegenteil bietet er uns oft

pflichtet, wenn wir wissen, daß Gott **wirklich** geredet hat, daß es **wirklich eine göttliche Offenbarung** ist, die uns zu glauben vorgestellt wird. Damit wir aber die göttlichen Offenbarungen von falschen unterscheiden können, muß Gott dieselben mit solchen Merkmalen oder Kennzeichen ausstatten, daß wir dieselben auch deutlich, leicht und sicher als **seine Rede** erkennen können; denn Gott verlangt einen **vernünftigen Glauben**, keinen Aberglauben an die Träumereien irgend eines Betrügers.

Unter den Kennzeichen oder Kriterien der Offenbarung unterscheiden wir 1. **innere**, 2. **äußere**, je nachdem dieselben dem Inhalt der Offenbarung selbst oder den äußeren Thatsachen und Umständen entnommen sind, unter welchen uns die Offenbarung mitgeteilt wird. Die Merkmale heißen **positive**, wenn sie die Göttlichkeit einer angeblichen Offenbarung bestätigen, **negative**, wenn sie dieselbe verneinen.

§ 12. Die inneren Kennzeichen.

Die **inneren** Merkmale sind nicht in gleichem Maße zuverlässig wie die äußeren, weil es oft weit schwerer ist, den Inhalt einer angeblichen Offenbarung zu prüfen als die äußeren Thatsachen. Namentlich sind die **positiven inneren Merkmale** nie allein entscheidend; denn wenn auch der Inhalt einer angeblich göttlichen Offenbarung erhaben, heilig, dem edlen Streben des Menschen förderlich ist, so müßte man doch erst feststellen, ob derselbe nicht das Erzeugnis menschlichen Nachdenkens oder früheren Offenbarungen entnommen ist (vgl. Muhammeds Lehre!) — eine Prüfung, die überaus schwer und unsicher ist.

Weit brauchbarer sind die **negativen inneren Kriterien**; wenn nämlich in dem Inhalt einer vorgeblichen Offenbarung etwas der Vernunft, der Sittlichkeit, dem Wesen Gottes und früheren, sicher echten Offen-

---

eine weit größere Sicherheit, nämlich dann, wenn der Zeuge, auf den sich unser Glaube stützt, höher steht als wir selbst. So kann z. B. ein Nicht-Fachmann in der Astronomie viel fester von den ihm **mitgeteilten** Resultaten eines tüchtigen Astronomen überzeugt sein (die er **glaubt**), als von seinen **selbstgemachten** Berechnungen. Selbstverständlich bietet der Glaube dann die größtmögliche Sicherheit, wenn Gott selbst (qui nec fallere nec falli potest) uns Wahrheiten mitteilt. Da endlich Gott der Urheber der Natur wie der Offenbarung ist, so kann zwischen beiden kein Widerspruch sein. Wo daher die Naturwissenschaft zu einem Resultate gelangt, das der Offenbarung, dem Glauben zu widersprechen scheint, da ist entweder dies Resultat falsch, oder es würde die Offenbarung falsch verstanden worden sein. Von den **wissenschaftlich exakten** Forschungen der Naturwissenschaft widerspricht auch thatsächlich keine der Offenbarung, wohl aber findet ein solcher Widerspruch bei manchen unbewiesenen Hypothesen statt, deren Falschheit dem Christentum schon deshalb klar ist. Überhaupt gilt hier das schöne Wort Bacos: „Die Wissenschaft, gründlich betrieben, führt zu Gott hin, oberflächlich betrieben, von Gott ab!"

barungen Widersprechendes enthalten ist. Durch diese negativen inneren Merkmale wird unter den zahllosen angeblich göttlichen Offenbarungen von vornherein schon das Schlechte weggeräumt; so sind z. B. fast alle heidnischen „Offenbarungen" und auch die vieler christlichen Sekten sogleich an ihrer Unsittlichkeit als falsch erkennbar.

Während bei den inneren Merkmalen aus dem Inhalt einer Offenbarung auf deren göttlichen Ursprung geschlossen werden soll, wird durch die äußeren Merkmale die göttliche Sendung eines angeblichen Gottesgesandten bestätigt und dann, wenn diese bewiesen ist, mit vollem Recht auf die Wahrheit seiner Mitteilungen geschlossen, da Gott, wenn er redet, nur die Wahrheit mitteilen kann. Die Prüfung durch die äußeren Kennzeichen ist weit zuverlässiger, einfacher und leichter als durch die inneren.

§ 13. Die äußeren Kennzeichen: I. Wunder.

Unter den äußeren Kennzeichen sind Wunder und Weissagungen die am leichtesten erkennbaren und die sichersten.

Unter Wundern versteht man solche außerordentliche[1] Erscheinungen, welche nicht in den Kräften der Natur, sondern nur in dem unmittelbaren Wirken der göttlichen Allmacht ihren Grund haben.

Kein Mensch kann aus sich Wunder wirken; wo Menschen Wunder wirkten, geschah es stets in der Weise, daß Gott auf das Wort des von ihm bevollmächtigten Gesandten hin durch seine Allmacht das Wunder wirkte.

Selbstredend müssen jene bereits widerlegten Systeme, die einen überweltlichen Gott leugnen (Materialismus und Pantheismus), auch die Möglichkeit der Wunder bestreiten. Aber auch der Rationalismus[2] will kein Wunder gelten lassen; denn, sagt er, die Welt sei als das Werk Gottes vollkommen; ein Wunder verbessere also dieselbe entweder — und dieses beweise, daß sie vorher schlecht gewesen sei — oder es verschlechtere sie: beides widerspreche der Weisheit des Schöpfers. — Dagegen spricht folgendes: a) die Welt ist nicht durchaus vollkommen; b) das Wunder hat jedenfalls mit der Vollkommenheit oder Unvollkommenheit der Welt nichts zu thun; denn sie wird dadurch weder besser noch schlechter, da ein Wunder die Naturgesetze nicht ändert, sondern nur schöpferisch in einem einzelnen Falle eine neue Wirkung setzt.

Man macht noch weitere Einwände: „1. Das Wunder stört die Ordnung und Gesetzmäßigkeit der Natur; 2. jede Naturwissenschaft wäre unmöglich, wenn man nie wüßte, ob eine Erscheinung die regelrechte Wirkung der Naturgesetze oder ein Wunder wäre." — Widerlegung: 1. Das Wunder kann die Naturgesetze nicht stören, weil es dieselben nicht ändert; alle Gesetze bleiben bestehen, es wird nur eine schöpferische Ausnahme gemacht. Dadurch z. B., daß Petrus auf dem Wasser wandelte oder die drei Jünglinge im Feuerofen nicht verbrannten, hat das Wasser sein specifisches Gewicht nicht verändert, hat das Feuer seine Brennkraft nicht verloren. Selbst der Mensch greift selbständig in die Gesetze der Natur ein und tritt

---

[1] Vgl. die schöne Auseinandersetzung des hl. Augustinus im Brevier, Dom. IV. Quadrag., Lect. III. Noct.

[2] „Vernunftreligion", welche nur das annehmen will, was die Vernunft (ohne übernatürliche Offenbarung) einsieht.

Zweites Kapitel: Theorie der Offenbarung.

ihnen im einzelnen Fall hinderlich oder förderlich entgegen, wie z. B. durch Tötung oder Heilung lebender Wesen. Und wenn der Arzt auf eine Krankheit, die nach den Gesetzen der Natur tötlich verlaufen müßte, so einzuwirken vermag, daß Genesung eintritt, dann sollte der Schöpfer der Natur auf dieselbe keine Wirkung ausüben können? — 2. Ebensowenig wird dadurch die Wissenschaft unmöglich gemacht, denn eine der wichtigsten Eigenschaften des Wunders ist seine **Erkennbarkeit als solches**, als „außerordentliche" Erscheinung.

3. „Durch die Wunder wird eine bezauberte Welt eingeführt und die Ruhe des Menschen gestört." — Dieses gewiß nicht, da die Wunder nur Ausnahmen von der Regel sind. Weil des Moses Stab in seiner Hand zur Schlange wurde, weil Lazarus aus dem Grabe wieder auferstand, braucht niemand zu fürchten, daß sein Spazierstock ihm in der Hand zur Schlange werde, oder daß alle Toten ihn des Nachts im Schlafe störten.

Auch gegen die **Erkennbarkeit der Wunder** werden Einwendungen gemacht. 1. „Man kann nicht unterscheiden, ob ein Wunder von Gott oder vom Teufel gewirkt worden ist." — Wahr ist, daß die höheren Geister an und für sich eine höhere Erkenntnis und Macht als wir besitzen und es daher vermögen, Erscheinungen hervorzurufen, die uns wunderbar vorkommen; allein die bösen Geister besitzen a) keine Allmacht, so daß sie jede beliebige Wirkung hervorbringen könnten, b) sie können überhaupt ihre höhere Macht nie **gegen** den Willen Gottes, am wenigsten zur Irreleitung des Menschen gebrauchen. Solche Blendwerke sind daher stets als dämonisch zu erkennen.

2. „Wir kennen die Gesetze der Natur nicht genau genug, um wissen zu können, ob eine Erscheinung natürlichen oder übernatürlichen Ursprungs ist." — Allerdings können wir nicht immer bestimmen, **was** die Gesetze der Natur etwa leisten können; wohl aber können wir genau sagen, was sie sicher **nicht** leisten können. „So wissen wir freilich nicht," erwidert treffend Hettinger, Apol. d. Chr. I, 2 S. 197, „wie groß die Macht der Phantasie auf den Körper ist; aber mit Bestimmtheit wissen wir, daß sie **nicht** dem Blindgeborenen das Gesicht, dem Tauben das Gehör zu geben vermag. Wir wissen nicht, wie weit die Erfindungsgabe reichen kann, um über Land und Meer, Luft und Wasser Massen fortzubewegen: aber dieses wissen wir mit Bestimmtheit, daß keiner ohne jegliches Hilfsmittel zum Himmel sich erhebt, auf dem Wasser einherwandelt, die Stürme durch sein Wort beschwichtigt und durch verschlossene Thüren geht. Wir wissen nicht, **wie lange** einer im Scheintod verharren kann, aber wir wissen mit Bestimmtheit, daß der Gestorbene und schon in Verwesung Übergegangene nicht durch natürliche Kraft wieder zum Leben zurückkehrt. Wüßten wir dieses nicht, dann wäre alles Recht, alles Eigentum, aller Besitz, alles Familienleben unmöglich, das diese Gewißheit voraussetzt."

3. „Auch die nichtchristlichen Religionen, die offenbar falsch sind, haben Wunder aufzuweisen." — Nein; die von Dichtern und einzelnen Schriftstellern erzählten angeblichen Wunder entbehren (einzelne Fälle diabolischer Einwirkung ausgenommen) jeder geschichtlichen Begründung und wurden meist schon von den Zeitgenossen selbst verlacht. Sie sind auch so abgeschmackt und lächerlich, daß man ihre innere Unwahrheit auf den ersten Blick erkennt; so z. B., wenn erzählt wird, Buddha sei auf einem Sonnenstrahl geritten, Apollonius von Tyana habe Bäume tanzen lassen, Gewitter in Fässern mit sich geführt, einen Bettler in einen Hund verwandelt, zu Muhammed sei der Mond vom Himmel herabgekommen, habe ihn als den Gottesgesandten mit mächtiger Stimme begrüßt, sei darauf zu seinem rechten Ärmel hinein- und zum linken wieder herausgegangen, sei dann nochmal zum Halse hinein und unten am Saume des Kleides herausgetreten und habe sich hierauf in zwei Hälften gespalten u. s. w.

§ 14. Die äußeren Kennzeichen: II. Weissagungen. Die Bedeutung der Wunder und Weissagungen.

Unter Weissagung versteht man die sichere und genaue Voraussagung solcher zukünftigen Ereignisse, deren Eintreffen aus natürlichen Ursachen nicht erkannt werden kann.

Die wahre Weissagung muß im Unterschied von abergläubischer Wahrsagerei a) eine wirkliche „Vorhersagung" sein, kein vaticinium post eventum, muß also vor der Erfüllung ausgesprochen sein. b) Sie muß auf sicherer Erkenntnis beruhen und deshalb genau sein; denn allgemein gehaltene Phrasen und bloße Mutmaßungen über die Zukunft könnte jeder Mensch verkünden. c) Sie muß solche Dinge zum Gegenstande haben, deren Eintreffen menschlicherweise nicht erkannt, nicht aus schon Vorhandenem geschlossen werden kann. d) Sie muß genau und vollständig erfüllt werden und in allen ihren Teilen eintreffen.

Einwand: Die Weissagungen sind nicht als göttlich erkennbar, da 1. auch die heidnischen Kulte Orakel und Wahrsager hatten, da 2. die bösen Geister ähnliche Mitteilungen machen können, und da 3. manche menschliche Zustände, wie z. B. Ahnungen und Vorgefühle, das Hellsehen und der Somnambulismus ähnliche Erscheinungen aufweisen können.

Widerlegung. 1. Was die angeblichen Weissagungen der heidnischen Orakel und Wahrsager betrifft, so beruhen dieselben zum größten Teil auf Betrug, wohl auch in einzelnen Fällen auf Blendwerk des Teufels. Wahrsagerei war bei den Heiden eine Kunst, die ebenso wie anderes erlernt wurde; die Orakelsprüche aber waren meist pfiffig zurechtgemachte Antworten, deren Doppelsinn in jedem Falle paßte. Bekannte Beispiele sind: „Ajo te, Aeacida, Romanos vincere posse." — „Ibis redibis non morieris in bello." — „Geht Krösus über den Halys, so wird ein großes Reich zerstört" u. s. w. — Das sind trügerische Spiele des menschlichen Witzes und keine Weissagungen!

2. Allerdings können die bösen Geister durch ihre höhere Erkenntnis manches Zukünftige aus schon Vorhandenem schließen, was uns verborgen ist und deshalb wunderbar vorkommt. Allein ihr Wissen ist kein eigentliches Vorherwissen, die wirkliche Zukunft ist ihnen ebenso verborgen wie den Menschen; dann ist aber besonders zu beachten, daß sie solche trügerische Weissagungen doch nur mit Zulassung Gottes den Menschen mitteilen können, Gott aber unmöglich zulassen kann, daß die Menschen ohne ihre Schuld dadurch bethört und in Religionsdingen irregeführt würden.

3. Die merkwürdigen Erscheinungen des Vorgefühls und der Ahnung (z. B. Kassandra, wenn die Erzählungen über sie historisch sind), des magnetischen Schlafes und Hellsehens u. s. w. können mit den eigentlichen Weissagungen trotz einiger Ähnlichkeit doch nicht verwechselt werden, weil sie nicht auf übernatürlicher Erkenntnis, sondern auf nervöser Überreizung und krankhaften Seelenstimmungen beruhen und deshalb daran sogleich erkannt werden können, abgesehen davon, daß ihnen meist unsichere, dunkle und oft nicht eintreffende Mitteilungen entstammen. (Vgl. Hettinger, Apol. d. Chr. I, 2 S. 206 ff.)

Die Bedeutung der Wunder und Weissagungen leuchtet ein: sie sind die unleugbarsten und von allen, auch den Ungelehrten, am klarsten erkennbaren Beweise dafür, daß derjenige, von dem sie gewirkt werden, ein wirklicher Gottesgesandter ist. Was bei dem Gesandten eines

Königs der Beglaubigungsbrief, das sind Wunder und Weissagungen bei dem Gottesgesandten. Da sie nämlich unmittelbar von Gott stammen und nur von ihm ausgehen können, beweisen sie, daß Gott selbst die Menschen zum Glauben an die Worte seines Gesandten verweist. Denn Gott kann als der Heilige und Wahrhaftige unmöglich einem Betrüger durch Wunder und Weissagungen zur Täuschung der Menschen helfen. — Gerade die vielen falschen Wunder und Weissagungen zeigen uns, wie sehr die Menschen jederzeit davon überzeugt waren, daß Wunder und Weissagungen ein sicherer Beweis für die Wahrheit einer Aussage seien, denn deshalb suchten Betrüger solche nachzumachen.

Wollte man aber einwenden, es sei doch verdächtig, daß Wunder nur in den alten „finsteren" Zeiten und nur bei „rohen, ungebildeten" Völkern vorkämen, während jetzt keine Wunder mehr geschähen, so ist das eine arge Täuschung; denn die Zeit Christi, das Zeitalter des Augustus, kann doch nicht „finster" genannt werden, und die Pharisäer und Juden waren gewiß nicht „ungebildet und roh". Übrigens trifft die Behauptung auch im allgemeinen nicht zu; denn obgleich die Juden nach Christi Tod und der Zerstörung Jerusalems immer tiefer sanken, so hatten sie doch keine Wunder mehr aufzuweisen, ebensowenig wie die verkommenen und rohen Völker anderer Länder. Nicht minder falsch ist die Behauptung, daß es später im Christentum keine Wunder mehr gegeben habe, da ihr die ganze Kirchengeschichte widerspricht. Den Grund aber, warum jetzt weniger Wunder geschehen, als in den ersten christlichen Zeiten, giebt der hl. Gregor der Große treffend an mit den Worten: „Die Wunder waren im Anfang zur Ausbreitung des Glaubens notwendig; wenn aber die Pflanzen einmal Wurzeln geschlagen haben, dann hört die künstliche Begießung auf."

Zweiter Teil: Die Göttlichkeit des Christentums (Demonstratio christiana).

Erstes Kapitel: Die Beweisquellen.

Erster Abschnitt: Das Alte Testament[1].

§ 15. Der Inhalt der alttestamentlichen Bücher.

Unter der Heiligen Schrift versteht man die Sammlung jener Bücher, welche unter Eingebung des Heiligen Geistes geschrieben und von der Kirche als Gottes Wort anerkannt sind. Allein diese Bedeutung als Gottes Wort haben sie nur für den schon Gläubigen; wenn wir dagegen hier in der Apologetik von den

---

[1] Das Wort testamentum ist die Übersetzung der Vulgata für das Griech. διαθήκη, und dieses selbst ist wieder die Übersetzung des Hebr. berit = Bundesverhältnis und dann die Schriften dieses Bundes. Im Gegensatz zum „Alten" Bund lag es nahe, von einem „Neuen" Bund oder Testament zu sprechen.

heiligen Büchern als natürlichen Beweisquellen Gebrauch machen wollen, so müssen wir, wie bei allen historischen Urkunden, 1. ihre Echtheit, 2. ihre Unverfälscht= heit, 3. ihre (menschliche) Glaubwürdigkeit nachweisen. — Echt ist ein Buch, das wirklich aus der Zeit und von dem Verfasser herstammt, dem es zugeschrieben wird. Gegensatz: untergeschoben oder apokryph (griech. = verborgen, nicht öffentlich be= glaubigt und deshalb unecht). — Unverfälscht heißt jenes Buch, das im wesent= lichen keine Veränderungen erlitten hat. Gegensatz: verfälscht oder interpoliert. — Für glaubwürdig gilt ein Buch dann, wenn der Verfasser die Wahrheit sagen konnte und wollte; letzteres muß man stets so lange annehmen, als nicht Gründe dagegen sprechen. Ehe wir das Alte Testament in dieser dreifachen Beziehung be= sprechen, müssen wir zuvor sehen, welche Bücher zu demselben gehören, und was sie enthalten.

Das Alte Testament enthält 45 Bücher, nämlich 21 Geschichtsbücher, 7 Lehrbücher und 17 prophetische Bücher.

I. 21 historische: a) Die fünf Bücher Moses' oder der Pentateuch (griech. = Fünfbuch), nämlich: Genesis, Exodus, Leviticus, Numeri, Deuterono= mium. Sie heißen auch das Gesetz oder (hebr.) die Thorá, da sie vor allem das Gesetz Gottes enthalten. Die einzelnen Bücher führen ihren Namen von dem Hauptinhalte: die Genesis (griech.) erzählt die Entstehung der Offenbarung, Exodus (griech.) den Auszug aus Ägypten, Leviticus die priesterlichen Gesetze, welche besonders die Leviten angingen, Numeri (lat.) zwei Volkszählungen und Deuteronomium (griech.) die zweite Gesetzgebung, die Erneuerung und Ergän= zung der ersten. Der Pentateuch ist eine Religionsgeschichte, welche den Zeitraum von Erschaffung der Welt bis auf Moses einschließlich, also etwa die Zeit von 4000—1500 v. Chr. umfaßt.

b) Das Buch Josua erzählt im Anschlusse an den Pentateuch die Ereignisse unter Josua, den Gott dem Moses zum Nachfolger gegeben, nämlich die Eroberung des Landes Kanaan und seine Verteilung unter die zwölf Stämme. Es ist von Josua verfaßt und von anderer Hand ergänzt worden, die noch den Tod Jo= suas zufügte.

c) Das Buch der Richter schildert mehrere Begebenheiten aus der Zeit der sogen. Richter (1500—1100), d. i. jener Männer, die nach Josuas Tod — in der Zeit, „da Israel keinen König hatte und jeder that, was ihm recht schien" (17, 6) — von Gott an die Spitze der Gewalt berufen wurden, besonders um die wiederholten Versuche der Nachbarvölker zur Unterjochung Israels zu vereiteln. Das Buch stammt der Überlieferung nach von Samuel.

d) Das Buch Ruth enthält eine Familiengeschichte aus der Zeit der Richter, deren Hauptperson Ruth, die Mutter Obeds (des Großvaters Davids) ist; in seiner jetzigen Form ist es aus der Zeit Davids.

e) Die vier Bücher der Könige, nach dem hebr. Texte die zwei Bücher Samuels (Samuel ist darin Hauptperson) und die zwei Bücher der Könige genannt, liefern die Geschichte des jüdischen Volkes unter Heli, Samuel, Saul, David, Salomo und den folgenden Königen bis zur Zerstörung der Reiche Israel (assyrische Gefangenschaft 720) und Juda (babylonische Gefangenschaft 590). Die Bücher der Könige schließen unmittelbar an die Erzählung des Richterbuches an; die beiden ersten sind bald nach der Zeit Davids, die beiden letzten in der Zeit des Jeremias und wahrscheinlich von diesem verfaßt.

f) Die zwei Bücher der Chronik (griech. = Bücher der Zeit) erzählen die Religionsgeschichte des südlichen Reiches Juda. Sie bringen auch Nachträge zu den früheren geschichtlichen Büchern und heißen deshalb auch Paralipomena (griech.

Erstes Kapitel: Die Beweisquellen.

= Ausgelassenes, Nachträge). Sie schließen mit der Entlassung der Juden aus der babylonischen Gefangenschaft durch Cyrus. Sie sind zur Zeit des Esdras, eines berühmten Gesetzlehrers, der gegen das Jahr 457 eine weitere Anzahl Juden aus Babylonien nach Palästina führte, und wahrscheinlich von ihm verfaßt worden und haben treffliche frühere Urkunden zur Grundlage.

g) Die Bücher **Esdras** und **Nehemias** (nach der Vulgata auch die zwei Bücher Esdras genannt) schildern die Rückkehr der Juden in ihr Vaterland und die ferneren Schicksale, welche sie unter der persischen Herrschaft erlebt haben; namentlich berichten sie von dem Wiederaufbau Jerusalems und seines Tempels und von der Wiederherstellung des mosaischen Kultus. Beiden Büchern liegen die eigenen Aufzeichnungen des Esdras und Nehemias zu Grunde, während sie in ihrer jetzigen Gestalt aus der Zeit Alexanders d. Gr. stammen.

h) Das Buch **Tobias** führt uns das Walten der göttlichen Vorsehung vor Augen, welche den frommen Vater Tobias und seinen gleichnamigen Sohn als treue Verehrer Gottes während der assyrischen Gefangenschaft in Niniveh schützte. Verfasser unbekannt.

i) Das Buch **Judith** erzählt die kühne That der frommen jüdischen Witwe Judith, welche ihre von dem assyrischen Feldherrn Holofernes (im siebenten Jahrhundert) hart bedrängte Vaterstadt Bethulia rettete. Verfasser unbekannt.

k) Das Buch **Esther** hat seine Benennung von der gottesfürchtigen Jüdin Esther, welche wegen ihrer Schönheit vom persischen Könige „Ahasverus" (wahrscheinlich Xerxes I., 485—465) zur Königin erhoben wurde und in dieser hohen Stellung die geplante Ausrottung der Juden vereitelte. Das Buch ist unter Benutzung schriftlicher Aufzeichnungen des Mardochäus bald nach dem Ereignisse selbst verfaßt.

l) Die **zwei Bücher der Makkabäer** schildern die grausamen Bedrückungen, welche die Juden unter den syrischen Königen (Seleuciden), insbesondere unter Antiochus IV. Epiphanes (175—163), wegen ihrer treuen Anhänglichkeit an das mosaische Gesetz zu erdulden hatten, sowie die heldenmütigen Kämpfe, welche sie unter Anführung des Priesters Mattathias und seiner tapferen Söhne (hebr. „Makkabäer", d. i. Hämmerer, genannt) für ihre Unabhängigkeit unternahmen. Beide Bücher sind, das erste an der Hand früherer schriftlichen Nachrichten, das zweite nach dem Geschichtswerke eines Jason von Cyrene wohl gegen das Ende des zweiten Jahrhunderts v. Chr. geschrieben worden.

§ 16. Der Inhalt der alttestamentlichen Bücher (Fortsetzung).

II. 7 **Lehrbücher:** a) Das Buch **Job** erzählt die schweren Prüfungen, denen der fromme Job, Haupt eines selbständigen Stammes in Uz im nördlichen Arabien gegen Ende des patriarchalischen Zeitalters, unterworfen wurde, knüpft daran Belehrungen über den Ursprung der menschlichen Leiden und zeigt, daß dieselben mit Gottes Weisheit und Liebe wohl vereinbar sind. Der Verfasser ist nicht bekannt, wahrscheinlich gehört er der Zeit Salomos an.

b) Der **Psalter** oder das Buch der (150) **Psalmen**, d. i. heiliger Lieder, worin Gott in seinen Vollkommenheiten und Werken gepriesen, auf den kommenden Messias hingezeigt, die Hilfe Gottes angerufen, die Gefühle des Dankes, des Vertrauens und der Reue (Bußpsalmen) ausgedrückt werden. Schon die Synagoge benutzte den Psalter als liturgisches Gesangbuch und auch die Kirche hat in ihm die schönsten Gebetsformen gefunden und ihn deshalb den kanonischen Tageszeiten (Brevier) zu Grunde gelegt. Er rührt großenteils vom frommen König David her.

c) **Das Buch der Sprüche** (Parabolae, proverbia) enthält zunächst eine Empfehlung der Weisheit und läßt dann eine Menge Tugend- und Weisheitssprüche, fast alle von Salomo, folgen.

d) **Der Prediger** (Ecclesiastes) lehrt die Vergänglichkeit alles Irdischen und zeigt, daß nichts im stande ist, den Durst des Menschen nach Glückseligkeit zu stillen, als ein gewissenhaftes Leben nach Gottes Geboten. Verfasser des Buches ist wahrscheinlich Salomo.

e) **Das Hohe Lied** (Canticum canticorum), gleichfalls ein Werk Salomos, schildert in bildlicher Darstellung (allegorisch) das innige Verhältnis α) zwischen Gott und dem israelitischen Volke, β) zwischen Christus und seiner Kirche, γ) zwischen dem Heiland und der einzelnen ihm treu ergebenen Seele.

f) **Das Buch der Weisheit** ermuntert zum Streben nach wahrer Weisheit, der Quelle aller wahren Güter in diesem und jenem Leben. Wahrscheinlich ist es in Ägypten zur Zeit der Blüte Alexandrias geschrieben worden.

g) **Das Buch Sirach** (Ecclesiasticus) ist eine Sammlung von Sprüchen, Belehrungen und Ermahnungen für die verschiedenen Stände und Verhältnisse des Lebens. Es hat einen gewissen Jesus aus Jerusalem, den Sohn des Sirach, zum Verfasser und ist um 200 v. Chr. verfaßt.

III. 17 prophetische Bücher.

Die Propheten des Alten Testamentes waren Männer, welche im Auftrage Gottes dem Volke Israel die Offenbarung verkündigten (predigten) und es zur Buße mahnten. Sie waren mit außerordentlichen Gnaden ausgerüstet, besonders mit der Kenntnis der Zukunft und oftmals auch mit der Wundergabe. Sie wirkten durch Thaten, Reden und Schriften. Man unterscheidet nach dem Umfang der Schriften und nach der Bedeutung 4 große (da man den Baruch zu Jeremias rechnete) und 12 kleine Propheten.

Die vier (fünf) großen Propheten.

a) **Isaias** wirkte besonders unter König Ezechias (bis gegen 700 v. Chr.) und verkündete, daß trotz aller Not die Rettung stattfinden und Gott wunderbarerweise den Sohn einer Jungfrau aus Davids Stamm als Erlöser senden werde.

b) **Jeremias** beklagte die Laster seines Volkes und sagte die Strafe voraus. Nach der Zerstörung Jerusalems (588) forderte er stets von neuem zur Besserung auf. Rührend sind seine fünf Klagelieder (lamentationes) über die Verödung Jerusalems, die Zerstörung des Tempels und das Elend des Volkes. (Anwendung derselben in der Karwoche!) Des Jeremias Schüler und Freund

c) **Baruch** sammelte dessen Schriften und wirkte im Sinne seines Meisters.

d) **Ezechiel** wirkte unter den nach Babylon verpflanzten Juden um 575 und suchte ihre Hoffnung zu beleben.

e) **Daniel** ward als Jüngling von Nabuchodonosor nach Babylon geführt und von ihm zu hohen Ehren erhoben. Er wirkte während des ganzen Exils (606—534) am babylonischen Hofe und verkündigte auch den Heiden die Weisheit und Macht des wahren Gottes, der ein Reich gründen werde, das alle Weltreiche überbauere.

Die zwölf kleinen Propheten.

a) **Osee** (Hosea) wirkte um 790 im Reiche Israel gegen die Lasterhaftigkeit des Volkes, ebenso

b) **Joel** um 800 im Reiche Juda, dem er Gottes Strafen (Heuschrecken und Einfall der Assyrer) androhte.

c) **Amos** predigte in Israel Buße (um 790).

d) **Abdias** (hebr. Obadia) weissagte in Juda gegen die Edomiter um 800.

e) **Jonas** ward um 775 nach Ninive gesandt, wo er mit Erfolg Busse predigte.

f) **Michäas** verkündete unter Ezechias die Vernichtung des Reiches Israel und Juda, das Exil, aber auch die Ankunft des Messias aus Bethlehem.

g) **Nahum** (um 650) weissagt den Fall Ninivehs und den Untergang Assyriens.

h) **Habakuk** (um 650) verkündet die Vernichtung der Chaldäer (Babylonier) und Gottes Absichten zur Erlösung der Menschheit.

i) **Sophonias** (hebr. Zephania) wirkte unter Josias in Juda, er droht Jerusalem Strafe an und schildert die messianische Zeit.

k) **Aggäus** und l) **Zacharias** waren beide (um 520) für die Wiederherstellung des zweiten Tempels nach der Rückkehr aus Babylon tätig.

m) **Malachias** (hebr. Maleachi), der letzte der Propheten (um 450), erklärt, dass der Messias bald kommen, dass ihm noch ein Vorläufer vorausgehen und dann ein Opfer eingesetzt werde, an dem allein Gott Wohlgefallen haben werde.

Alle Bücher des Alten Testamentes sind **ursprünglich hebräisch**, zum Teil im aramäischen Dialekt verfasst, mit Ausnahme des zweiten Makkabäerbuches und des Buches der Weisheit, welche griechisch geschrieben sind; die Bücher Tobias, Judith, 1. Makkabäer, Jesus Sirach, Baruch und die letzten Kapitel von Esther und einzelne Stücke von Daniel sind nur noch in griechischer Übersetzung vorhanden. Die aus dem babylonischen Exil zurückkehrenden Juden haben die heiligen Schriften gesammelt und zu einem Ganzen verbunden. Diese Sammlung heisst **Kanon** (griech. = Regel, Richtschnur des Glaubens), ein dazu gehörendes Buch **kanonisch**. Die hebräische Bibel enthält nur die Bücher der ersten Sammlung, die sogen. **proto-kanonischen**, während die nur noch griechisch vorhandenen Bücher **deutero-kanonische** (griech. = zur zweiten Sammlung gehörige) heissen. An Glaubwürdigkeit und innerem Werte stehen beide Sammlungen völlig gleich (vgl. § 51, Nr. 2).

Unter den **Übersetzungen** des Alten Testaments ist von besonderer Bedeutung die alte griechische, im dritten Jahrhundert v. Chr. zu Alexandria (deshalb auch die „Alexandrinische" genannt) von etwa 70 gelehrten Juden gemacht, woher ihr gewöhnlichster Name, die „**Septuaginta**" (die „**LXX**"), kommt. In den lateinisch redenden Ländern entstanden so zahlreiche Übersetzungen der Heiligen Schrift, dass schon St. Augustinus über deren grosse Zahl und ihre Abweichungen klagt. Eine derselben, die er „Itala" nennt, rühmt er als die beste, und St. Hieronymus sagt, dass sie die „allgemein gebrauchte" — „**Vulgata**" — sei. Diese revidierte (seit 383) St. Hieronymus auf Wunsch des Papstes Damasus I. aufs sorgfältigste, und diese Hieronymianische „**Vulgata**" ist seitdem in der Kirche die gewöhnliche Ausgabe. Von den alten Übersetzungen in andere Sprachen verdient noch die syrische, die sogen. **Peschittho** (= die wörtliche), besondere Erwähnung (Altes Testament von Juden zur Zeit Christi, Neues Testament im zweiten Jahrhundert n. Chr. übersetzt).

§ 17. Die Schriften des Alten Testamentes sind echt.

Für die Echtheit der alttestamentlichen Schriften sprechen

I. **alle inneren Gründe.** a) Nach Inhalt und Form (Sprache, Schreibart u. s. w.) kommt nichts darin vor, was nicht mit ihren Verfassern und dem Zeitalter ihrer Abfassung, mit den Umständen, Orten, Sitten c. übereinstimmte. Sogar die scharfsinnigsten Gelehrten, die in feindlicher Absicht sie durchforschten, konnten keine triftigen Gründe für eine Unterschiebung derselben entdecken. b) Während die Mythen der anderen Völker gerade in der Geschichte der Urwelt am ausführlichsten sind und weitschweifig die großartigsten und wunderbarsten Dinge erzählen, sind die Berichte der Heiligen Schrift um so kürzer und schlichter, je ferner liegende Zeiten sie schildern; in den ersten Perioden werden nur einfache Familienscenen aus dem Hirtenleben erzählt. c) Die Völker, die mit Israel in Berührung kamen, werden darin mit einer Treue nach allen Einzelheiten gezeichnet, die man erst jetzt aus **anderen Urkunden**[1] in ihrer ganzen Wahrheit und Genauigkeit richtig schätzen lernt. d) **Die Sprache** ist in den älteren Schriften rein und edel, sinkt mit dem Verfall des Volkes immer tiefer und wird mit fremdländischen Wörtern vermischt, bis endlich unter babylonischem und griechischem Einfluß ganze Stücke in chaldäischer und griechischer Sprache vorkommen.

II. Noch wichtiger sind die **äußeren Kennzeichen für die Echtheit des Alten Testamentes**: a) vor allem das **einstimmige, ununterbrochene Zeugnis des ganzen jüdischen Volkes**, das von Moses an bis auf den heutigen Tag diese Schriften als echte Überlieferungen seiner Gesetzgeber, Führer und Propheten anerkannte, - diese Anerkennung durch seinen Gehorsam und seine ganze Denk= und Handlungsweise bewies, die sich nach den Vorschriften dieser Bücher richtet. Dieses Zeugnis ist um so unverdächtiger, als das jüdische Volk in diesen Schriften als ausschweifend, hartnäckig, ungehorsam geschildert wird, als in denselben harte und beschwerliche Gebote auferlegt werden und die Messianität Jesu von Nazareth und die Treulosigkeit des jüdischen Volkes fortwährend ihm entgegengehalten wird; es ist dieses Zeugnis also gegen seine eigensten Interessen und darum um so zuverlässiger. Wo wäre auch in der ganzen Welt ein Zeugnis für die Echtheit eines Buches zu finden, das sich an Öffentlichkeit und Allgemeinheit, an Gewißheit und Festigkeit nur annähernd mit dem Zeugnis des jüdischen Volkes für seine heiligen Schriften messen dürfte? b) Es kommt hinzu, daß die späteren Bücher jedesmal die früheren ausdrücklich und in ihrem Inhalt **voraussetzen** und so jedesmal ein Zeugnis der nächsten Zeit für die Echtheit derselben bilden. Daß schon 975 Jahre v. Chr. der Pentateuch bestand, ist daraus ersichtlich, daß ihn die beiden in bitterster Feindschaft lebenden Reiche Juda und Israel besaßen (die ihn natürlich nach der Trennung nicht mehr voneinander angenommen hätten), und daß die Samariter ihn von den nach Assyrien abgeführten Israeliten empfingen. c) Von größter Wichtig-

---

[1] Besonders seit Erforschung und Entzifferung der Hieroglyphen und der Keilschriften. Vgl. das treffliche „Handbuch zur biblischen Geschichte" von Dr. Holzammer, 4. Aufl. 1886. Freiburg, Herder. I. S. XXXIII ff. In demselben sind auch die geläufigsten Einwände gegen die Heilige Schrift und viele Detailfragen der Apologetik kurz und gründlich besprochen.

keit sind auch die alten Übersetzungen (z. B. die Septuaginta), die Citate und Erklärungen derselben bei jüdischen und christlichen Schriftstellern und die Untersuchungen der Echtheit von den alten Kirchenvätern. Daß wir keine auswärtigen Zeugnisse für deren Echtheit haben, erklärt sich daraus, daß wir überhaupt keine schriftlichen Denkmäler von den Nachbarvölkern Israels besitzen.

III. **Eine Unterschiebung des Alten Testamentes war aus inneren und äußeren Gründen nicht einmal möglich.** Denn a) der Inhalt und die Diktion der alttestamentlichen Schriften sind so eigentümlicher Natur, so verschiedenartig untereinander — bald die schlichteste Einfalt, bald die erhabensten und großartigsten Bilder und tiefsten Gedanken — daß kein Betrüger dieselbe hätte vorbringen können, abgesehen davon, daß b) eine so genaue Schilderung aller Umstände des Ortes, der Sitten, Zeiten und Personen von Nichtaugenzeugen und später Lebenden ganz undenkbar ist. c) Schon die Erhabenheit und Reinheit der Gotteserkenntnis, die Weisheit der Gesetze und Anordnungen, die Großartigkeit der Verheißungen, die alle Vorstellungen auch der gebildetsten Völker des Altertums weit übersteigen, lassen an eine Unterschiebung dieser Bücher gar nicht denken. d) Endlich wäre es ganz unmöglich gewesen, zu irgend einer Zeit dem jüdischen Volke Fälschungen in die Hand zu spielen. Denn stets wachten die Führer des Volkes, die Richter, die Könige, die Hohenpriester über den Urkunden, die das ganze bürgerliche und religiöse Leben des Volkes regelten, und bei der Eifersucht der Stämme gegeneinander und der ängstlichen Sorgfalt der Besseren des Volkes in Erfüllung aller Pflichten wäre eine Einführung neuer, unechter Bücher völlig unausführbar gewesen.

§ 18. Das Alte Testament ist unverfälscht bewahrt worden.

I. **Die Juden wollten keine Fälschung an ihren heiligen Büchern vornehmen;** sonst hätten sie doch jene Stellen weggelassen, in welchen ihre Laster und Verbrechen erzählt, ihre Strafen und ihre Verwerfung geweissagt werden. Sie waren im Abschreiben so gewissenhaft, daß sie sogar jede noch so unwichtige Lesart, sowie die Anzahl der Verse eines jeden Buches ausdrücklich bemerkten, und sie hegten eine solche Verehrung gegen die heiligen Schriften, daß sie in der syrischen Verfolgung lieber alle Martern ertrugen, ehe sie die heiligen Bücher zur Verunehrung auslieferten: solche Leute wollen nicht fälschen! — Die Propheten werfen dem Volke alle möglichen Laster vor, aber niemals findet sich die Beschuldigung, daß es die heiligen Schriften gefälscht hätte.

II. **Eine Verfälschung war aber auch völlig unmöglich.** Die heiligen Schriften waren nicht nur im Tempel niedergelegt, sondern befanden sich auch in zahlreichen Abschriften in den Händen frommer Juden, sie wurden öffentlich vorgelesen, waren dem ganzen Volke in allen wesentlichen Punkten bekannt, da es ja sein ganzes Leben in bürgerlichen wie religiösen Dingen danach einrichten mußte. Jede Verfälschung hätte daher sofort bemerkt werden müssen. Seit der Spaltung des Volkes in zwei Reiche aber (975) war eine Verfälschung bei der gegenseitigen Eifersucht nicht mehr denkbar. Am weitesten verbreitet wurden die heiligen Schriften endlich durch die berühmte Übersetzung der Septuaginta, und seit jener Zeit waren sie nicht nur allen Israeliten, sondern vielfach auch den Heiden bekannt.

§ 19. Die Verfasser des Alten Testamentes sind glaubwürdig.

Die Glaubwürdigkeit eines Geschichtschreibers wird dann anerkannt, wenn wir finden, daß er die Wahrheit sagen konnte und sagen wollte. Beides trifft bei den Verfassern der alttestamentlichen Schriften zu.

I. **Die Verfasser konnten die Wahrheit sagen.** Betrachten wir zuerst das Hauptwerk des Alten Testaments, auf dem die ganze Verfassung Israels beruht, den Pentateuch, so konnte Moses, der Verfasser desselben, die Wahrheit auf das genaueste kennen. Man ersieht aus seinen Schriften, daß er ein Mann von ausgezeichneten Geistesgaben und trefflicher Bildung, in allen Wissenschaften der Ägypter gründlich unterrichtet und in allen Angelegenheiten wohlerfahren war. Was er in dem ersten Buche über die vor ihm verflossene Zeit sagt, konnte er aus zuverlässigen schriftlichen und mündlichen Quellen schöpfen, da bei der langen Lebensdauer[1] der ersten Geschlechter sich die Kunde so wichtiger Ereignisse leicht durch einige Generationen fortpflanzte. Was er berichtet, ist so wenig und in so kurzer Fassung, daß man daraus deutlich die alten geschichtlichen Überlieferungen ersieht. Bei den Begebenheiten der vier folgenden Bücher ist Moses nicht nur Augenzeuge, sondern die Hauptperson. — Auch die übrigen Verfasser der alttestamentlichen Bücher waren hochgebildete und geistig bedeutende Männer, wie schon aus ihren tiefen Gedanken und aus ihrem schwungreichen Stil ersichtlich ist. Sofern sie nicht Selbsterlebtes berichten, be-

---

[1] Das hohe Lebensalter der Patriarchen ist eine Thatsache. Es sind wirkliche Jahre, von welchen die Heilige Schrift redet, denn die Patriarchen heiraten zwischen 50 und 500 Jahren, bei der Sintflut werden ausdrücklich die einzelnen Monate genannt und gegen 300 Tage zu einem Jahre gerechnet (1 Mos. 7 u. 8), und später wird erzählt, daß das Alter rasch gesunken sei (600 — 338 — 433 — 205 — 175 — 180 — 147). Dies hohe Alter wird auch von heidnischen Schriftstellern bezeugt. Noch jetzt kommt ein Alter von 150 Jahren vor (Buffon zählt verbürgte Beispiele bis zu 184 Jahren auf), und eine Lebensdauer von einigen Jahrhunderten entspräche nach medizinischem Urteil dem menschlichen Organismus. Bedenkt man, wie sehr eine naturgemäße Lebensweise das Leben erhält, wie sehr Ausschweifungen es abkürzen, so begreift man um so eher das lange Leben jener Naturmenschen, ganz abgesehen von Gottes besonderer Fürsorge, der durch sie die Erde bevölkern, die Menschen erziehen und seine Offenbarung erhalten wollte.

rufen sie sich oft sogar ausdrücklich auf Reichsannalen und andere zuverlässige Quellen. Sie konnten daher die erzählten Ereignisse genau wissen, so gut wie irgend ein Geschichtschreiber der älteren Zeit.

II. **Sie wollten die Wahrheit sagen.** Betrachten wir zuerst wieder die großartige Erscheinung des Moses. Ein wie weites Feld für Erdichtungen hatte er bei der Schilderung der Urzeit; aber gerade hier ist er kurz, einfach, klar. Von Übertreibungen, fabelhaften Erzählungen, allgemeinen, wortreichen Schilderungen, wie wir sie bei allen anderen Völkern finden, keine Spur! — Wie auffallend tritt ferner seine Ehrlichkeit in der Erzählung der Fehler der so verehrten Patriarchen hervor, im Gegensatz zu profanen Schriftstellern, welche die Fehler ihrer Vorfahren verschweigen oder beschönigen. Wie glänzend zeigt sich seine Aufrichtigkeit in der Erzählung der Laster und Sünden seiner Zeitgenossen; ja sogar seine eigene Schuld deckt er uns auf. Stets beruft er sich bei der Erzählung des Geschehenen auf das Zeugnis des ganzen Volkes. Ein Mann von solcher Handlungsweise verdient unbedingten Glauben in allen seinen Schilderungen. — Ähnlich zeichnen sich auch die Verfasser der anderen Schriften aus. Auch sie sind meist hervorragende Männer ihres Volkes, haben, wie Samuel, David und die Propheten, öffentlich gewirkt und sind daher dem ganzen Volke als zuverlässig bekannt. Sie alle erzählen bei jeder Gelegenheit offen die Schwächen und Laster sowohl der Führer wie auch des ganzen Volkes und fordern so die Nation gleichsam heraus, sie Lügen zu strafen, wenn sie die Unwahrheit sagen wollten. Aber niemals ist über ihre Glaubwürdigkeit unter ihren Zeitgenossen und in ihrem Volke auch nur ein Zweifel aufgetaucht.

III. **Die Verfasser konnten die Unwahrheit gar nicht sagen,** auch wenn sie gewollt hätten, denn Moses sowohl wie die anderen heiligen Schriftsteller erzählen keine fremden Begebenheiten, sondern Thatsachen, die ihr eigenes Volk selbst erlebt hatte (Pf. 43, 2; 77, 3; 94, 9). Sie berufen sich unzähligemal auf das Zeugnis des ganzen Volkes, machen ihm Vorwürfe auf Grund ihrer Erzählung und fordern so seine Kritik gleichsam heraus. Auf das Erzählte gründete sich das ganze Leben des Volkes, seine Religion, seine Geschichte, seine Staatsverfassung. Und wie hätte das Volk es sich gefallen lassen, daß man ihm auf **unwahre** Berichte hin, die ihm nicht hinreichend bekannt gewesen wären, so Ehrenrühriges nachgeredet, so harte Vorwürfe gemacht, so schwere Gesetze aufgebürdet hätte. Dies alles ist — besonders bei der Hartnäckigkeit und Unbotmäßigkeit der Juden — nur dann denkbar, wenn das ganze Volk das Erzählte für unzweifelhaft gewiß hielt, weil es die erzählten Thatsachen selbst erlebt, selbst gehört hatte. Endlich stimmt auch die im Alten Testament von der Urwelt und den Schicksalen des israelitischen Volkes entworfene Schilderung vollkommen mit dem überein, was sich bei anderen Völkern als Kern der Mythen und alten Sagen erhalten hat. Ganz besonders haben die erst neuerdings enträtselten und aufgeschlossenen Denkmäler Ägyptens, Assyriens und anderer Länder die Erzählungen der Heiligen Schrift auf das glänzendste bestätigt. (Vgl. Holzammer a. a. O.)

Zweiter Abschnitt: Das Neue Testament.

§ 20. Der Inhalt der neutestamentlichen Schriften.

Das Neue Testament besteht aus 27 Büchern, nämlich 5 historischen, 21 didaktischen (Lehrbüchern) und 1 prophetischen Buche. Alle Bücher des Neuen Testaments sind griechisch verfaßt, nur Matthäus hat sein Evangelium zuerst hebräisch (jetzt verloren) geschrieben; doch ist es schon in frühester Zeit ins Griechische übertragen worden.

I. Die historischen Bücher sind die vier „Evangelien" (griech.), d. h. die eine „frohe Botschaft" von der Erlösung, wie sie die Apostel mündlich lehrten „nach" (der Erzählung, nicht „von") Matthäus, Markus, Lukas und Johannes; an die Evangelien schließt sich die Apostelgeschichte des hl. Lukas an. Die drei ersten Evangelisten betrachten das Leben Jesu gleichsam von einem Standpunkte aus (deshalb griech. „Synoptiker" = Zusammenschauende genannt) und erzählen ziemlich genau dasselbe, während der hl. Johannes ergänzt und ganz besonders den ewigen Ursprung Jesu, seine Gottheit betont. Die Reihenfolge der vier Evangelien entspricht der Zeit ihrer Abfassung. Die Apostelgeschichte des hl. Lukas bildet die Fortsetzung seines Evangeliums und ist die erste christliche Kirchengeschichte.

1. Der Apostel Matthäus (früher ein Zöllner Namens Levi) verfaßte sein „Evangelium" um das Jahr 42 für seine palästinensischen Landsleute, ehe er sie verließ, um den Heiden zu predigen.

2. Bald darauf (wahrscheinlich zwischen 42 und 44) schrieb Markus in Rom für die bekehrten Heiden dasjenige nieder, was Petrus mündlich lehrte. Markus, ein bekehrter Jude, war Apostelschüler und Begleiter des hl. Petrus. Das Evangelium „nach Markus" ist daher eigentlich dasjenige des hl. Petrus und von diesem beglaubigt.

3. In derselben Weise bewahrte Lukas (ein bekehrter Heide aus Antiochia, früher Arzt) schriftlich die Predigt des hl. Paulus, dessen Schüler und Begleiter er war. Lukas schrieb sein Evangelium wahrscheinlich um das Jahr 62 in Rom unter den Augen des hl. Paulus.

4. Endlich verfaßte Johannes um das Jahr 100 in Ephesus sein Evangelium, worin er besonders die Reden des Herrn wiedergiebt und dessen Gottheit hervorhebt.

5. Die Apostelgeschichte bildet die Fortsetzung des Evangeliums vom hl. Lukas und ist wie dieses einem gewissen Theophilus gewidmet. Sie erzählt in den zwölf ersten Kapiteln die Schicksale der Kirche unter den Juden und damit verbunden besonders die Wirksamkeit des hl. Petrus, in den folgenden 16 Kapiteln die Ausbreitung der Kirche in der Heidenwelt, wobei der hl. Paulus im Vordergrunde steht, für dessen Briefe die Apostelgeschichte von der größten Wichtigkeit ist. Sie

erzählt noch die Gefangenschaft des hl. Paulus in Rom (61—63) und bricht dann plötzlich ab; wahrscheinlich ist sie um das Jahr 62 in Rom geschrieben.

II. **Die didaktischen Schriften des Neuen Testaments** sind 14 Briefe vom hl. Paulus und 7 „katholische" Briefe (letztere so genannt, weil sie nicht an bestimmte Gemeinden gerichtet sind, sondern „καθ' ὅλον" — an alle Christen). Gerade in diesen heiligen Schriften tritt es so recht zu Tage, daß sie Gelegenheitsschriften sind, in welchen, entsprechend den Bedürfnissen und Verhältnissen der Empfänger, die verschiedensten Angelegenheiten behandelt werden. Sie sind für das Verständnis der Evangelien von der größten Bedeutung.

Die Paulinischen Briefe sind:

1. Der **Römerbrief**, im Anfang des Jahres 58 von Korinth aus geschrieben. Inhalt: Niemand kann aus sich oder durch Erfüllung des (mosaischen) Gesetzes zum Heil gelangen; dies ist allein möglich durch gläubige Hingabe an den verheißenen Erlöser Jesus Christus.

2. und 3. Die zwei **Korintherbriefe.** In der von Paulus gestifteten korinthischen Christengemeinde waren Laster eingerissen. Deshalb schrieb der Apostel ein ernstes Mahnschreiben (1 Kor. 5, 9—11), welches aber *verloren* ist. Bald darauf kamen dazu noch Streitigkeiten. Diesen Mißständen trat der Heilige (im Jahre 57) in zwei Briefen entgegen, die jetzt als 1. und 2. (also eigentlich 2. und 3.) Korintherbrief bezeichnet werden und neben sittlichen Vorschriften im ersten Briefe schöne Belehrungen über die Verwerflichkeit von Spaltungen und von Götzenopfern, über die Jungfräulichkeit, die heilige Liebe und die Auferstehung der Toten, im zweiten persönliche Rechtfertigungen Pauli enthalten.

4. Der **Galaterbrief** ist (um 55) an jenen keltischen Stamm im mittleren Kleinasien gerichtet, den der Apostel auf seiner zweiten Reise zum Teil bekehrt hatte. Paulus bekämpft seine judaisierenden Gegner und zeigt, ähnlich wie im Römerbriefe, daß die christliche Freiheit vom mosaischen Gesetze entbinde.

5. Der **Epheserbrief** ist ein Rundschreiben an die kleinasiatischen Gemeinden, denen er das Glück, ein Kind Gottes und der Kirche zu sein, schildert und die er zum christlichen Leben ermahnt. Er ist, ebenso wie die beiden folgenden, in der ersten Gefangenschaft zu Rom (61—63) geschrieben.

6. Der **Philipperbrief** (Philippi in Makedonien) dankt für die an Paulus abgesandte Geldsumme, warnt vor Judaismus und mahnt zur Treue im Guten.

7. Der **Kolosserbrief** (Kolossä in Phrygien) schildert das Glück der Erlösung im Gegensatz zu der trügerischen Weisheit der Irrlehrer (Gnostiker) und mahnt zum frommen Leben.

8. und 9. **Zwei Briefe an die Thessalonicher** (in Makedonien). Im ersten lobt Paulus ihre Glaubenstreue, rügt sittliche Schäden und bespricht die Wiederkunft Christi; im zweiten erklärt er berichtigend, daß die Wiederkunft des Herrn noch nicht so nahe sei, und tadelt ernst den Müßiggang einzelner. Beide sind um 52 und 53 geschrieben.

10. und 11. **Zwei Briefe an Timotheus** und

12. Ein **Brief an Titus** heißen die drei „Pastoralbriefe" Pauli, weil sie seinen Schülern Anleitung und Ermahnungen zur guten Verwaltung des Hirtenamtes geben.

13. Im **Brief an Philemon** (Schüler Pauli) bittet der Apostel, Philemon möge seinem ihm früher entlaufenen Sklaven Onesimus, dem Überbringer des Briefes,

der inzwischen von Paulus bekehrt und getauft worden war, verzeihen und ihn liebevoll wieder aufnehmen. Beachtenswert ist die schöne Lösung der Sklavenfrage: den Sklaven hält Paulus an zur Rückkehr in den Dienst, den Herrn aber zur milden Behandlung des „Bruders in Christo".

14. Der **Hebräerbrief** ist an die Judenchristen in Palästina gerichtet, welche in steter Gefahr des Rückfalls zum Judentume lebten und deßhalb zur Treue gegen Jesus, den wahren Hohenpriester und Messias, ermuntert werden. Der Brief ist wohl von einem Schüler Pauli in dessen Auftrag (um das Jahr 64 zu Rom) verfaßt und vom Apostel selbst abgesandt worden.

Die **7 katholischen Briefe** sind:

1. Ein **Brief des hl. Jakobus** des Jüngeren, um das Jahr 61 zu Jerusalem geschrieben, betont besonders die Notwendigkeit des Lebens nach dem Glauben, der sich in guten Werken zeigen müsse.

2. und 3. **Zwei Briefe von Petrus**, an kleinasiatische Gemeinden gerichtet, beide von Rom aus („Babylon" 5, 13), der erste um 64, der zweite um 67, geschrieben. Der erste mahnt zur Ausdauer und Treue angesichts der Neronischen Verfolgung, der zweite zu frommem Leben, zum Widerstand gegen Irrlehrer und zur Bereitschaft auf die Ankunft Jesu.

4. 5. 6. **Drei Briefe des hl. Johannes.** Der erste, ein Begleitschreiben zum Evangelium, betont den Glauben an den Gottessohn und die Gottes- und Nächstenliebe. Der zweite, an eine fromme Mutter (oder eine Christengemeinde?) gerichtet, empfiehlt die Liebe und warnt vor Irrlehrern. Der dritte ganz kurze Brief an einen gewissen Cajus hat nur privaten Inhalt.

7. Der **Brief des hl. Judas Thaddäus**, des Bruders Jakobi d. J., warnt (um 65) die Judenchristen Palästinas vor Irrlehrern (Antinomisten), die nach Jakobi Tod die Christen zu verführen suchten.

III. Das einzige prophetische Buch des Neuen Testaments ist die (um 96 verfaßte) geheime, d. h. geheimnisvolle, **Offenbarung des hl. Johannes** oder (griech. =) **Apokalypse**, welche die Schicksale der Kirche in großartigen Bildern bis zum Ende der Welt verkündet, so daß die Heilige Schrift, wie sie mit Erzählung der Schöpfung der Welt beginnt, mit Schilderung des Weltendes schließt.

§ 21. Die neutestamentlichen Schriften sind echt.

Als erste Regel gilt, daß an der Echtheit eines Buches so lange festgehalten werden muß, als nicht zwingende Gründe dagegen sprechen. Den angestrengtesten Bemühungen der schärfsten Kritiker und Feinde des Christentums ist es aber nie gelungen, wirkliche Beweise gegen die Echtheit der neutestamentlichen Schriften vorzubringen. Die Schriften des Neuen Testamentes tragen vielmehr I. die **inneren Kennzeichen** der Echtheit offenbar an sich, denn a) alle Umstände sprechen für die Echtheit.

„Gerade jene Zeit, in welcher Christus erschien, und das Jahrhundert vor und nach ihm mit seiner Mischung jüdischer, griechischer, römischer Völkerschaften und Sitten, mit ihrer dreifachen Sprache, mit dem steten Wechsel der Regierungen; jenes Land, das bald darauf durch furchtbare Kriege gänzlich verwüstet und umgestaltet wurde — das ist der Rahmen und Boden, auf dem die evangelische Geschichte sich bewegt. Wie viel Anlaß zu Irrungen bietet sie darum nicht einem jeden anderen, außer denen, die aufrichtige Augen- und Ohrenzeugen waren? Nur darum widerspricht keine ihrer Angaben den Umständen der Zeit, des Ortes, der Personen, nur darum sind alle ihre ethnographischen, geographischen, historischen und chronologischen Bestimmungen durch die Feuerprobe einer fast zweitausendjährigen Kritik hindurchgegangen und immer aufs neue als wahr befunden worden. Die verfängliche Frage z. B. wegen des Tributs (Mark. 12, 14. Luk. 20, 22), welchen Cäsar den Juden auferlegt hatte, beweist die Periode, in der Christus lebte; denn früher oder später kommt davon nichts vor. Wir finden bald griechische, bald römische, bald jüdische Münzen; die Steuern wurden bezahlt in griechischem Gelde; an das Heiligtum mit der alten Nationalmünze; im bürgerlichen Verkehre hatten römische Denare und Asse Geltung. Bei der Angabe der Orte haben wir gerade jene Namen, die sie damals trugen, wiewohl sie oft 30 Jahre früher oder später andere Namen hatten" (Hettinger, Apol. d. Chr. I, 2 S. 249 f.). So berichten auch die drei ersten Evangelien die Weissagung Christi über die Zerstörung Jerusalems, aber nicht die Erfüllung derselben, während sie bei erfüllten Weissagungen sonst stets die Erfüllung besonders erwähnen — ein Zeichen, daß diese drei Evangelien vor 70 geschrieben sind. Die Apostelgeschichte bricht bei der ersten Gefangenschaft Pauli in Rom plötzlich ab, ist also offenbar zu derselben Zeit geschrieben, da sie sonst doch mit der Erzählung von Pauli Befreiung oder seinem Tode hätte abschließen müssen.

b) **Die verschiedenen Schriften** bestätigen u. ergänzen sich gegenseitig.

c) **Die Sprache** ist das sogen. hellenistische Griechisch, welches gerade damals in Palästina und Vorderasien allgemein gebräuchlich war, wie wir aus Philo und Flavius Josephus ersehen, das aber nach dem apostolischen Zeitalter aufhörte, die Büchersprache der Juden zu sein, so daß die Schriften des Neuen Testaments nicht später als im apostolischen Zeitalter und nur von jüdischen Verfassern geschrieben sein können.

d) **Wie einfach und schlicht** ist die Schreibweise, wie anschaulich und mitten aus dem Leben gegriffen sind die Schilderungen!

„Schlagen wir das Evangelienbuch auf, welch ein Geist der Ursprünglichkeit weht uns hier entgegen! Seine Verfasser erzählen Erstaunliches, Totenerweckungen — und erstaunen nicht; ihre eigenen Sünden, Schwächen und Thorheiten — und entschuldigen sich nicht. Welche Unbefangenheit, die gar nicht daran denkt, daß ihre Aussage bezweifelt werden könnte! Sie erzählen die Lästerungen der Feinde des geliebten Meisters — kein Laut des Unwillens entschlüpft ihnen; den Verrat des Judas, die Feigheit des Pilatus — und kein Wort der Anklage gegen sie; sie erzählen die Schmach, die Christo angethan, die Anklagen, die gegen ihn erhoben wurden — und kein Versuch zu seiner Verteidigung. Überall zeigt sich das Gepräge des Selbsterlebten, die Genauigkeit und Bestimmtheit der Angaben; selbst die kleinen Umstände, die erwähnt werden, die Frische und Anschaulichkeit, namentlich des vierten Evangeliums, lassen uns, hätten wir auch keinen äußeren Zeugen, keinen Augenblick im Zweifel, daß sein Verfasser alles das miterlebte, was er erzählt. So spricht nur die Wahrheit, die ihrer selbst gewiß ist" (Hettinger, Apol. d. Chr. I, 2 S. 245).

II. Die Echtheit der neutestamentlichen Schriften wird noch klarer und unumstößlicher bewiesen durch die **äußeren Kennzeichen**.

a) Vor allem ist hier die **Kirche** die erste Zeugin ihrer Echtheit, da sie aus ihrem Schoß hervorgegangen und für sie verfaßt sind. Denn die heiligen Schriften sind nicht das Erzeugnis der Privatthätigkeit eines

Schriftstellers, nicht an vereinzelte Leser gerichtet, nicht von diesen nach Belieben aufgenommen und dann nicht weiter beachtet. Die Apostel stifteten vielmehr Kirchen, d. h. große, öffentliche, in sich abgeschlossene Gemeinschaften, die sich selbst überwachten, in denen eine öffentliche Meinung lebte, ein gemeinsamer Glaube von allen geteilt wurde; und alle diese Gemeinden hingen wieder zusammen und waren aufs engste miteinander verbunden. In dieser großen Familie, dieser Gemeinschaft der Gemeinden, erscheinen die Evangelien und heiligen Schriften von den Aposteln in ihrer amtlichen Eigenschaft als höchste Autorität selbst geschrieben oder doch in ihrem Auftrag verfaßt, also nicht als Privaturkunden, sondern als öffentliche, amtliche Dokumente, unter der doppelten Obhut der Öffentlichkeit und der Vorsteher der Gemeinden, der Bischöfe, die sie in ihrem amtlichen Charakter überwachten und bezeugten. Und da die Apostel ihre Schriften unmittelbar an bestimmte Gemeinden richteten und mit göttlicher Autorität zu denselben sprachen, so war es selbstredend, daß die Empfänger die ihnen gewidmeten Schriften mit der größten Achtung aufnahmen und Zeugen ihrer Echtheit wurden. Die von den Aposteln empfangenen Schriften wurden ferner in den Gemeinden vorgelesen, und diese Lesung machte, wie uns Justinus um das Jahr 138 bezeugt, einen Teil des öffentlichen Gottesdienstes aus. So erscheint die Abfassung der Evangelien durch die Apostel als eine vollendete und allseitig bezeugte Thatsache schon gegen Ende des ersten und zu Anfang des zweiten Jahrhunderts, noch zu Lebzeiten des Apostels Johannes, und während in der Kirche die Apostelschüler noch sämtlich wirkten, die von den Aposteln selbst unterrichtet waren und mit ihnen täglich verkehrt hatten.

Mit welcher Umsicht und Sorgfalt die Christengemeinden in der Bewahrung und Reinerhaltung der apostolischen Überlieferungen und Schriften zu Werk gingen, beweist die Kirchengeschichte. So wandte sich z. B. die Kirche zu Philippi, als sie eine Sammlung der Briefe des hl. Ignatius wünschte, an den hl. Polykarp, Bischof von Smyrna, der als Freund des Verstorbenen sie am besten vor Irrtum schützen konnte; und wo man nur irgend zweifelte, ob eine angeblich apostolische Schrift auch echt sei, wo man sie nicht „allseitig bezeugt" (griech.: „Homologumena") fand, da stellte man sie einstweilen zu den zweifelhaften („Antilegomena", griech. = bestrittene). Jede Gemeinde aber, die von einem Apostel eine Schrift empfangen hatte, teilte anderen Gemeinden auf deren Wunsch amtlich beglaubigte Abschriften ihres Originals mit. Die Echtheit dieser, von den Aposteln selbst übergebenen, durch die öffentliche, allen bekannte Reihenfolge der Bischöfe garantierten Schriften war eine so unbezweifelbare Thatsache, daß deren Leugnung in den ersten Jahrhunderten als absurd angesehen wurde; denn „welches Buch hat dann noch Autorität, wenn die Bücher, welche die Kirche als apostolische bezeichnet und bewahrt, die von den Aposteln selbst übergeben und unter allen Völkern in solch ausgezeichneter Weise bestätigt worden sind, nicht über allen Zweifel erhaben sind?" (Augustin.)

b) An dieses amtliche und öffentliche Zeugnis der Kirche schließt sich das ausdrückliche Zeugnis der ältesten Kirchenväter an, des

Clemens Romanus, Barnabas, Ignatius, Papias, Polykarp, Justinus (sämtlich um 100—160 schreibend) und anderer, die zum Teil die Evangelien ausdrücklich nennen (wie Justinus und Papias), zum Teil einzelne Stellen aus denselben anführen. Die Genannten waren alle, mit Ausnahme des Justinus, noch Apostelschüler.

Besonders interessant ist das Zeugnis des hl. Irenäus (um 180) für die Echtheit der heiligen Schriften, da er noch ein Schüler des Apostelschülers Polykarp gewesen war. Er schreibt: „Ich meine, ich höre noch den seligen Polykarpus, wie er uns seine Unterredungen mit dem hl. Johannes und mehreren anderen Schülern erzählt, die Jesus Christus noch gesehen hatten; wie er uns ihre Worte und alle jene Worte anführt, die sie aus dem Munde des Erlösers gesammelt hatten; wie er uns unterhielt von seinen Wundern und von seiner Lehre, so wie er es gehört hatte von denen, die das Wort des Lebens gekannt und mit ihm umgegangen waren. Seine Erzählung stimmte vollkommen mit der der heiligen Schrift überein." Und an einer andern Stelle (adv. haeres. III. 1) schreibt er: „**Matthäus** hat unter den Hebräern sein Evangelium herausgegeben zu derselben Zeit, als Petrus und Paulus in Rom das Evangelium verkündigten. Hernach hat **Markus**, der Jünger des Petrus, ebenfalls das, was von Petrus gepredigt worden war, schriftlich uns übermacht, und auch **Lukas**, der Begleiter des hl. Paulus, hat das von diesem gepredigte Evangelium in einem Buche niedergelegt. Zuletzt hat **Johannes**, der Jünger, der an der Brust des Herrn gelegen hat, das Evangelium herausgegeben, während er sich zu Ephesus in Asien aufhielt." Clemens von Alexandria und Tertullian (um 190) citieren die Schriften des Neuen Testaments beständig, zählen sie sämtlich auf und machen sich um die Auslegung derselben besonders verdient; sie bezeugen auch ausdrücklich deren echten Ursprung von den Aposteln. Dasselbe beweisen die alten Übersetzungen, z. B. die syrische, die sogen. Peschittho, aus dem zweiten Jahrhundert.

c) Selbst die **Häretiker** bezeugen uns die Echtheit der heiligen Schriften, indem sie dieselben ganz oder teilweise annahmen, je nachdem dieselben ihren Irrlehren günstig waren oder nicht, aber niemals, selbst wenn sie einzelnes darin verwarfen, deren Echtheit zu bestreiten wagten. So gebrauchen und citieren im zweiten Jahrhundert Valentinus, Montanus, Marcion, Tatian, Cerinth und andere die neutestamentlichen Schriften, was sie gewiß nicht gethan hätten, wenn sie deren Echtheit nur irgendwie hätten in Zweifel ziehen können.

d) Auch die **heidnischen Polemiker** der ersten Jahrhunderte, wie Celsus, Porphyrius, Julian der Abtrünnige u. a., berufen sich auf die heiligen Schriften und suchen aus denselben die Christen zu widerlegen und lächerlich zu machen, aber niemals finden wir bei ihnen auch nur einen Zweifel an deren Echtheit. Wenn sie aber nur irgend welchen Grund, nur eine auch noch so kleine Handhabe für die Leugnung der Echtheit derselben gehabt hätten, so würden sie diese sicherlich benutzt haben, da sie ja damit das Christentum am schlagendsten hätten widerlegen können.

„Bei dieser Allgemeinheit der Verbreitung der Evangelien, dem innigen Verband der Kirchen unter sich, der Öffentlichkeit und gemeinsamen Überwachung durch ben Gebrauch im Kultus, der Gewissenhaftigkeit und Umsicht, mit der man an der Überlieferung von den Aposteln festhielt, der kurzen Zeit, welche zwischen der Abfassung der Evangelien und ihrer allgemeinen Anerkennung verflossen ist, in der noch die Schüler und Augenzeugen der apostolischen Thätigkeit lebten — bei Erwägung all dieser Umstände ist ein Zweifel an der Echtheit dieser Urkunden nur einer bodenlosen, jede Historie vernichtenden Skepsis möglich. Außerdem verhält es sich mit den Zeugen der evangelischen Geschichte nicht wie mit denen eines beliebigen anderen Buches. Wer die Evangelien als historischen Vorgang bekannte, der bekannte sie unter furchtbarer Entsagung, Marter und Qual, besiegelte sehr oft sein Zeugnis mit dem Tode. Wo ist ein zweites Buch in der Welt, dessen Wahrheit so viele Ströme Blutes bezeugen, wie unsere vier Evangelien?" (Hettinger, Apol. b. Chr. I, 2 S. 244.)

So finden wir in der christlichen Kirche der ersten Jahrhunderte auch nicht eine Stimme, welche die Echtheit auch nur eines Buches der Heiligen Schrift anzuzweifeln gewagt hätte. Im Jahre 372 zählte die Synode von Laodicea die Schriften des Neuen Testamentes geradeso auf, wie wir sie noch jetzt besitzen. Die Gegner des Christentums vermögen auch nicht das äußere historische Zeugnis für die Echtheit des Neuen Testaments anzugreifen, darum berufen sie sich immer auf innere Gründe gegen die Echtheit desselben, weil hier der subjektiven Willkür eher Raum gegeben ist; sie verstoßen damit gegen die Grundregeln der Kritik und vermögen zudem nichts auszurichten.

Wir wollen jedoch die hauptsächlichsten ihrer Einwände betrachten.

Einwand I.: "Überall finden wir Mythen als die Anfänge der Religionsentwicklung; sollte das Christentum allein eine Ausnahme machen?"

Widerlegung: 1. Die Mythe ist überall ohne feste Umrisse, ohne bestimmte und abgegrenzte Persönlichkeiten. — Jesus Christus dagegen ist in den Evangelien ganz Leben, Wahrheit und Wirklichkeit, ein nach allen Richtungen scharf bestimmter und markierter Charakter.

2. Die Mythe ist nur ein Spiegelbild des Volksgeistes in der Vorzeit der Geschichte, sie schafft und bildet nichts, sondern wird aus dem Volksleben hervorgebracht. — Durch die angebliche „Mythe" von Jesus Christus dagegen ist das Christentum und mit ihm eine Umwälzung aller Verhältnisse, eine neue Welt entstanden.

3. Die Mythenbildung gehört immer in die vorgeschichtliche Zeit, in das Kindesalter eines Volkes. Deshalb findet man die Entstehung der Mythe nur bei Völkern, die noch keine Schrift, keine Geschichte und namentlich keine Chronologie kennen. — Die Zeit der Entstehung der Evangelien aber war eine Zeit des Unglaubens und Zweifels, eine hochgebildete Zeit, in welcher die regste historische Thätigkeit herrschte, in der Männer wie Flavius Josephus schrieben.

4. Die Mythen sind das Resultat längerer Thätigkeit, sie entstehen in einer Reihe von Generationen, in denen sich um einen Kern immer neue Schichten gleichsam ankrusten. — Die Evangelien entstehen im ersten Menschenalter nach Christi Tod, sie sind nach hundert Jahren schon in den verschiedenen Teilen der Erde allgemein verbreitet und bezeugt, so daß Quadratus (Euseb. II. E. IV. 3) am Anfange des zweiten Jahrhunderts sagen konnte: „Ich beziehe mich hiermit auf die von Christus Geheilten, die vom Tode Auferstandenen, die auch nach dem Tode des Erlösers noch vorhanden waren, so daß einige von diesen bis auf unsere Zeit am Leben geblieben sind."

Erstes Kapitel: Die Beweisquellen.

Einwand II.: „Es giebt in den Evangelien eine Menge von Widersprüchen, welche es dem prüfenden Blicke unmöglich machen, die Evangelien für Berichte von Augenzeugen zu erklären."

Widerlegung: Die scheinbaren Widersprüche lösen sich leicht bei näherer Besichtigung auf und erklären sich durch die verschiedenen Absichten der Evangelisten, deren einer besonders für die Heiden, ein anderer gegen die Gnostiker schrieb u. s. w. und demgemäß das seinem Zweck Dienliche besonders hervorhob, während er das für ihn Unwichtige überging. Aber gerade diese „Widersprüche" beweisen die volle Unbefangenheit der Berichterstatter und die Echtheit der heiligen Schriften, denn ein Betrüger hätte dieselben sicherlich vermieden.

Einwand III.: „Es hat falsche Evangelien gegeben, ebenso gut können auch unsere vier falsch sein."

Widerlegung: Gerade die Existenz falscher Evangelien bestätigt die Echtheit der unsrigen; denn sie setzt die Existenz echter voraus (nur wenn etwas Echtes vorhanden ist, kann man es verfälschen wollen), und außerdem stimmen die Fälschungen im wesentlichen, in Christi Leben und Leiden, in seinen Lehren und Thaten, in seiner Auferstehung alle überein, obgleich sie von so verschiedenen Menschen an verschiedenen Orten und zu verschiedenen Zeiten verfaßt sind. Eine Verwechslung derselben mit den echten ist übrigens durchaus unmöglich, da sie erst lange nach den echten, etwa im vierten Jahrhundert auftauchen und durch ihren ganzen Geist, ihren „geschwätzreichen und albernen Inhalt", gerade die erhabene Einfachheit und historische Treue der echten Evangelien im rechten Lichte zeigen.

„Von welchem Buche", schließt schon Augustin, „könnte man noch mit Gewißheit sagen, wer der Verfasser ist, wenn die Schriften als apostolische angezweifelt werden, von denen die Kirche sagt und festhält, daß sie von den Aposteln selbst verbreitet und bei allen Völkern so offenkundig erklärt sind? Woher wissen wir, daß die Schriften des Plato, des Aristoteles, Cicero u. s. w. echt sind, wenn nicht durch das fortlaufende Zeugnis der folgenden Zeiten? . . . Und dieser Brief, den ich jetzt schreibe, wie wird man ihn nach meinem Tode als echt beweisen? — Nur dadurch, daß die jetzt Lebenden ihre Kunde davon weiter fortpflanzen! Und wenn man unbedeutende Schriften so leicht als echt erweisen kann, wer sollte dann so verblendet sein, daß er behauptete, die Kirche der Apostel, diese so treue, so zahlreiche Eintracht der Brüder, hätte es nicht fertig gebracht, der Apostel Schriften getreulich den Nachkommen zu überliefern?" (Contra Faustum, 32, 19.)

§ 22. Das Neue Testament ist unverfälscht bewahrt worden.

Vorbemerkung: Nicht wir haben die Unverfälschtheit, sondern die Gegner die Verfälschung nachzuweisen, wenn sie solche von den Büchern des Neuen Testaments behaupten wollen; ein solcher Nachweis ist aber nie erbracht worden. Es giebt vielmehr viele positive Gründe für die Unverfälschtheit des Neuen Testaments.

I. Der gegenwärtige Text der Heiligen Schrift stimmt mit den Citaten, den Kommentaren und den Homilien der Kirchenväter überein, er harmoniert ferner mit den ältesten Manuskripten und mit den Übersetzungen, die zum Teil schon im zweiten Jahrhundert entstanden und an verschiedenen Orten und in verschiedenen Sprachen gemacht wurden. Und wie wäre bei einer Verfälschung eine Übereinstimmung der mehr als tausend alten Handschriften der Heiligen Schrift möglich? — Von größter Bedeutung ist ferner, daß der Inhalt des Neuen Testaments, daß die Thatsachen, die in demselben erzählt werden, uns übereinstimmend auch in den anderen Schriften des ersten Jahrhunderts überliefert sind.

II. Eine Verfälschung war aber nicht einmal möglich, da bis zum Anfang des zweiten Jahrhunderts der hl. Johannes, und bis 168 noch Apostelschüler wirkten, bei deren Lebzeiten eine Fälschung ganz undenkbar ist. Die Heilige Schrift war ferner in allen Einzelkirchen aller Weltteile täglich im Gebrauch, wurde öffentlich vorgelesen und erklärt, und als Gotteswort mit größter Sorgfalt gehütet. Eine Fälschung in einer Kirche hätte daher sofort in ihr selbst und noch mehr von den anderen Kirchen bemerkt werden müssen, zumal man die Heilige Schrift den Irrlehrern gegenüber oft citierte und als Beweis gebrauchte, wobei es auf jedes Wort ankam, da die Irrlehrer meist einzelne Stellen und Worte fälschten. (Beispiel der Sorgfalt: St. Hieronymus ward angeklagt, weil er bei Jonas die Worte „Epheu" und „Kürbis" vertauscht hatte!) In den Verfolgungen gaben die Christen lieber ihr Leben als die Heilige Schrift den Heiden preis (die „Traditores" wurden als abgefallen behandelt) — wie sollten sie also eine Verfälschung geduldet haben! Wer hätte auch fälschen sollen? Die Christen selbst, die sich dafür martern ließen, doch gewiß nicht, sonst hätten sie auch wohl die Stellen weggelassen, die ihnen von den Heiden und Juden zum Vorwurf gemacht und als Widersprüche ausgelegt wurden; Irrlehrer, Juden und Heiden aber konnten wohl ihre Exemplare, hingegen niemals die der Kirchen verfälschen.

§ 23. Die Verfasser des Neuen Testaments sind glaubwürdig.

I. Die Verfasser konnten die Wahrheit sagen; sie waren zum Teil drei Jahre lang beständige Zeugen von Christi Leben gewesen und erzählen Thatsachen, die nicht im Verborgenen, sondern öffentlich vor allem Volke geschehen sind, Thatsachen, die das ganze Volk bewegten, Wunder, die von Tausenden von Menschen wahrgenommen wurden (1 Joh. 1, 1). Es ist dabei auch keine Täuschung denkbar, da es nicht ein einzelner ist, der das Erzählte bezeugt, sondern da alle übereinstimmen; wo aber ein Schriftsteller ausnahmsweise nicht Augenzeuge ist, konnte er das Erzählte von zahlreichen Augenzeugen erfahren.

II. Sie wollten die Wahrheit sagen; denn sie waren Männer von der ausgezeichnetsten Gottesfurcht und Sittenreinheit, voll Einfachheit und Treue. Ihre ganze Erzählungsweise ist schlicht, wie es sich für Männer paßt, die Ereignisse und Thatsachen erzählen, durch welche die Welt umgeändert und erneuert wurde. Sie schildern ohne alle Kunst und Absicht, sie heben nichts hervor, suchen keine Wunder zu erzählen, sondern erklären das Zweifelhafte natürlich[1], berichtigen Mißverständnisse[2], wundern sich nicht über das Außerordentliche, sprechen keine Reflexionen aus, sondern erzählen gerade so, wie sie es im Gedächtnis haben.

„Aber woher kann die Verschiedenheit in der Darstellung, woher diese (scheinbaren) Widersprüche?" — Gerade aus der schlichten Art, nach dem Gedächtnis zu erzählen! Leute, die sich verabreden, um zu betrügen, die handeln anders, die suchen die möglichste Übereinstimmung zu erzielen. Haben sie sich aber nicht verabredet, woher kann diese vollständige Übereinstimmung in dem Wesentlichen der Thatsachen und Lehren, wenn nicht in der Wahrheit?

Freimütig treten sie mit ihrem Zeugnis zuerst gerade vor den Juden auf, den ärgsten Feinden Jesu, sie halten ihnen ihr Unrecht, ihren Frevel vor, fordern zuversichtlich unbedingten Glauben an das Evangelium des Gekreuzigten und Auferstandenen — wie wäre eine solche Kühnheit auch nur denkbar, wenn sie nicht in dem klarsten und festesten Bewußtsein der Wahrheit ihren Ursprung und ihre Stütze hätte? Sie erzählen ferner fast nichts von dem dreißigjährigen verborgenen Leben Jesu, wo das weiteste Feld für die Erfindung gegeben war, da sich dasselbe der Controle entzog, wie denn auch die Apokryphen („Evangelium von der Kindheit Jesu") aus diesem Zeitraume endlose Fabeleien auftischen.

Mit gleicher Unbefangenheit und Ehrlichkeit berichten sie, daß sie selbst erst manches nicht hätten glauben wollen, aber durch die Evidenz der Thatsachen gezwungen worden seien, daß Thomas sogar allen Aposteln und Jüngern zusammen nicht glauben wollte, sondern erst dann, als er den Heiland berührte. Sie erzählen sogar ihre eigenen unrühmlichen Handlungen mit der größten Offenheit, ohne zu bemänteln und zu entschuldigen, so z. B. ihre Kleingläubigkeit, ihren eiteln Rangstreit, die Verleugnung des Petrus, die Flucht aller Apostel und Jünger, daß sie das Höhere nicht verstanden, daß Jesus sie oft getadelt u. s. w. Solche Männer wollen nicht lügen, sondern die reine Wahrheit sagen.

Endlich hatten sie auch gar keinen Vorteil von ihrem Zeugnis zu hoffen. Wer lügt, thut dies zu seinem Vorteil („nemo malus sine causa"). Die Apostel dagegen wußten, daß sie nur Verfolgung und Tod für ihr Zeugnis zu erwarten hatten, aber sie waren trotzdem bereit, für dasselbe zu sterben, wie sie denn auch alles: Familie, Hab und Gut, für ihre Überzeugung verließen und Kerker, Geißelung, Schande und martervollen Tod für dieselbe ertrugen. Nur Unvernunft und böser Wille kann solche Männer für Lügner halten.

III. **Sie konnten nicht einmal lügen**; denn sie schrieben für Zeitgenossen, unter denen sich viele Augenzeugen der erzählten Ereignisse

---

[1] Apg. 20, 10: „Macht keinen Lärm, seine Seele ist noch in ihm."

[2] Joh. 21, 23: „Aber der Herr hat nicht gesagt, er werde nicht sterben, sondern nur: wenn ich will, daß er so bleibe, was geht das dich an?"

befanden. Diese hätten aber eine falsche Darstellung um so mehr als Lüge bezeichnen müssen, als durch dieselbe das ganze jüdische Volk als undankbar, ungläubig, gottesmörderisch, die Hohenpriester sogar als Bösewichte dargestellt werden, die absichtlich, „aus Neid" den „Gerechten, den Heiligen, den Urheber des Lebens dem Tode überantworteten". — Bedenken wir, mit welch hartem, freimütigem Tadel die Apostel zu demselben jüdischen Volke sprechen, das Zeuge des Lebens und Todes Jesu Christi gewesen war! Sie berufen sich auf Jesu Wunder und Thaten, fordern also den Widerspruch des Volkes heraus, sie halten ihm vor, daß Jesus „in eurer Mitte, wie ihr selbst wißt, sich durch Kräfte, Wunder und Zeichen" als Gottesgesandten bewiesen habe, daß die Juden ihn durch „gesetzlose Hand getötet", „Gott ihn aber auferweckt habe ... diesen Jesus, dessen wir alle Zeugen sind". Und dieser harte Vorwurf weckt keinen Widerspruch, keinen Ausbruch des Unwillens und der Rache von seiten der Tausende von Juden, sondern reumütiges Schweigen; „diese Rede ging ihnen wie ein Stich durchs Herz", und 3000 Juden bezeugen durch Annahme der Taufe ihren Glauben an den Gekreuzigten und den vor 50 Tagen Auferstandenen (Apg. 2).

IV. **Das Zeugnis der Evangelisten wird durch Heiden und Juden beglaubigt.** Gott hat auch zur Bestätigung der Wahrheit den Griffel der größten außerchristlichen Geschichtschreiber geleitet, damit sie in römischer, griechischer und hebräischer Sprache, den drei Hauptsprachen der alten Welt, wie sie als Überschrift über dem Kreuze erschienen waren, die Geschichte des Gottessohnes in unaustilgbarer Weise aller Welt verkündeten.

Der größte der römischen Geschichtschreiber, Tacitus, ist in drei Zeilen ein Evangelist geworden, indem er Namen, Ort und Jahr angiebt. In seinen Annalen XV, 44 schreibt er: „Nero . . . bestrafte mit ausgesuchten Martern jene, welche man insgemein Christen nennt, und die wegen ihrer Schandthaten verhaßt waren. Dieser Name hat seinen Ursprung von Christus, welcher unter der Regierung des Tiberius durch den Landpfleger Pontius Pilatus mit dem Tode bestraft worden war. Ihr für jetzt zurückgedrängter Aberglaube brach aufs neue hervor, nicht bloß in Judäa, wo dieses Übel entstanden war, sondern auch zu Rom." — Der gleichzeitige Schriftsteller Suetonius bestätigt uns dasselbe, wenn er schreibt: „Nero bestrafte mit verschiedenen Todesarten die Christen, eine Klasse Menschen, die einem neuen Aberglauben und der Zauberei zugethan waren." Ebenso meldet er vom Kaiser Claudius (vita Claudii, cap. 25): „Die Juden, welche auf Anstiften des Chrestus (öfter vorkommende Form für Christus) beständig Aufruhr machten, vertrieb er aus Rom"; diese Mitteilung stimmt wörtlich überein mit dem Bericht der Apostelgeschichte 18, 2: „Claudius hatte verordnet, daß alle Juden sich aus Rom entfernen müßten." — Merkwürdig ist auch die zufällige Erwähnung des Kindermordes zu Bethlehem bei Macrobius, der in einer Sammlung von Witzen des Augustus (Saturn. II. 4) folgendes erzählt: „Als Augustus vernommen, daß unter den Kindern, die Herodes, König der Juden, im Alter von nicht zwei Jahren habe hinrichten lassen, auch dessen eigener Sohn umgebracht worden sei, sagte er: Es ist besser, des Herodes Schwein als sein Sohn zu sein."

Im Jahre 37 n. Chr. war der jüdische Geschichtschreiber Flavius Josephus geboren, seiner Abstammung und Religion nach Jude, seiner Bildung nach Grieche. Dieser erzählt von Johannes dem Täufer, seiner Predigt, seinen Tugenden und seinem Tode, dann von Jakobus, dem Apostel und „Bruder Jesu", „welcher Christus

Erstes Kapitel: Die Beweisquellen.

genannt wird", und endlich auch von Jesus selbst. Er schreibt: „Zu jener Zeit lebte Jesus, ein weiser Mann, wenn man ihn einen Mann nennen darf; denn er wirkte außerordentliche Thaten, ein Lehrer der Menschen, welche mit Freuden die Wahrheit hören. Er hatte viele Jünger, die ihm folgten, sowohl unter den Juden als den Hellenen. Dieser war der Christus (Messias). Nachdem Pilatus auf die Anklage der Vorsteher unseres Volkes hin ihn hatte kreuzigen lassen, so hinderte dies nicht, daß seine Jünger fortfuhren, ihn wie vorher zu lieben. Er erschien ihnen lebend drei Tage nach seinem Tode, da die göttlichen Propheten dieses und noch vieles andere Wunderbare vorausgesagt hatten; und jetzt noch besteht dieses Volk der Christen und wird nach ihm benannt." — Die Angriffe gegen die Echtheit dieser Stelle widerlegt Hettinger, Lehrbuch der Fund. S. 301 ff.

Selbst die Juden mußten im Talmud die Glaubwürdigkeit der heiligen Geschichte und das Thatsächliche der Wunder bestätigen. Dort (Sanhedrin) heißt es: „Am Vorabend vor Ostern wurde Jesus gehängt, weil er Zauberei getrieben, das Volk Israel verführt und zu einer fremden Religion verleitet hatte . . . Da zu seiner Entschuldigung nichts gefunden wurde, hingen sie ihn auf am Vorabend vor Ostern." Die Zauberei aber hatte er nach dem Bericht des Talmud in Ägypten gelernt, „wodurch er Wunderbares wirkte und das Volk zum Glauben verleitete, als thue er es aus eigener Machtvollkommenheit".

V. Nehmen wir einmal einen Augenblick an, die heiligen Schriften wären nicht glaubwürdig, die evangelische Geschichte nicht wahr, so sehen wir am besten, welcher Unsinn als Konsequenz daraus folgen würde.

a) Dann hätten einige ungebildete Fischer in der Person Jesu einen Charakter erfunden, der reiner, erhabener und göttlicher ist, als die Erde je einen gesehen. — „Die evangelische Geschichte sollte eine Erfindung sein? So erfindet man nicht. Das Siegel der Wahrheit, welches das Evangelium trägt, ist so groß, so überraschend, so unnachahmlich, daß der Erfinder größer wäre als der Held!" (Rousseau, Emile.) Es würde also folgen, daß diese zwölf Männer aus dem niedrigsten Volke ohne jegliche Bildung eine religiös-sittliche Lehre erfunden hätten, wie sie weder Plato, noch Aristoteles, noch irgend jemand geahnt, eine Lehre, welche das Höchste und Vollendetste in Erkenntnis und Sitten leistet, was je die Welt gesehen, welche in dieser Reinheit und Erhabenheit sich nirgends, weder vorher noch nachher findet, welche die zwölf armen Fischer also rein aus sich selbst hätten erdenken müssen — gewiß ein großer Unsinn!

b) Ferner würde daraus folgen, daß diese ungebildeten Fischer durch nackten Betrug, ohne alle Hilfsmittel, ja unter dem gewaltsamsten Widerstreben aller irdischen Mächte alle bestehenden Religionen gestürzt und die gebildetsten Männer, die Weisen und Philosophen zur Annahme einer Religion bestimmt hätten, welche demütige Unterwerfung im Glauben an Geheimnisse verlangt, und deren Sittenlehre mit allen menschlichen Leidenschaften Krieg führt. Und diese Bekehrten, die zum Teil, wie Saulus, das Christentum mit den größten Vorurteilen und dem heftigsten Haß verfolgt hatten, sollten ohne zwingende Beweise bloß auf die lügnerischen Erzählungen ungebildeter Fischer hin ihre ganze bisherige Überzeugung aufgegeben und Hab und Gut und selbst das Leben für ein Märchen, für einen Betrug geopfert haben — ein noch größerer Widersinn!

c) Endlich wäre die letzte Konsequenz, daß die ganze großartige Institution des Christentums, die so reichen Segen in die Welt gebracht, die eine vollständige Umwälzung in den religiösen Überzeugungen und in der sittlichen Entwickelung

Webewer, Apologetik. 2. Aufl.

des Menschengeschlechtes gewirkt, die die glänzendste Erscheinung der ganzen Weltgeschichte ist, in Täuschung und gemeinem Betrug ihre Quelle und ihren Ursprung hätte — der vollendetste Unsinn!

Zweites Kapitel: Die göttliche Sendung Jesu Christi.

Erster Abschnitt: Die göttliche Sendung Christi wird bewiesen durch die messianischen Weissagungen.

§ 24. Der Messias wurde von Juden und Heiden erwartet.

Das hebräische Wort „Messias" heißt ebenso wie das griechische „Christus" soviel als „Gesalbter", zu einem heiligen Amte feierlich Eingeweihter, wie es die Propheten, Hohenpriester und Könige des Alten Bundes waren. Im höchsten Sinne aber heißt der von Gott gesandte Erlöser „Messias" oder „Christus", weil er der erwartete Prophet, Hohepriester oder König ist, von dem alle anderen nur Vorbilder und Vorläufer gewesen sind.

Die messianischen Weissagungen sind diejenigen Prophezeihungen, die den verheißenen Messias und die Zeit, Heimat, Umstände, Eigenschaften desselben schildern, um einerseits die Hoffnung und Sehnsucht des auserwählten Volkes wachzuhalten und anderseits den Erschienenen als solchen deutlich erkennbar zu machen. Ihre außerordentliche Wichtigkeit leuchtet sofort ein: sie sind der erste große Beweis für die Wahrheit der göttlichen Sendung Jesu.

Schon im Paradies hatte Gott den Menschen einen Erlöser verheißen, der „der Schlange das Haupt zertreten werde" (Genes. 3, 15); näher hatte er ihn dann bestimmt als Nachkommen Abrahams, „in dem gesegnet werden sollen alle Völker der Erde" (Genes. 22, 18), und diese Verheißung ward dem Isaak und Jakob feierlich bestätigt (Genes. 26, 24; 27, 27; 28, 14). Noch genauer sprach der sterbende Jakob dem Juda die Ankunft des Erlösers aus: „Nicht wird weichen das Scepter von Juda und nicht der Herrscher aus seinem Geschlechte, bis der kommt, der gesandt werden soll, auf den die Völker harren" (Genes. 49, 10). Balaam muß, da er fluchen soll, gegen seinen Willen den Messias verkünden: „Ich sehe ihn, aber nicht jetzt; ich schaue ihn, aber nicht nahe. Ein Stern geht auf aus Jakob, und ein Scepter geht hervor aus Israel, und es wird zerschmettern die Fürsten Moab" (Num. 24, 17). Besonders häufig ward dem König David verkündet, daß aus seinem Hause der Verheißene hervorgehen werde, so daß der Messias bei den Juden auch ganz gewöhnlich der „Sohn Davids" genannt wurde.

Ganz Israel aber mit seinem Gesetz und seinem Gottesreich, mit den 2000 Jahren seiner Geschichte, ist gleichsam selbst der „Mann der Sehnsucht" (Dan. 9, 23), denn alle seine bürgerlichen und politischen Einrichtungen, sein öffentliches und häusliches Leben, seine Offenbarungslehren, Gesetze, Übungen und großen Männer sind nur Vorbilder des zukünftigen Erlösers, haben nur Bedeutung, nur Sinn als „Führer zu Christus hin", sie sind nicht Ziel und Selbstzweck, sondern nur Vorbereitungen für den, „der da kommen soll", „auf den die Völker harren". Durch vier Jahrtausende zieht sich der göttliche Erlösungsplan hindurch; ein inniger, tief durchdachter und wunderbarer Zusammenhang zwischen dem Alten und Neuen Bund zeigt den göttlichen Ursprung der in Christus gebrachten Erlösung. Jahrhunderte lang folgt ein Prophet dem andern und verkündet Einzelheiten von dem künftigen Erlöser, und ihre einzelnen Züge bilden wunderbarerweise zusammen ein Bild, das in seiner Gesamtheit und Vollendung den kommenden Erlöser so klar malt, als ob er schon erschienen sei. Die Weissagungen über Christus sind nicht, wie die heidnischen Orakel, zweideutig, sie sind bestimmt; immer klarer, immer deutlicher, immer näher enthüllen sie das Reich des Messias, bis endlich Johannes ihn nicht mehr vorhersagt, sondern auf ihn, den Erschienenen hinweist als auf „das Lamm Gottes, welches hinwegnimmt die Sünden der Welt". Christus ist gekommen; Israel, das nur seinetwegen lebte, verschwindet aus der Geschichte; Tempel, Priester und Opfer fallen, wie die leere Schale und Hülle, nachdem ihr der Kern entnommen ist. Die wahren Söhne Abrahams, die echten Israeliten, sind bei Christus, sind Jünger und Glieder seines neuen Reiches, des neuen Israel, der Kirche.

Aber auch zu den Heiden war die Kunde von einem Retter und Wiederhersteller des glücklichen Zeitalters gedrungen. — „Es war eine allgemeine Überzeugung," berichtet Tacitus, „daß nach der Weissagung alter heiliger Schriften der Orient mächtig würde und Männer, die aus Judäa kämen, eine neue Weltherrschaft begründen würden." „Durch den ganzen Orient", erzählt Suetonius, „war die alte und sich stets gleichbleibende Sage verbreitet, daß Männer, die von Judäa kämen, eine neue Weltherrschaft begründen würden." Cicero bemerkt, es sei in alten Weissagungen verkündet, daß ein König erscheinen werde, dem man huldigen müsse, um gerettet zu werden, und er fragt sich: wer und wann wird dies sein? Virgilius schildert dieses neue Zeitalter, welches von der Sibylle geweissagt worden, in dem ein geheimnisvolles Kind solle geboren werden, ein Sohn der Gottheit, durch den die ganze Schöpfung sich erneuern, die Schlange getötet, die Schuld getilgt und Friede wiederkehren soll über die ganze Erde. (Vgl. auch Horaz, Od. I, 2.)

Die Allgemeinheit der Sehnsucht, der Höhegrad der Erwartung des Messias zur Zeit Jesu ist ein Beweis, daß man die Weissagungen richtig verstanden hatte; das Aufhören der Erwartung seit Jesu Ankunft aber zeigt ebenso bestimmt, daß durch sein Erscheinen die Weissagungen erfüllt und die Erwartungen der Guten befriedigt worden waren, während die schlechten Elemente durch eine tollkühne Empörung gegen die Römer und durch Aufstellung falscher Messiasse den Beweis lieferten, daß sie einsahen, er müsse jetzt kommen, oder die geweissagte Zeit und damit jede Hoffnung auf sein Erscheinen sei vorüber.

§ 25. **Weissagungen über Ort und Zeit des Messias.**

I. **Den Geburtsort des Messias hatte der Prophet Michäas bestimmt vorausgesagt.**

„Und du, Bethlehem Ephrata, zwar klein unter den Fürstenstädten Judas, aus dir wird hervorgehen der Herrscher in Israel, dessen Ursprung von Anbeginn ist, von Ewigkeit her" (Mich. 5, 2). — Bedenkt man, daß die Eltern Jesu gewöhnlich in Nazareth lebten, so erkennt man in der Geburt desselben im fernen Bethlehem eine besondere göttliche Fügung.

II. **Auch die Zeit des Erlösers war mehrfach bestimmt:**

a) durch die Weissagung des Patriarchen Jakob, daß die Selbständigkeit des Volkes nicht aufhören werde, bis der Messias gekommen sei. — Dieses war erfüllt:

Herodes, ein Idumäer, regierte über Judäa und stand selbst unter römischer Oberherrschaft; „wir haben keinen andern König als den Kaiser", sprachen die Hohenpriester (Joh. 19, 15).

b) Das Todesjahr des Messias ist von Daniel geweissagt: „Siebenzig (Jahr-)Wochen sind bestimmt über dein Volk und über die heilige Stadt, bis die Übertretung getilgt, der Sünde ein Ende gemacht, erfüllt wird Gesicht und Prophetie, gesalbt der Allerheiligste. Wisse also und merke: Vom Ausgang des Wortes, daß Jerusalem wieder erbaut wird, bis zu Christus dem Fürsten sind sieben Wochen und zweiundsechzig Wochen; und Gassen und Mauern werden wieder gebaut in bedrängter Zeit. Und nach zweiundsechzig Wochen wird der Christus getötet werden, und es ist nicht sein Volk, das ihn verleugnen wird. Und Stadt und Heiligtum wird verwüsten ein Volk, das mit einem Fürsten kommen wird; ihr Ende wird Verwüstung sein, und die Verwüstung ist fest beschlossen bis zum Ende des Krieges. Aber wieder wird er stärken den Bund in einer Woche, und in Mitte der Woche wird aufhören Schlachtopfer und Speiseopfer, und im Tempel wird der Greuel der Verwüstung sein, und die Verwüstung wird dauern bis zum Ende" (Dan. 9, 24 ff.). — Im siebenten Jahre des Königs Artarerxes Longimanus, d. i. im Jahre 295 nach Erbauung Roms (458 v. Chr.), erhielt Esdras die Erlaubnis, Jerusalem wieder aufzubauen. Fügt man zu dem Jahre 295 noch die neunundsechzig Jahrwochen, also 483 Jahre hinzu, so giebt dies 778 nach Erbauung Roms oder das 30. Jahr Christus (wenn Christus 748 nach Erbauung Roms geboren wurde); rechnet man dazu, daß „in der Mitte" der 70. Woche, also 3½ Jahre später „wird hingerichtet werden der Gesalbte", so giebt dies wirklich das 34. Jahr nach Christi Geburt als sein Todesjahr. Übrigens sind die kleinen Abweichungen, die sich aus verschiedener Berechnung der Regierungsjahre des Artarerxes und des Geburtsjahres Christi ergeben, gegenüber dem Großen und Ganzen ohne Bedeutung.

c) Als die Juden trauern, daß der zweite Tempel dem ersten von Salomo erbauten an Schönheit und Herrlichkeit weit nachstehe, tröstet sie der Prophet Aggäus mit den Worten: „Noch ein kleines, und ich will bewegen alle Völker, und es wird kommen der Ersehnte aller Völker, und ich werde erfüllen dieses Haus mit Herrlichkeit . . . und größer wird sein die Herrlichkeit dieses zweiten Tempels, als jene des ersten war" (Agg. 2, 7 ff.). — Wie in der Weissagung Daniels die positive Zeitbestimmung gegeben ist, so ist in dieser die negative, bis wann er spätestens gekommen sein muß, denn die Zerstörung des Tempels unter Titus im Jahre 70 n. Chr. zeigt, daß der Messias vorher schon erschienen sein muß. In der Zeit vorher trat aber außer Jesus niemand auf, der auf die Messiaswürde hätte Anspruch machen können.

§ 26. Weissagungen über die Person und das Wirken des Messias.

I. Der Messias wird Gottes Sohn und wahrer Gott sein: „Der Herr sprach zu mir: Mein Sohn bist du, verlange von mir, und geben will ich dir die Völker zu deinem Erbe und zu deinem Besitztum die Enden der Erde" (Pf. 2). „Ein Kind ist uns geboren, ein Sohn ist uns geschenkt, Herrscherwürde ruht auf seiner Schulter; man nennt seinen Namen: Wunderbar, Rat, Gott, starker Held, Vater der Zukunft, Friedensfürst" (Jes. 9, 6). — Die Erfüllung an Jesus von Nazareth erzählt uns das Neue Testament: „Dieser ist mein geliebter Sohn, an dem ich mein Wohlgefallen habe; ihn sollt ihr hören" (Matth. 17, 5).

Zweites Kapitel: Die göttliche Sendung Jesu Christi.

II. Er wird der Lehrer aller Völker sein:

„Erhebe dich, werde Licht, Jerusalem! Denn es kommt dein Licht und die Herrlichkeit Gottes geht über dir auf. Denn siehe, Finsternis deckte den Erdboden und Nachtgewölk die Völker, aber über dir geht Jehova auf, und seine Herrlichkeit erscheint über dir. Die Völker wandeln bei deinem Lichte und Könige bei dem Glanze deines Aufgangs" (Jes. 60, 1—3). „Siehe, ich mache dich zum Lichte der Heiden, daß du mein Heil bis an der Erde Grenzen bringst" (Jes. 49, 6). — Die Erfüllung lehrt uns Lukas (2, 32): „Meine Augen haben gesehen das Heil, welches du bereitet hast vor allen Völkern, ein Licht zur Erleuchtung der Heiden und zur Verherrlichung deines Volkes Israel."

III. Er wird Wunder wirken und alles Elend heilen:

„Gott selbst wird kommen und euch erlösen, dann werden geöffnet die Augen der Blinden, aufgethan werden die Ohren der Tauben, alsdann springt einher der Lahme wie ein Hirsch, und bricht aus in Jubelgesang die Zunge des Stummen" (Jes. 35, 4—6). „Der Geist des Herrn ist über mir (spricht der Messias), denn der Herr hat mich gesalbt, zum Predigen den Sanftmütigen sandte er mich, um zu heilen, die zerknirschten Herzens sind, . . . um zu trösten alle Betrübten" (Jes. 61, 1 f.). — Die Erfüllung erzählt uns Matthäus (11, 4 f.): „Gehet hin und verkündet dem Johannes, was ihr höret und sehet: Blinde sehen wieder, Lahme wandeln, Aussätzige werden rein, Taube hören, Tote werden auferweckt, und den Armen wird die frohe Botschaft verkündet." „Und Jesus wanderte durch ganz Galiläa, indem er lehrte in ihren Synagogen und das Evangelium verkündete und jegliche Krankheit heilte und jedes Siechtum unter dem Volke" (Matth. 4, 23).

IV. Er wird den Heiligen Geist über alle Bekenner ausgießen:

„Und in jenen Tagen will ich meinen Geist ausgießen über alles Fleisch, daß weissagen eure Söhne und eure Töchter, Träume träumen eure Greise und Visionen sehen eure Jünglinge; ja, auch über meine Knechte und Mägde will ich meinen Geist ausgießen in jenen Tagen" (Joel 2, 28 f.). — Die Erfüllung erzählt uns die Apostelgeschichte (2, 2 ff.): „Und es entstand plötzlich vom Himmel her ein Brausen wie das eines gewaltigen Windes und erfüllte das ganze Haus, wo die Apostel saßen, und es erschienen ihnen sich verteilende Zungen wie von Feuer, und es setzte sich auf jeden einzelnen von ihnen, und erfüllt wurden alle mit dem Heiligen Geist und hoben an zu reden in anderen Sprachen, so wie der Heilige Geist es ihnen eingab.".

V. Der Messias ist der neue Hohepriester, der Alte Bund mit seinen Opfern wird verworfen, auch die Heiden werden zur Kirche berufen:

Daniel (9, 21 ff.; vgl. § 25 II b.) weissagt, daß der Tempel zerstört, die Opfer aufhören und die Verwüstung am heiligen Orte ewig dauern werde. Malachias (1, 10 f.) verkündet: „Ich habe kein Wohlgefallen mehr an euch Priestern und nehme kein Opfer mehr an von eurer Hand, denn vom Aufgang der Sonne bis zum Niedergang wird mein Name herrlich werden unter den Völkern, und an allen Orten wird meinem Namen geopfert und ein reines Speiseopfer dargebracht werden, denn groß wird mein Name werden unter den Völkern, spricht der Herr der Heerscharen." David weissagt, daß der Messias „der Priester ewiglich nach der Ordnung des Melchisedech" sein wird, und Jesaias schildert uns den neuen Gottesbund: „Ich komme, spricht der Herr, alle Völker und Zungen zu versammeln;

und ich will ein Abzeichen an ihnen setzen und aus ihnen Gerettete senden zu den Völkern am Meere, nach Afrika und Lydien, nach Italien und Griechenland, zu den Inseln der Ferne, zu denen, die von mir nicht gehört und meine Herrlichkeit nicht gesehen haben ... und ich will aus denselben zu Priestern und Leviten nehmen, spricht der Herr" (66, 18 ff.). — Die Erfüllung im Neuen Bunde ist klar.

§ 27. Weissagungen über das Leiden und Sterben des Messias.

Mit allen Einzelheiten schildert David in den Psalmen, besonders im 21., das Leiden und Sterben des Messias:

1. „Mein Gott, ich rufe des Tages, und du hörest nicht, des Nachts, und keine Ruhe wird mir. Ich bin ein Wurm und kein Mensch, der Leute Spott, der Auswurf des Volkes." — Die Erfüllung erzählt Johannes (19, 5): „Und Jesus ging hinaus, tragend eine Dornenkrone und einen Purpurmantel. Und Pilatus sprach zu ihnen: Sehet, welch ein Mensch!"

2. „Alle, die mich sehen, spotten meiner, sperren auf die Lippen, schütteln ihre Häupter." — Die Erfüllung lehrt Matthäus (27, 39 ff.): „Die Vorübergehenden aber lästerten ihn und schüttelten die Häupter. Und sie sprachen: Ei, der du den Tempel Gottes zerstörst und in drei Tagen wieder aufbaust, hilf dir selbst; wenn du der Sohn Gottes bist, so steige herab vom Kreuze."

3. „Wie Wachs bin ich ausgegossen, und ausgerenkt sind alle meine Glieder. Mein Herz ist geworden wie Wachs, im Innern meines Leibes schmelzend. Vertrocknet wie eine Scherbe ist meine Kraft, und meine Zunge klebt an meinem Gaumen." — Die Erfüllung zeigt Johannes (19, 28): „Jesus aber rief: Mich dürstet."

4. „Sie haben meine Hände und Füße durchbohrt, gezählt alle meine Gebeine, anschauend mich betrachtet. Sie haben meine Kleider unter sich geteilt, und über mein Gewand das Los geworfen." — Die Erfüllung berichtet Johannes (19, 23 f.): „Die Soldaten aber, nachdem sie ihn gekreuzigt hatten, nahmen seine Kleider und machten vier Teile daraus, einem jeden Soldaten einen Teil. Sein Leibrock aber war ohne Naht, ganz gewoben. Und sie sprachen zu einander: Wir wollen ihn nicht zerreißen, sondern das Los werfen, wem er zufällt."

5. „Und sie gaben mir zur Speise Galle, meinen Durst tränkten sie mit Essig" (Ps. 68, 22). — Die Erfüllung erzählt Matthäus (27, 34 und 48): „Und sie gaben ihm zu trinken mit Galle vermischten Wein ... und sogleich nahm einer einen Schwamm, füllte ihn mit Essig, legte ihn um ein Rohr und gab ihm zu trinken."

Wahrhaft ergreifend ist die Schilderung, die der Prophet Isaias im 53. Kapitel von dem Messias entwirft:

6. „Nicht Gestalt ist an ihm, noch Schöne, wir sahen ihn an, und es war kein Anblick, daß wir nach ihm verlangten — verachtet und der letzte unter den Menschen, ein Mann der Schmerzen und mit Schmach vertraut." — Die Erfüllung zeigt uns Johannes (19, 5): „Und Pilatus sprach: Sehet, welch ein Mensch!"

7. „Fürwahr, unsere Krankheiten hat er getragen und unsern Schmerz auf sich genommen, wir hielten ihn für einen Aussätzigen, von Gott geschlagen und gebeugt. Um unserer Sünden willen ward er verwundet und geschlagen wegen unserer Missethat." — Die Erfüllung lehrt uns das Neue Testament: „Das ist mein Leib, der für euch dahingegeben wird (1 Kor. 11, 24); das ist mein Blut, das für viele vergossen wird zur Vergebung der Sünden" (Matth. 26, 28). „Als Johannes

Jesum kommen sah, sagte er: Sieh, das Lamm Gottes, sieh ihn, der hinwegnimmt die Sünden der Welt" (Joh. 1, 29).

8. „Wie Schafe irrten wir alle, ein jeder ging seinen eigenen Weg, der Herr aber warf auf ihn die Strafe für uns alle. Er ward dahingegeben, weil er selbst es gewollt." — Die Erfüllung berichtet Johannes (18, 6): „Als Jesus zu ihnen sprach: Ich bin es! da traten sie zurück und fielen zu Boden."

9. „Und er that nicht auf seinen Mund, wie ein Schaf, das zur Schlachtbank geführt wird, und wie ein Lamm, das vor seinem Scherer verstummt." — Die Erfüllung erzählt Matthäus (27, 12. 14): „Und als er angeklagt wurde vor den Hohenpriestern und Ältesten, antwortete er nicht. Hierauf sprach Pilatus: Hörst du nicht, was diese gegen dich zeugen? Und er antwortete ihm kein Wort, so daß sich Pilatus sehr verwunderte."

10. „Bei Missethätern gab man ihm sein Grab und bei einem Reichen seinen Grabhügel." — Die Erfüllung erzählt Matthäus (27, 57—60): „Als es Abend ward, kam ein reicher Mann, Namens Joseph, von Arimathäa und bat um den Leichnam Jesu. Als er den Leichnam erhalten hatte, hüllte er ihn in ein reines Tuch und legte ihn in sein neues Grab, das er in Felsen gehauen hatte."

11. „Meinen Leib gab ich den Schlagenden hin und meine Wangen den die Haare Raufenden, mein Angesicht verbarg ich nicht vor denen, die mich lästerten und anspieen" (Jes. 50, 6). — Die Erfüllung erzählt uns Matthäus (26, 67 f.): „Dann spieen sie in sein Angesicht, schlugen ihn mit Fäusten, andere gaben ihm mit flacher Hand Streiche ins Angesicht und sprachen: Weissage uns, Christus, wer es ist, der dich geschlagen!"

Der Prophet Zacharias schildert die Trauer derjenigen Juden, die sich bekehren und nun ihr Unrecht einsehen und das Leiden Christi beklagen:

12. „Ich werde ausgießen über das Haus Davids und die Bewohner Jerusalems den Geist der Gnade und des Flehens; sie werden hinschauen auf den, den sie durchbohrt haben, und trauern über ihn, gleich der Trauer um einen Eingeborenen, und wehklagen um ihn, wie man wehklagt um einen Erstgebornen" (12, 10 ff.). „Und man wird zu ihm sagen: Was sind das für Wundmale mitten in deinen Händen? Und er wird sprechen: Das sind die, die mir geschlagen wurden im Hause derer, die mich lieben" (13, 6). — Die Apostelgeschichte erzählt die Erfüllung: „Diese Rede ging ihnen wie ein Stich durchs Herz, und sie sprachen zu Petrus und den übrigen Aposteln: Brüder, was sollen wir thun? Petrus aber erwiderte ihnen: Thut Buße und laßt euch taufen zur Vergebung der Sünden" (2, 37 ff.).

13. Ferner weissagt Zacharias (11, 12) den Lohn, der dem guten „Hirten" gegeben wird: „Da wogen sie ab meinen Lohn, dreißig Silberlinge, und der Herr sprach zu mir: Wirf ihn dem Töpfer zu, den herrlichen Preis, wonach sie mich geschätzt haben. Und ich nahm die dreißig Silberlinge und warf sie in das Haus des Herrn, dem Töpfer zu." — Die Erfüllung erzählt Matthäus (26, 15 und 27, 6 ff.): „Die Hohenpriester aber setzten ihm dreißig Silberlinge aus ... und Judas brachte die dreißig Silberlinge den Hohenpriestern und Ältesten zurück ... und nachdem er sie in den Tempel hingeworfen hatte, ging er hin und erhängte sich ... die Hohenpriester aber kauften mit dem Gelde den Acker eines Töpfers."

Es könnte hier der Einwand gemacht werden: „Wenn die Weissagungen wirklich so klar sind, warum hat denn Israel den Messias verworfen?"

Widerlegung: Die Verwerfung Jesu Christi hat ihren Grund nicht in mangelnder Erkenntnis, sondern in der sittlichen Verkommenheit des größern Teiles des Volkes, das äußerlich zwar am Gesetze hielt, aber innerlich ihm ganz entfremdet war. „Ich glaube," sagt Flavius Josephus, „wenn die Römer gezögert hätten, über dies Geschlecht von Freylern zu kommen, so hätte ein Erdbeben sie verschlungen, oder eine Flut sie ertränkt, oder die sodomitischen Wetterstrahlen hätten sie getroffen; denn dies Geschlecht war gottloser als alle, die etwas dergleichen litten." Was Stephanus (Apg. 7, 51 ff.) sprach, das ist das Urteil über dies Volk, wie es die Geschichte längst gefällt hatte: „Ihr Hartnäckigen und Unbeschnittenen an Herz und Ohren, immer habt ihr dem Heiligen Geist widerstrebt, wie eure Väter, so auch ihr. Wen unter den Propheten haben eure Väter nicht verfolgt? Sie haben jene getötet, welche die Ankunft des Gerechten weissagten, den ihr jetzt verraten und getötet habt." Vor allem waren es die Pharisäer und die unwürdigen Priester, welche das Volk beständig gegen Jesus aufhetzten und einzunehmen suchten. Verblendet von ihrem Stolz, selbstzufrieden mit ihrer äußerlichen Gesetzestreue, wurden die Pharisäer aufs empfindlichste von Jesu Strafreden getroffen. Er war nicht der „Zimmermannssohn von Nazareth", hatte nicht in ihren Schulen gelernt, tadelte offen ihre Scheinheiligkeit und legte sogar ihr ganzes verwerfliches Treiben, ihre ganze sittliche Verkommenheit dem Volke dar, und drohte so, ihnen ihren ganzen Einfluß, ihre ganze Stellung bei dem Volke zu entreißen. Je sündenloser er unter ihnen stand, je weniger sie ihn „einer Sünde zeihen" konnten, um so wilder wurde ihr Haß gegen ihn, um so mehr verhärtete sich ihr Herz gegen die gnadenvolle Erscheinung des Herrn, so daß sie sogar seine Wunder für dämonisch ausgaben, nur um nicht glauben zu müssen. „Dies ist die Geschichte der Gnade allezeit; die edleren Elemente zieht sie zu sich heran, die widerstrebenden müssen im Bösen sich verhärten; sie wirkt wie die Sonne, schmelzend und verhärtend zu gleicher Zeit" (Hettinger).

Endlich war die Vorstellung vom kommenden Messias bei dem Volke im Laufe der Zeiten durch die Auslegung der Pharisäer, durch den Nationalstolz, den Fremdenhaß und die Habsucht des Volkes eine ganz andere geworden, als sie den Weissagungen gemäß hätte sein müssen. Israel hatte die Weissagungen vom armen, demütigen, leidenden Erlöser, der für die Sünden seines Volkes stirbt, völlig vergessen und in den Hintergrund gestellt; es erwartete einen mächtigen irdischen König, einen politischen Befreier und Eroberer, der an der Spitze eines starken Heeres kommen und siegreich alle Feinde niederwerfen und unterjochen werde, damit Israel deren Gold und Silber erbeuten und Rache an seinen Feinden nehmen könne. Jesus dagegen erschien nicht als König, nicht als politischer Befreier, er predigte keinen Haß, sondern Liebe gegen die Feinde, er wollte auch die Heiden vom Reiche Gottes nicht ausgeschlossen wissen; er forderte vor allem sittliche, nicht politische Erneuerung, so daß selbst seine Jünger nur schwer die Idee eines leidenden und gekreuzigten Erlösers fassen konnten (Matth. 20, 21. Mark. 8, 32) — darum hat Israel ihn verworfen.

Zweiter Abschnitt: Die göttliche Sendung Christi wird bewiesen durch seine Wunder und Weissagungen.

§ 28. Die Wunder Jesu.

„Ich habe ein Zeugnis, größer als das Zeugnis des Johannes; denn die Werke, die ich thue, diese legen Zeugnis für mich ab, daß der Vater mich gesandt hat" (Joh. 5, 36). „Wenn ihr meinen Worten nicht glaubt, so glaubet meinen Werken." So fordert Jesus selbst Glauben an seine Lehre mit Berufung auf seine Wunderwerke, die allem Volke bekannt waren. Und mit Recht, da ja, wie wir (§ 14) gesehen, Wunder und Weissagungen die sichersten Kennzeichen für die Göttlichkeit einer Offenbarung sind. Seine Wunder geschahen:

1. An Naturwesen: Die Verwandlung des Wassers in Wein auf der Hochzeit zu Kana (Joh. 2), die wunderbare Brotvermehrung und Speisung der Fünftausend (Joh. 6), der reiche Fischfang nach vergeblicher Arbeit (Luk. 5), die Stillung des Sturmes auf dem See (Matth. 8).

2. An Kranken: Er heilte zahllose Kranke aller Art, ohne Unterschied, von welcher Krankheit sie befallen waren: „sie brachten allerlei Kranke, und er machte sie alle gesund" (Matth. 14, 35. Luk. 4, 40). — Im besondern machte er Blinde sehend (Mark. 10, 45 f. Matth. 20, 30 f.), Taube hörend (Mark. 7, 32 f.; 9, 16 f.), Stumme redend (Matth. 9, 32; 12, 22), Aussätzige rein (Matth. 8, 1 f.). Am auffallendsten sind aber die Heilungen chronischer Leiden, wie z. B. des seit zwölf Jahren kranken Weibes (Matth. 9, 20), der 18 Jahre lang gelähmten Frau (Luk. 13, 10), ferner die Heilungen in der Entfernung, wie bei dem Knechte des Hauptmannes von Kapharnaum (Matth. 8, 5) und dem Sohne eines königlichen Beamten (Joh. 4, 46), und die gerichtlich untersuchten Wunder, wie die Heilung des 38jährigen Kranken im Teich Bethsaida (Joh. 5, 2 f.), die Heilung der verdorrten Hand in der Synagoge am Sabbat (Matth. 12, 9 f.), die Heilung des Blindgeborenen, der mit seinen Eltern vom Hohen Rate selbst verhört wurde (Joh. 9, 1 f.).

3. An Besessenen, von deren Leib ein böser Geist Besitz genommen hatte, der sie mit allerlei Qualen und Krankheiten plagte, z. B. die zwei Gerasener (Matth. 8, 28 f.), den Knaben (Matth. 17, 14), den Blinden und Stummen (Matth. 12, 22); sogar in der Entfernung befreite Jesus die Tochter einer Heidin vom bösen Geiste (Matth. 15, 21 f.; Mark.-7, 24 f.).

4. An Toten: Die Wiedererweckung der Tochter des Jairus (Mark. 5, 22. Luk. 8, 41), des Jünglings von Naim, der schon zu Grabe getragen wurde (Luk. 7, 11 f.), und vor allen des Lazarus, der schon vier Tage im Grabe gelegen und bereits in Verwesung übergegangen war; auf letztgenanntes Wunder bekehrten sich so viele Juden, dass der Hohe Rat beschloss, Jesus und selbst den Lazarus aus dem Wege zu räumen (Joh. 11, 45 ff.).

Dass aber die Werke Jesu wirkliche Wunder waren, ersehen wir aus vielen Gründen:

a) Sie sind selbst von seinen Feinden verbürgt, die angesichts derselben ausrufen: „Was sollen wir thun? Denn dieser Mensch wirkt viele Zeichen, und wenn wir ihn gewähren lassen, so werden alle an ihn glauben" (Joh. 11, 47). Juden und Heiden leugneten nie die Thatsache der Wunder, sondern suchten nur andere Erklärungen dafür, und wie die Pharisäer zu Christi Zeiten sagten, dass Jesus die Wunder durch Hilfe des Teufels wirke (Matth. 12, 24), so haben die Juden in ihrem Religionsbuche, im Talmud, auch nur diese eine Ausrede dafür (S. 49).

b) Die Thatsachen selbst sind zum grossen Teil absolut (secundum substantiam) übernatürlich und wunderbar; denn wer kann heute bei den grössten Fortschritten in der Naturwissenschaft Tote wieder lebendig machen und Stürme, Wind und Wellen durch ein Wort plötzlich beschwichtigen?

Die natürlichen Erklärungen der Wunder durch Magnetismus, durch besondere medizinische Kenntnisse und geheime Naturkräfte verfallen angesichts der Thatsachen geradezu der Lächerlichkeit und zeigen so recht, auf wie schwachem Boden der Unglaube beruht, wenn er zu solchen Erklärungen greifen muß.

c) **Die Umstände, unter denen sie geschehen, sind derart, daß sie eine natürliche Erklärung völlig ausschließen** (sie sind übernatürlich secundum modum).

Nicht im verborgenen, sondern öffentlich werden sie gewirkt; „dieses alles weiß der König," sprach Paulus, „denn nicht in einem Winkel ist es geschehen" (Apg. 26, 26). Sie geschehen im Tempel, in volkreichen Städten, unter dem Zusammenströmen einer unermeßlichen Menge (Luk. 6, 17. Matth. 11, 5. Mark. 1, 32; 2, 3), vor Männern, ausgezeichnet durch Abkunft, Stellung und Bildung (Mark. 3, 22. Joh. 4, 46. Apg. 13, 12); sie erregen den Neid der Vornehmen im Volke und ziehen selbst des Königs Aufmerksamkeit auf sich (Matth. 27, 18. Mark. 6, 14. Luk. 23, 8); die Gerichte machen sie zum Gegenstand ihrer Beratungen, und sie werden amtlich geprüft (Joh. 9, 13 ff.; 11, 47). Sie werden gewirkt vor seinen Feinden (Joh. 9, 1 ff.), welche die Thatsache nicht bezweifeln, sondern durch dämonische Einflüsse zu erklären suchen (Joh. 8, 48. Matth. 9, 34); sie werden gewirkt zur Zeit, da das jüdische Volk seine höchste Bildungsstufe erreicht und eine skeptische, negative Richtung sich vieler bemächtigt hatte (Döllinger, Heidentum und Judentum, S. 747), vor Griechen, Römern und den Bewohnern der umliegenden heidnischen Länder (Luk. 6, 17. Matth. 7, 9); es weist der Herr auf seine Thaten hin und fordert die Einwendungen seiner Feinde heraus, deren Wut ohnmächtig verstummt (Joh. 9, 1 ff.; 10, 37).

d) **Jesus beruft sich ausdrücklich auf seine Wunderwerke als Beweis seiner göttlichen Sendung.**

Wäre Jesus kein Gottesgesandter gewesen, so wäre er, den selbst die Feinde des Glaubens als das „Ideal allseitiger Vollendung" bezeichnen, ein gemeiner Betrüger gewesen. Gott kann aber unmöglich einen solchen Betrug, ein solches Blendwerk der Hölle zulassen. „Meister, wir wissen, daß du als Lehrer von Gott gekommen bist," müssen wir daher mit Nikodemus sagen; „denn niemand kann diese Zeichen wirken, die du thust, wenn nicht Gott mit ihm ist" (Joh. 3, 2).

Somit kommen wir zum Schlußergebnis: daß Jesus von Nazareth wirklich von Gott gesandt und die von ihm gelehrte Religion von Gott geoffenbart ist und demnach die reine und lautere Wahrheit enthält, die wir als Gottes Wort glauben müssen.

§ 29. Die Weissagungen Jesu.

I. **Jesus besaß die Herzenskunde, er kannte die geheimsten Gedanken der Menschen und bewies dies oft dadurch, daß er sie ihnen mitteilte.**

So sagte er der Samariterin ihren geheimen Lebenswandel; dem Nathanael zeigte er, daß er ihn unter dem Feigenbaum gesehen und sein aufrichtiges Streben nach der Wahrheit erkannt habe; er wußte die Anschläge der Juden, ihre inneren

Einwendungen und Gedanken, den Verrat des Judas, den er deshalb mehrmals warnte, u. s. w. (vgl. Joh. 4, 16—19; 1, 47; 13, 11; 2, 24; 16, 30; 2, 16. Luk. 11, 17 u. a. m.).

II. Jesus bewies die Wahrheit seiner Offenbarung durch ganz bestimmte und genau erfüllte Weissagungen:

a) Über seine eigenen Schicksale:

Oftmals sagt er sein Leiden vorher, und zwar seinen Feinden meist in Bildern: „Reißt diesen Tempel nieder" u. s. w. (Joh. 2, 19). „Gleich wie Jonas drei Tage und Nächte im Bauche des Fisches war, so wird auch der Menschensohn drei Tage und Nächte im Herzen der Erde sein" (Matth. 12, 40) — seinen Jüngern aber in voller Klarheit und Deutlichkeit: „Siehe, wir gehen hinauf nach Jerusalem, und der Menschensohn wird überantwortet werden den Hohenpriestern und Schriftgelehrten, und sie werden ihn verurteilen zum Tode und überliefern an die Heiden, sie werden ihn verspotten, anspeien, geißeln und kreuzigen; aber am dritten Tage wird er auferstehen" (Matth. 20, 18 f.).

b) Über die Handlungen und Schicksale seiner Jünger und der Kirche:

Jesus sagt ganz bestimmt voraus, daß noch in derselben Nacht Judas ihn verraten und überliefern (Joh. 13, 11. 26), alle Jünger ihn verlassen, daß Petrus ihn dreimal verleugnen werde, bevor der Hahn zweimal gekräht habe (Matth. 26, 34 f. Mark. 14, 30), daß der Heilige Geist ganz bald auf sie herabkommen werde und sie, die jetzt so mutlos seien, dann seine Zeugen in der ganzen Welt sein würden (Apg. 1, 5. 8), daß sie überall verfolgt werden und für ihn sterben würden (Matth. 10, 17 f.), daß Petrus ihm im Kreuzestode nachfolgen, Johannes aber eines friedlichen Todes sterben werde (Joh. 21, 18 f.), daß auch die Heiden in seine Kirche eingehen würden (Matth. 8, 11), daß seine Kirche schnell wie das Senfkörnlein wachsen und bald die ganze Menschheit umfassen werde (Matth. 31, 31 f.), daß sie trotz steten Kampfes mit der Hölle wie eine Felsenburg unüberwindlich bleiben werde bis ans Ende der Welt (Matth. 16, 18 und 28, 20).

c) Über die Schicksale des jüdischen Volkes und den Untergang der Stadt:

„Jerusalem, Jerusalem, wie oft wollte ich deine Kinder um mich versammeln, und du hast nicht gewollt; siehe, euer Haus wird euch veröden gelassen werden und nicht wird gelassen werden hier ein Stein auf dem andern unzerstört ... es wird dann eine Bedrängnis sein, wie sie von Anfang der Welt nicht gewesen ist bis jetzt, noch auch sein wird ..." (Matth. 23 u. 24). „Und es werden Tage kommen über dich, Jerusalem, da werden deine Feinde einen Wall um dich aufwerfen und dich ringsum einschließen und dich einengen von allen Seiten her, und dem Erdboden werden sie gleichmachen dich und deine Kinder, welche in dir sind, und werden keinen Stein auf dem andern lassen in dir, weil du nicht erkannt hast die Zeit deiner Heimsuchung" (Luk. 19, 43 f.).

Alle diese geweissagten Einzelheiten, die vor der Erfüllung schon von Matthäus und Lukas aufgeschrieben waren, sind bis auf das kleinste erfüllt, wie uns besonders Flavius Josephus erzählt. Folglich hat Jesus durch diese Weissagungen sich als Gottesgesandten und seine Lehre als wahr und göttlich erwiesen.

§ 30. Die Auferstehung Jesu.

Die Auferstehung ist kein neuer Beweis, aber sie ragt über alle Wunder und Weissagungen so sehr hervor, daß wir sie besonders betrachten wollen. Sie ist zugleich ein Wunder und eine erfüllte Weissagung und schon allein ein unumstößlicher Beweis der göttlichen Sendung Jesu.

I. **Die Thatsache der Auferstehung wird beglaubigt:**

A. **Durch innere Gründe:**

1. **Jesus ist wirklich und wahrhaft am Kreuze gestorben, und tot ins Grab gelegt worden.** Dieses bezeugen:

a) Die vier Evangelisten: „Und er neigte sein Haupt und gab den Geist auf."

b) Die Soldaten fanden ihn tot, als sie die Gebeine der zwei anderen, noch lebenden Gekreuzigten zerschlugen; zum Überfluß durchbohrte einer seine Seite durch einen Lanzenstich, und das aus dem Herzen herausfließende Blut und Wasser überzeugte ihn von dem völligen Tode Jesu.

c) Nicht nur seine Freunde, sondern auch seine Feinde zweifelten keinen Augenblick an seinem Tode, sonst hätten sie den Jüngern nicht den Leichnam zur Bestattung übergeben.

d) Dieses geht auch aus den Umständen hervor: Jesus war die ganze Nacht hindurch mißhandelt, war gegeißelt, mit Dornen gekrönt worden, hatte ungeheuern Blutverlust gehabt, war vor Schwäche dreimal zu Boden gesunken und dem Tode schon nahe, ehe er noch ans Kreuz genagelt wurde.

e) Die Salbung und Einbalsamierung aber hätte ihn, wenn er wirklich noch gelebt hätte, sicherlich ersticken müssen, da er ganz eingehüllt war.

2. **Der Leichnam konnte nicht auf natürlichem Wege verschwunden sein.**

a) Wäre Jesus auch wirklich nur scheintot gewesen (was, wie gezeigt, gar nicht denkbar ist), so hätte er unmöglich nach drei Tagen, die er ohne Speise zugebracht, mit durchbohrten Händen und Füßen den schweren Stein wegwälzen, die Wächter erschrecken, sogleich Fußreisen nach Emmaus und Galiläa unternehmen können.

b) Wäre der Leichnam durch ein Erdbeben verschüttet worden, so hätte doch das ganze Grab verschüttet sein müssen, und am wenigsten hätten dann die Grabtücher aufgefaltet im Grabe liegen können (Joh. 20, 7).

c) Der Leichnam konnte auch nicht durch die Jünger gestohlen werden. Dies war bei der Versiegelung des Grabes und bei dem Verschluß durch den schweren Stein unter den Augen der Wache, selbst wenn sie geschlafen hätte, **physisch unmöglich**; daß aber die gottesfürchtigen und dazu noch so furchtsamen Jünger einen solchen Diebstahl und Betrug gewagt hätten, ist **moralisch unmöglich**.

3. **Dennoch war das Grab am dritten Tage leer, und der Heiland erschien vielen Zeugen lebend und verklärt.**

B. **Durch viele Zeugen, und zwar:**

1. **Durch die Jünger.**

a) Diese wollten nicht täuschen; denn sie waren aufrichtige und gottesfürchtige Männer, und zudem hatten sie von ihrer Aussage nur Schaden und Nachteil.

b) Sie konnten sich auch nicht irren; denn sie waren so wenig leichtgläubig, daß sie zuerst den Frauen nicht glaubten, und daß Thomas sogar allen

Aposteln nicht glauben wollte. Der Herr erschien ihnen aber allen zusammen, sogar „mehr als 500 Brüdern zugleich", er aß, trank, sprach mit ihnen über die wichtigsten Dinge und befahl, ihn anzurühren. Während sie vorher ängstlich und furchtsam waren, sehen wir sie nachher im Glauben an Christi Auferstehung so fest begründet, daß sie für diese Thatsache, „von der wir alle Zeugen sind", wie Petrus dem Hohen Rate sagt, mit Freuden Verfolgung, Schläge, Martern und den Tod erduldlen. Paulus, dem der Auferstandene nachher allein erschien, war davon so fest überzeugt, daß er, der vorher so christenfeindliche Pharisäer, dadurch plötzlich umgewandelt und aus einem Verfolger ein Apostel und Blutzeuge wurde — wie wäre eine solche Thatsache denkbar, wenn ihr nicht die wirkliche Erscheinung des Auferstandenen zu Grunde läge?

c) **Die Jünger konnten aber nicht einmal täuschen und lügen**; denn in der Eile und Angst konnten so viele unmöglich einen gemeinsamen Plan fassen, auch wäre er sicherlich verraten worden bei ihrer großen Anzahl, unter der auch Frauen waren.

2. **Durch die Wache.** Denn nimmermehr wäre eine römische Wache voll Entsetzen von ihrem Posten geflohen, worauf Todesstrafe stand, wenn natürliche Ereignisse eingetreten, wenn etwa die Jünger gekommen wären, um den Leichnam zu stehlen.

3. **Durch die Mörder Jesu.** a) **Ihr Verhalten gegen die Wache zeigt, daß sie selbst an die Auferstehung glaubten:**

„Sie gaben ihnen viel Geld, daß sie sagen sollten", die Jünger wären gekommen und hätten den Leichnam gestohlen, während sie schliefen (Matth. 28, 13). Wie hätten die Juden eine solche Pflichtvergessenheit der Wache ungestraft lassen können, wo ihnen alles daran lag, den „Betrug" zu verhindern? Wie konnte überhaupt eine schlafende Wache sehen, daß die Jünger gekommen waren und den Leichnam gestohlen hatten?

b) **Noch auffallender ist das Verhalten des Hohen Rates gegen die Jünger.**

Wenn die Obrigkeit wirklich geglaubt hätte, daß die Jünger es gewagt, das Amtssiegel zu verletzen und den Leichnam zu stehlen, so hätte sie dieselben mit den schwersten Strafen belegen und dadurch die behauptete Auferstehung öffentlich widerlegen müssen. Aber nichts derart geschieht. Matthäus (28, 13) erzählt die Bestechung der Wache durch die Juden etwa acht Jahre nachher in seinem Evangelium, und niemand wagt es, ihn deshalb anzufechten oder zu widerlegen; die Apostel behaupten dem Hohen Rat gegenüber die Auferstehung Jesu, und niemand leugnet sie, niemand wagt zu sagen: „Ihr lügt!" sondern man befiehlt ihnen nur unter den härtesten Strafen, stillzuschweigen — so konnte der Hohe Rat nur handeln, wenn er selbst fest von der Auferstehung überzeugt war!

4. **Durch den ganzen Erdkreis, der an sie glaubte.**
Schon 50 Tage nach der Auferstehung Jesu verkündigt sie Petrus vor denjenigen, die Zeugen seines Todes gewesen waren — und über 3000 lassen sich taufen; wußten diese nicht, warum? Doch nur auf die Auferstehung hin, von der sie fest überzeugt waren, nahmen sie den Glauben an, und wie wäre es denkbar, daß Tausende eine so unglaubliche Sache, wie die Auferstehung, geglaubt hätten, wenn sie nicht die triftigsten Gründe, die zuverlässigsten Zeugen dafür gefunden hätten?

II. **Die Auferstehung ist ein Wunder**, wie es kein zweites je gegeben hat; denn Jesus stand aus eigener Kraft vom Tode wieder auf, und nicht mit einem sterblichen und gebrechlichen, sondern mit einem unsterblichen, verklärten Leibe als Überwinder des Todes und Teufels, um nicht wieder zu sterben. Mit diesem verklärten Leibe ist er vor den Augen aller Jünger sichtbar in den Himmel aufgefahren.

III. **Die Auferstehung ist die Erfüllung einer Weissagung**, die Jesus mit der größten Bestimmtheit oftmals ausgesprochen hat:

„Zerstöret diesen Tempel," sprach er zu den Juden, die ein Wunder fordern, „und in drei Tagen will ich ihn wieder aufbauen" (Joh. 2, 19). „Sie werden den Menschensohn töten, und er wird am dritten Tage wieder auferstehen" (Matth. 17, 22). „Gleich wie Jonas drei Tage ... so wird auch der Menschensohn drei Tage und drei Nächte im Schoße der Erde sein" (Matth. 12, 40). Selbst die Juden erinnerten sich recht gut dieser Weissagung, denn sie sprachen: „Da jener Verführer noch lebte, hat er gesprochen: nach drei Tagen werde ich wieder auferstehen" (Matth. 27, 63).

So beweist also die Auferstehung, auf die sich Jesus als Beweis seiner göttlichen Sendung ausdrücklich berufen hatte, nicht nur seine göttliche Sendung und die Wahrheit seiner Lehre, sondern sie ist auch der vollgültigste Beweis, daß es wahr ist, was er von sich behauptet: „Ich habe die Macht, mein Leben dahinzugeben, und habe die Macht, es wieder zu nehmen" (Joh. 10, 19); „wie der Vater das Leben in sich selbst hat, so hat er auch dem Sohn gegeben, das Leben in sich selbst zu haben" (Joh. 5, 26), mit einem Worte: sie beweist, daß er Gott ist.

Dritter Abschnitt: Die göttliche Sendung Christi wird bewiesen aus der Geschichte.

§ 31. **Die wunderbare Ausbreitung des Christentums ist ein Beweis seines göttlichen Ursprungs.**

Daß das Christentum sich ungemein rasch ausbreitete, ist eine Thatsache, die Heiden wie Christen erzählen („multitudo ingens", Tac. Ann. 15, 44; ähnlich Seneca, Suetonius und Plinius, Justinus und Tertullian). Diese schnelle Ausbreitung ist

I. **ein natürlicher Beweis** für die Wahrheit der erzählten Wunder und Thatsachen — da die Neubekehrten doch Gründe haben mußten, warum sie das Christentum annahmen, und da sie die Thatsachen, besonders die erzählten Wunder damals doch sicher auf das genauste prüfen konnten — und sie ist

II. **ein übernatürlicher Beweis** für die Göttlichkeit des Christentums, ein Wunder; denn sie widersprach allen menschlichen Erwartungen und Berechnungen. Dies ergibt sich bei Betrachtung 1. der Mittel und 2. der Werkzeuge, durch welche sich die Kirche verbreitete, 3. der Hindernisse, welche ihr entgegenstanden.

Zweites Kapitel: Die göttliche Sendung Jesu Christi.

1. **Eine Einwirkung** auf andere kann man in dreifacher Weise ausüben: a) durch Gewalt (das babylonische, das römische Weltreich), b) durch Befriedigung der menschlichen Leidenschaften (der Mohammedanismus, die Manichäer und viele Sekten), c) durch Wissenschaft und Kunst (friedliche Eroberung der gebildeten Welt durch hellenische Kunst und Philosophie). Alle diese Mittel verschmähte der Heiland bei der Ausbreitung seiner Kirche: die Christen sollten lieber Unrecht leiden als thun, sollten die Leidenschaften bekämpfen und sollten nicht menschliche Weisheit und Kunst, sondern den demütigen Glauben vor allem lieben (1 Kor. 2, 1—15); sie konnten daher nach menschlicher Berechnung auf gar keinen Erfolg rechnen.

2. **Die Werkzeuge**, deren sich Christus zur Ausbreitung der Kirche bediente, die zwölf Apostel waren, menschlich gesprochen, die denkbar ungeeignetsten; sie waren a) aus dem verachtetsten Stamm der Juden („taeterrima gens", Tacit.), b) ohne Bildung, nicht gewandt in schöner, fließender Rede, unbekannt mit der Philosophie und mit allem, was die Vornehmen und Gebildeten der heidnischen Welt hätte gewinnen können, c) in geringer Anzahl gegenüber der ganzen Welt.

3. **Zahllose Hindernisse** türmten sich ihnen entgegen, und zwar zunächst **innere**:

a) Von seiten des bestehenden **Religions- und Staatswesens**. Die Religion war Naturkultus und gefiel der Sinnlichkeit und allen anderen Leidenschaften; mit ihr verband sich der Nationalstolz, besonders bei den Römern: die Größe Roms galt als Werk der Götter.

b) Von seiten der **Philosophen und Gelehrten**, die in ihrem Wissensstolz die schlichte christliche Predigt mit der glänzenden griechischen Litteratur verglichen, welche die Lehre von einem unsichtbaren Gott wie vom Gekreuzigten für Thorheit hielten und die Christen mit ihrer strengen Moral entweder für Heuchler oder für bemitleidenswerte Narren erklärten. Die ganze Kunst war mit dem Heidentum so verwachsen und hatte das öffentliche und private Leben mit ihren Götterbildern so erfüllt, daß die Christen sich von ihr ebenso wie von dem ganzen öffentlichen, vom Heidentum durchwehten Leben häufig zurückziehen mußten und so als barbarische Verächter alles Schönen galten.

c) Von seiten der **ererbten Sitte und Pietät**. Denn das Christentum schien alles umstoßen zu wollen, was dem Griechen und Römer wert und teuer war, und worin ihm die ganze Vergangenheit, die Größe seines Volkes, der Ruhm seiner Väter, ja selbst die Elternliebe (Manen- und Ahnenkultus) wurzelte.

d) Von seiten der **Unwissenheit, des Vorurteils und des Eigennutzes**. Man beschuldigte die Christen des Atheismus, glaubte sie thyestischer Mahle und aller Laster und Verbrechen schuldig, verleumdete sie, als ob sie „Feinde des menschlichen Geschlechtes" (Tacitus), Eselsanbeter, voll Aberglauben, Fanatismus und Bosheit seien, als ob sie allein alles Unglück der Welt verschuldet hätten. Und in diesen Vorurteilen ward das abergläubische Volk durch seine Priester, Künstler, Gelehrten und alle jene künstlich befangen gehalten und bestärkt, die vom Heidentum lebten und daher im Christentum den Feind ihres behaglichen und sicheren Lebenserwerbs sahen.

e) Von seiten der **verdorbenen menschlichen Natur** überhaupt, die Glanz, Reichtum, Glück, Ehre, Wohlleben und Befriedigung der Leidenschaften sucht und vor Verachtung, Armut, Unglück, Schmach, Entsagung und Abtötung zurückschaudert. Und doch verlangte das Christentum eine völlige Umwandlung des alten Menschen, ein Brechen mit der ganzen Anschauung und dem ganzen Leben des verkommenen Heidentums, und dafür winkte dem bekehrten Heiden — die Marterkrone, der schimpflichste Tod! So hatte also, menschlicherweise betrachtet, jeder durch das Christentum nur zu verlieren und alle ein Interesse daran, es zu bekämpfen.

Noch wichtiger waren die **äußeren Hindernisse**. Die irdischen Machthaber verboten das Christentum und bestraften die Christen mit den schwersten Strafen, mit Verbannung, Konfiskation des Vermögens, grausamen Martern und Tod; sie hofften das Christentum im Blute seiner Bekenner (man berechnet 11 000 000 Märtyrer bis zum Jahre 313!) ersticken zu können, und nach aller menschlichen Berechnung hätte dies auch gelingen müssen, da die Bekenner Christi gar keine irdischen Vorteile, sondern nur Nachteile zu erwarten hatten.

Trotz alledem überwand das Christentum schnell und für immer das Heidentum — diese Thatsache kann daher nur als die Wirkung übernatürlicher Kräfte erklärt werden.

Der Beweis wird noch verstärkt, wenn wir die zahlreichen Wunder betrachten, die Gott durch die Apostel gewirkt hat:

Die Heilung Kranker (z. B. des Lahmen, Apg. 3, 1; des Äneas, Apg. 9, 32; der Besessenen, Apg. 16, 16; des herabgefallenen Jünglings, Apg. 20, 7 u. a. m.), die Erweckung Toter (z. B. der Tabitha, Apg. 9, 36) und so viele andere Wunder, daß die Leute ihre Kranken auf die Straße hinaustrugen, damit, wenn Petrus vorbeikäme, sein Schatten auf sie fiele und sie geheilt würden. Ebenso wurden die Kranken und Besessenen schon durch die Berührung der Gürtel und Tücher des hl. Paulus von ihren Leiden befreit (Apg. 5, 12; 19, 11).

Wir können daher mit den treffenden Worten des hl. Augustinus (de civ. Dei 22) schließen: Drei Dinge sind unglaublich, aber dennoch wirklich geschehen: 1. unglaublich ist es, daß Christus im Fleische auferstanden und in den Himmel aufgefahren ist; 2. unglaublich ist es, daß die Welt etwas so Unglaubliches doch geglaubt hat, und 3. unglaublich ist es, daß einige ungelehrte, niedrige Leute die ganze Welt, selbst die Gelehrten, von einer so unglaublichen Sache überzeugt haben. Wer das erste nicht glauben will, muß das zweite sogar selbst sehen und kann es gar nicht erklären, wenn er das dritte nicht glaubt. Die Beweise aber für etwas so Unglaubliches waren nicht Worte, sondern Wunder. Diejenigen nämlich, die nicht selbst den Auferstandenen in den Himmel auffahren sahen, glaubten es jenen, die es gesehen hatten und dieses nicht nur sagten, sondern zum Beweise dafür Wunder wirkten. Glaubt aber jemand auch diese Wunder der Apostel nicht, durch welche der Erdkreis gläubig wurde, so genügt uns dieses eine große Wunder, das er dann zugeben muß: daß die Welt ohne alle Wunder das Unglaublichste geglaubt habe.

Einwand I.: Auch andere Religionen, wie der Arianismus, Mohammedanismus, Protestantismus, haben sich erstaunlich schnell ausgebreitet.

Widerlegung: Diese Religionen können sich deshalb nicht auf ihre schnelle Ausbreitung berufen, weil bei denselben a) die Anwendung von Gewalt, dem stärksten menschlichen Mittel, eine große Rolle spielte, b) in der Moral eine den Menschen angenehme Erleichterung geboten und c) ein geringer menschlicher Widerstand geleistet wurde. Wo sie mit menschlichen Mitteln bekämpft wurden, unterlagen sie. d) Dem Arianismus, vielen Sekten und im Anfang auch dem Protestantismus half noch der Umstand, daß sie sich vom Vorhandenen wenig unterschieden und deshalb nicht als etwas Neues, sondern als eine „Reform", eine Erneuerung des bereits als wahr Angenommenen galten.

Einwand II.: Das Christentum hat a) viele Mittel gehabt, durch welche es anziehend wirkte; so war die Opferliebe, der Mut, die Begeisterung, die sittliche Reinheit, die Wohlthätigkeit der Christen auch für die Heiden etwas Großartiges — und es hat b) Zustände vorgefunden, welche seiner Verbreitung günstig waren, z. B. die Einheit des römischen Reiches, den Weltverkehr und die großen Handelsstraßen.

Widerlegung: a) Die genannten Tugenden (Opfermut, Reinheit 2c.) waren keine natürlichen „Mittel", sondern weisen auf eine übernatürliche Quelle hin. Sie hätten aber allein auch nie die Ausbreitung des Christentums bewirken können, da die heidnische Welt viel zu tief gesunken war, um durch Edelmut und Tugenden sich gewinnen zu lassen. (Lucian spottet in seinem „Peregrinus Proteus" über die Nächstenliebe der Christen, über ihre Aufopferung 2c.) b) Die genannten günstigen Umstände konnten eine rasche Ausbreitung wohl ermöglichen, aber doch nicht hervorrufen; sie waren also Hilfsmittel, aber nicht Ursachen einer raschen Ausbreitung. Zudem erleichterten sie auch die Verfolgung und dienten also in gleicher Weise auch den Feinden des Christentums.

§ 32. Die Göttlichkeit des Christentums wird bewiesen durch das Märtyrertum.

Märtyrer (griech. = Zeuge) im eigentlichen Sinne nennt die Kirche jene, welche den christlichen Glauben durch ihren Tod für denselben bezeugten. „Martyrem non poena, sed causa facit" (Aug.) ist kirchlicher Grundsatz, wodurch der Märtyrer von jenen unterschieden wird, welche nicht für objektive Thatsachen, sondern für subjektive Meinungen den Tod erduldeten. — Wir können das Zeugnis der Märtyrer in doppelter Hinsicht betrachten: als ein natürliches und als ein übernatürliches.

I. Die Märtyrer sind in ihrer Standhaftigkeit höchst **glaubwürdige Zeugen für die Wahrheit derjenigen Thatsachen, auf denen der Glaube an die Göttlichkeit des Christentums beruht;** denn viele von ihnen sind unmittelbare Zeugen der Wunder Jesu, der Apostel oder der späteren Glaubensboten gewesen; andere sind mittelbare Zeugen jener Wunder, d. h. sie hörten sie von Augenzeugen, auf deren Aussagen sie sich verlassen konnten. Sie hatten somit hinreichende Kenntnis und Wissen von dem, was sie bezeugten, und wollten auch die Wahrheit sagen, sonst müßten sie alle wahnsinnig gewesen sein, wenn sie sich für eine Lüge hätten töten lassen. Bedenkt man dabei ihre ungeheuere Anzahl, so sieht man ein, daß ein Irrtum gar nicht denkbar ist.

II. Die Standhaftigkeit der Märtyrer kann aus natürlichen Ursachen nicht erklärt werden, sie ist ein Wunder, welches den außerordentlichen göttlichen Beistand und somit die Göttlichkeit des Christentums selbst beweist. Dieses ergiebt sich bei Betrachtung a) der Zahl der Märtyrer, b) der Weise, wie sie litten und starben, c) der Wunder, die sich bei ihrem Martyrium zutrugen.

a) **Die ungeheure Zahl** der Märtyrer folgt ebenso sicher aus den heidnischen Schriftstellern und den gegen das Christentum erlassenen Gesetzen, wie aus den Nachrichten der Apologieen an die Kaiser, aus den kirchlichen Schriftstellern und Märtyrerakten. Einzelne Jahre der Ruhe ausgenommen, dauerte die Verfolgung von Nero bis Diokletian (64 bis 305). Noch mehr als die große Zahl der Märtyrer zeigt

b) **Die Art und Weise, wie sie litten und starben,** den übernatürlichen Beistand:

Sie sterben nicht jammernd und weinend, sondern voll Ruhe und Frieden; nicht voll Haß gegen ihre Feinde, sondern für dieselben betend; sie leiden nicht voll stolzen Selbstvertrauens, sondern in Demut und im Bewußtsein ihrer Schwäche, aber voll Vertrauen auf den übernatürlichen Schutz und Beistand. Die Qualen, die sie ertragen, sind so furchtbar und langwierig, daß selbst der stärkste Mannesmut durch sie überwunden und gebrochen werden müßte — und doch werden sie von Leuten aus allen Ständen, von Frauen, Mädchen und Kindern, von abgelebten Greisen, von verweichlichten Vornehmen mit vollster Ruhe und Festigkeit ausgehalten; ein Wort, ein Wink, ein Zeichen des Abfalls konnte alle Qualen beenden und den Abtrünnigen mit Geld und Ehren überschütten, aber es kommt nicht über seine sterbenden Lippen — das vermag keine natürliche Kraft zu leisten![1] Dem Märtyrer stand auch nicht die Verehrung und Ermunterung der Seinigen zur Seite, sondern meist nur Spott und Verachtung des ganzen Volkes; und Tausende sind gestorben, ohne daß ein Zeuge sie bewundert hätte, ohne daß eine Thräne um sie geweint worden wäre, ohne daß die Welt auch nur je eine Silbe davon erfahren hätte[2].

c) **Zahllos sind die Wunder,** die sich bei dem Martyrium der Christen ereigneten:

Bald tröstete sie eine Erscheinung, eine Stimme vom Himmel, bald nahm Gott den Henkern die Macht, sie fortzuschleppen; oft ließ er sie gar keine Schmerzen fühlen (Laurentius), oder in allen Qualen, im Feuer, in siedendem Öl unversehrt (Polykarp, Johannes Ev.), oft tötete er die Henker und Richter, ließ sie vom bösen Feind quälen, erschütterte die Erde und wirkte andere Zeichen an der Natur, ließ die Götzenbilder Zeugnis ablegen vom wahren Gott, die wilden Tiere sich zahm niederlegen und zeigte den Beistand, den er seinen Bekennern gewährte, auf so deutliche Weise, daß oft Tausende von Heiden sich auf diese Wunder hin bekehrten.

---

[1] „Kaum vermögen Straßenräuber und Männer von kräftigem Körperbau solche grausame Zerfleischungen zu ertragen: sie schreien und wehklagen, von Schmerz übermannt; Kinder und Jungfrauen aber überwinden stillschweigend ihre Peiniger, und selbst das Feuer ist nicht im stande, ihnen einen Klagelaut auszupressen." Lactantius.

[2] „Welche Haufen von Gebeinen der Märtyrer liegen da, deren Namen du nicht kennst; ich erinnere mich, an einem einzigen Orte die Überreste von 60 Menschen gesehen zu haben, deren Namen Christus allein kennt." Prudentius.

Fassen wir dies alles zusammen, so erkennen wir im Martyrium ein Wunder, durch welches die Göttlichkeit des Christentums von Gott selbst bestätigt wird.

Einwand: Auch andere Menschen sind als Märtyrer gestorben für Lehren, die dennoch falsch waren, so z. B. Hus.

Widerlegung: a) Hus und andere starben nicht für Thatsachen, deren Glaubwürdigkeit sie geprüft hatten — denn nur solche kann man durch den Tod beglaubigen — sondern für ihre eigenen Meinungen; daraus folgt nicht, daß diese Meinungen wahr sind, sondern höchstens, daß sie dieselben für wahr hielten. b) Solche Fälle kommen zudem nur vereinzelt in langen Zeiträumen vor und sind c) meist dadurch auf natürlichem Wege erklärlich, daß die Errettung vom Tode geradezu unmöglich war, oder durch den Stolz und Fanatismus des angeblichen Märtyrers und durch den Beifall der Anhänger moralisch unmöglich gemacht wurde.

§ 33. Die wunderbare Erhaltung des Christentums ist ein Beweis seiner Göttlichkeit.

Der Fortbestand des Christentums, das immer aufs neue von äußeren und inneren Feinden, mit geistigen und materiellen Waffen, mit Gewalt und List, mit Spott und Hohn, mit Lüge und Verleumdung angegriffen wurde und dabei noch der verdorbenen menschlichen Natur widerspricht, ist nur aus dem besonderen Schutze Gottes zu erklären.

Nachdem Konstantin dem Christentum die Freiheit gegeben hatte, wurde es doch noch vielfach mit äußerer Gewalt bekämpft und hatte in den meisten Ländern noch häufig das Martyrium zu bestehen (Arianer, Barbaren der Völkerwanderung, Mohammedaner, Mongolen). Dann „wechselten die Feinde nur die Waffen, aber nicht den Haß", und es begannen die inneren Feinde, besonders die Irrlehrer, das Christentum an der wichtigsten Stelle, in der Lehre, anzugreifen. Aber auch die großen Häresieen (Arianismus, Pelagianismus, Nestorianismus) verschwanden wieder vom Erdkreis, den sie sich zeitweise unterworfen zu haben schienen. Noch grimmiger nagte an der Kirche der Weltgeist: Lauheit und Gleichgiltigkeit, Zügellosigkeit, Sorglosigkeit und selbst Verrat schlich sich bei Hirt und Herde ein: es gab große Spaltungen in dem alten Bau (Trennung der morgenländischen Kirche und die abendländische Glaubensspaltung), und schon jubelten seine Feinde, daß sein Einsturz nahe sei. Aber wunderbar gekräftigt und verjüngt stand die Kirche bald wieder da, und wie sie die früheren Stürme überbauert hatte, so überstand sie siegreich auch die große glaubens- und gottesfeindliche Verschwörung des vorigen Jahrhunderts, die französische Revolution mit ihrem Unglauben und frechen Gotteshaß.

Das Wunderbare im Fortbestand des Christentums tritt noch mehr zu Tage, wenn man bedenkt, daß die Kirche allen Angriffen keine gleichartigen Verteidigungsmittel entgegensetzen, die Gewalt nicht durch Gewalt, die Häresie mit ihrer Sophistik nicht durch Sophistik, die Lüge und Verleumdung nicht durch dieselben erwidern konnte; sie kann allen Angriffen nur Dulden und Leiden, nur Standhaftigkeit und christliche Liebe entgegenstellen. Und dennoch besteht die Kirche nicht nur fort, sondern blüht, breitet sich weiter aus und bringt die schönsten Früchte in Kunst, Wissenschaft und Leben hervor. Dieses ist nur dem erklärlich, der an die Verheißung glaubt: „Die Pforten der Hölle werden sie nicht überwältigen", der es anerkennt, daß die Kirche unter Gottes besonderem Schutze steht. Sie hat an sich Gamaliels Wort bewährt: „Ist dieses Werk von Menschen, so wird es zerfallen; ist es aber von Gott, so werdet ihr es nicht zerstören können" (Apg. 5, 38).

Die Erhaltung des Judentums, des Mohammedanismus und die lange Dauer mancher orientalischen Religionen kann mit der Erhaltung der christlichen Kirche nicht verglichen werden. Denn die Erhaltung des Judentums trotz seiner Zerstreuung ist gerade ein Beweis von Gottes Vorsehung und eine Bestätigung des Christentums, weil dadurch die Weissagungen der Heiligen Schrift erfüllt werden. Die anderen Religionen aber finden ihre Stütze in natürlichen Verhältnissen, sie sind mit dem Staatsleben verwachsen und werden von diesem geschützt und erhalten. Sie sind zudem uneinig und gespalten, haben weder die Probe der Kritik noch des Martyriums durchgemacht, sondern sind erstarrt wie Mumien, nur noch vorhanden, weil kein frischer Luftzug ihnen nahe kommt, weil niemand sie in ihrem Schlafe stört.

§ 34. Wohlthätiger Einfluß des Christentums auf die Welt.

Das Christentum zeigt seinen göttlichen Ursprung auch in seiner segensreichen Einwirkung auf die Menschheit: Während alle anderen Religionen den Menschen nicht völlig zu befriedigen vermögen, beantwortet das Christentum die wichtigsten Fragen des menschlichen Geistes und befriedigt seine tiefsten religiös-sittlichen Bedürfnisse. Es entwickelt in seiner Glaubenslehre die erhabensten Anschauungen von Gott und von der Welt.

Es lehrt den Menschen seine Bestimmung kennen, zeigt ihm zugleich seine Würde als Gotteskind wie seine Niedrigkeit als Sünder und gibt allein eine genügende Antwort auf die Frage nach dem Ursprung des Bösen, der Übel und Leiden.

Das Christentum hat auch eine Sittenlehre, welche weder Unerreichbares verlangt, noch den niederen Trieben des Menschen freien Lauf läßt.

Die christliche Sittenlehre stellt uns das höchste Ideal in Christus vor und bietet uns zugleich die Mittel zur Nachfolge an; sie heißt uns nicht hochmütig auf uns vertrauen, aber auch nicht feige verzagen, weil wir übernatürliche Hilfe erwarten dürfen. Sie lehrt uns erst die „Pflicht" recht kennen und stellt für die Befolgung wie Übertretung derselben eine ewige Vergeltung in Aussicht. Die evangelischen Räte aber begeistern zur vollkommensten Hingabe an Gott und zur erhabensten Aufopferung der eigenen Person im Dienste der Nächstenliebe und in der Nachfolge Christi. Und diese Glaubens- und Sittenlehre ist im Gegensatz zum Partikularismus des Juden- und Heidentums universal, für alle Völker und Länder, für alle Zeiten, für alle Alters- und Bildungsstufen, für alle Bedürfnisse und Anlagen passend. Sie ist bei unendlicher Tiefe und bei unerschöpflichem Ideenreichtum doch so einfach und klar, daß auch der Ungebildete sie begreifen kann. Sie bildet ein großartiges, festgegliedertes System, in dem alles logisch verbunden, nichts widersprechend ist — überall die vollkommenste Harmonie. Bei dem Christentum herrscht endlich kein Zweifel, sondern unerschütterliche Gewißheit und Bestimmtheit.

Zweites Kapitel: Die göttliche Sendung Jesu Christi. 69

Das Christentum zeigt ferner seinen göttlichen Ursprung in der Linderung der irdischen Not und der Veredelung des Menschen durch alles Gute und Schöne.

Die Armen und Niedrigen werden im Christentum nicht mehr verachtet, sondern um Christi willen als Brüder geliebt, es giebt im Christentum eine „heilige Armut". — Die Sklaverei, eine der scheußlichsten Erscheinungen in der gesamten heidnischen Welt, ist von dem Christentum abgeschafft worden. — Die Familie hat im Christentum erst ihre Würde wiedererlangt durch die erhabene Auffassung von der Ehe (der innigsten Lebensgemeinschaft der Gatten zur gemeinsamen Vervollkommnung und Erreichung des ewigen Heiles) und durch die Gleichberechtigung der Frau mit dem Manne. Durch die Verehrung der jungfräulichen Gottesmutter ward dem weiblichen Geschlechte das Ideal einer Jungfrau und Mutter hingestellt und damit die Polygamie und willkürliche Ehescheidung unmöglich gemacht. — Das Staatsleben ward vom Christentum verklärt, indem die Obrigkeit „von Gottes Gnaden" herrschte, und nicht auf Despotie, sondern auf dem christlichen Gesetze, auf dem Gewissen, auf der Treue ihrer Unterthanen den Thron errichtete, so daß die Herrschaft nicht zur Willkür und Tyrannei, der Gehorsam nicht zur Knechtschaft, aber die Freiheit auch nicht zur Zügellosigkeit wurde. — Das Christentum hat ferner die Wissenschaften gepflegt, hat zuerst allgemeine Schulen gegründet, von der einfachsten Dorfschule bis zur Akademie, hat wahre Weisheit, Bildung und Aufklärung gebracht und jeden wirklichen Fortschritt begünstigt. — Die Kunst ward durch das Christentum neu geboren; sie empfing durch die christlichen Ideen unschätzbare Anregungen und neue Ideale. Die meisten unserer Künste verdanken ihre Blüte, ja fast möchte man sagen ihr Entstehen, erst dem Christentum. Die Architektur suchte das Emporstreben des Menschen zu Gott darzustellen und gelangte im gotischen Dome zum schönsten Ausdruck dieses Gedankens. Die Malerei, in der die Wiedergabe der Empfindungen, des geistigen Elementes, am vollkommensten möglich ist, wurde ganz besonders vom Christentum gepflegt und verstand es, das Göttliche, das Übernatürliche auszuprägen. Die Musik lernte erst im Christentum mit allen Klängen des Himmels zum menschlichen Herzen sprechen. Die Poesie erhielt durch das Christentum neuen Adel, und die christliche Lyrik besang neben weltlichen Stoffen neue, heilige Gottesliebe; die deutschen christlichen Epen (Heliand, Gudrun, Parzival), die „Göttliche Komödie" Dantes, die geistlichen Schauspiele Calderons zeigen uns, wie in christlicher Poesie Geisteskraft und Tiefsinn sich zu verbinden vermögen, und wie kein blindes Schicksal, sondern göttliche Gerechtigkeit und menschliche Freiheit, himmlische Gnade und irdische Schuld die Geschicke der Welt bedingen.

„Inmitten der unendlichen Spaltungen und Gegensätze der Geschlechter, Völker, Sprachen, Sitten und Ideen, umgeben von der leidenschaftlichen Finsternis der Sinnlichkeit und des Hochmuts, sah die Welt ein Volk entstehen, das sich weder durch Flüsse noch Gebirge begrenzen ließ, das von einem Ende der Erde bis zum andern das nämliche dachte und wollte. Da neigte sich der Norden dem Süden zu, und der Aufgang sprach zum Niedergang: Ich weiß, wer du bist. Und der Arme setzte sich an die Seite des Reichen, ohne daß es Ärgernis erregte; der Philosoph wurde vom Handwerksmann unterrichtet, der Niedere liebte den Vornehmen und der Vornehme den Niedern; der Gesittete trocknete die Thränen des Wilden; für jedes Elend fanden sich hilfreiche Freunde, und das Elend war nur da zur Sättigung der Liebe. Scharen von Jungfrauen brüteten dem Himmel, die Einsiedler wuchsen zu Völkerschaften an, der Märtyrer war mächtiger als der König, die Gewalt sank vor der Schwäche in den Staub, der Sklave wurde frei, ohne seine Freiheit verlangt zu haben: — die katholische Kirche war in die Geschichte eingetreten" (P. Lacordaire).

Drittes Kapitel: Die Gottheit Jesu Christi.

§ 35. Jesus Christus ist Gottes Sohn und wahrer Gott.

Daß Jesus von Nazareth ein Gottesgesandter und seine Lehre deshalb als göttliche Offenbarung wahr und göttlich sei, bildete den Gegenstand der vorhergehenden Untersuchungen. Allein Jesus von Nazareth ist mehr als ein von Gott gesandter Mensch, er ist Gottes Sohn, selbst Gott. Dies lehren

I. **die Weissagungen des Alten Testaments**, die den verheißenen Erlöser „Gott, Gottmituns, den Wunderbaren, den Vater der Zukunft, den Allerheiligsten" nennen und seine Gottheit aussprechen:

„Siehe, Gott selbst wird kommen und euch erlösen; dann werden sich öffnen der Blinden Augen" 2c. (Jes. 35, 4). — „Und du, Bethlehem ... aus dir wird hervorgehen der Herrscher in Israel, dessen Ursprung von Anbeginn ist, von Ewigkeit her" (Mich. 5, 2). — „Der Messias wird herrschen von einem Meer zum andern, es werden ihn anbeten alle Könige der Erde, alle Völker ihm dienen" (Pf. 71).

II. **Jesus selbst nennt sich Gott** und legt sich göttliche Eigenschaften bei:

„Petrus antwortete und sprach: Du bist Christus, der Sohn des lebendigen Gottes. Jesus aber antwortete ihm und sprach: Selig bist du, Simon, denn nicht Fleisch und Blut haben dir dieses geoffenbart, sondern mein Vater, der im Himmel ist" (Matth. 16, 13). — „Ich und der Vater sind eins" (Joh. 10, 30). — „Ich bin der Sohn Gottes; thue ich die Werke meines Vaters nicht, so möget ihr mir nicht glauben" (Joh. 10, 37). — „Deshalb suchten ihn die Juden zu töten, weil er ... Gott seinen Vater nannte und sich Gott gleich machte" (Joh. 5, 18). — „Er muß sterben, weil er sich zum Sohn Gottes gemacht hat" (Joh. 19, 7). — Auf die feierliche Frage des Hohenpriesters, der ihn bei Gott beschwor, zu sagen, ob er „Christus, der Sohn Gottes" sei, antwortete Jesus: „Du hast es gesagt" und fügte hinzu, daß er von nun an „auf den Wolken zur rechten Hand Gottes" sein werde (Matth. 26, 63). — Die Phrase des Unglaubens, daß Jesus zwar nicht Gott, aber „das unerreichbare, nie zu übertreffende Ideal sittlicher Größe" (David Strauß), der „edelste, erhabenste, weiseste" aller Menschen sei, ist offenbar unsinnig; denn entweder ist er Gott, wofür er sich ausgab, oder (was nicht einmal der Unglaube zu sagen wagt) der schamloseste aller Betrüger; ein Mittelding ist hier nicht möglich!

III. **Die Zeitgenossen bezeugen seine Gottheit.**

„Siehe, das Lamm Gottes, welches hinwegnimmt die Sünden der Welt ... ich bezeuge, daß dieser der Sohn Gottes ist" (Joh. 1). — „In Christo wohnt die Fülle der Gottheit leibhaftig" (Kol. 2, 9). — „Meister, du bist der Sohn Gottes und König von Israel," bekennt Nathanael (Joh. 1, 49). — Thomas ruft aus: „Mein Herr und mein Gott!" (Joh. 20, 28). — „Wahrhaftig, dieser Mensch war Gottes Sohn!" gesteht der Hauptmann am Kreuz (Mark. 15, 39).

IV. Christi ganze Erscheinung und Wirksamkeit bezeugt seine Gottheit.

Betrachten wir sein Verhältnis zu den ihn umgebenden Menschen, so erscheint überall die selbstloseste, grenzenlose, alle umfassende Opferliebe, voll Demut und Sanftmut. In seinem Verhältnis zu Gott sehen wir die unbedingte Hingabe an den Willen des himmlischen Vaters: Er sucht in allem nur die Ehre desselben und das Heil der Menschen. Wie wir ihn auch betrachten mögen: Christus erscheint als das Ideal allseitiger religiös-sittlicher Vollendung, in nie gestörter himmlischer Ruhe, die durch nichts, durch keine Kränkung, keine Mißhandlung getrübt wird, frei von Irrtum und Sünde. „Wer von euch kann mich einer Sünde beschuldigen?" so konnte außer der Gottheit nur die Narrheit oder die vollendete Heuchelei sprechen — und beide verneint von Jesus selbst der Unglaube. So erscheint Jesus als ein Wunder in der Welt des Verstandes und der sittlichen Ordnung, ebenso wie die Wiedererweckung eines Toten ein Wunder in der physischen Ordnung ist.

§ 36. Schlußergebnis und Übergang zum dritten Teil.

Wollten wir unsern Beweis für die Göttlichkeit des Christentums bis ins einzelnste vollenden, so könnten wir noch die Falschheit aller nichtchristlichen Religionen, z. B. des Buddhismus, Mohammedanismus zc. darlegen. Doch wäre eine solche Erörterung überflüssig, da bei allen die inneren wie die äußeren Kennzeichen gegen sie sprechen, und keine derselben im Ernste den Anspruch auf göttlichen Ursprung erheben kann. — In einem besondern und deshalb hier noch zu erwähnenden Verhältnis zum Christentum steht das jetzige Judentum, insofern es einst die von Gott selbst geoffenbarte und gewollte Übergangsstufe zum Christentume war und deshalb am ersten mit dem Anspruch auf Anerkennung als die wahre Religion auftreten könnte. Aber in ihm selbst, in den zahllosen Weissagungen von der Ankunft des Messias und dem dann folgenden Neuen Bunde Gottes mit allen Völkern liegt auch seine Verwerfung ausgesprochen, nachdem die Zeit der Weissagungen erfüllt ist und es den erschienenen Erlöser verworfen hat. Jetzt haben die heillosen Lehren des Talmud die Heilige Schrift längst überwuchert und liefern in ihrer Verwerflichkeit auch ein inneres Kennzeichen gegen die Göttlichkeit des jetzigen Judentums.

Wie im vorhergehenden gezeigt wurde, hat Jesus Christus, der höchste Gottgesandte und Sohn Gottes, die Fülle der Wahrheit geoffenbart und uns über alles, was zur Erlangung der ewigen Seligkeit notwendig ist, die klarsten Mitteilungen gemacht; die Gesamtheit dieser Mitteilungen nennen wir die christliche Offenbarung oder kurz das Christentum.

Christus stiftete nur diese eine Religion, das Christentum. Das sagt er selbst mit den Worten: „Ich habe noch andere Schafe, die nicht in diesem Schafstalle sind; auch diese muß ich herbeiführen, und sie werden meine Stimme hören, und es wird ein Schafstall und ein Hirt sein" (Joh. 10, 16). Er stiftete sie für alle Menschen, für „alle Völker", für „alle Geschöpfe". Deshalb befiehlt er den Aposteln, „in alle Welt" zu gehen, „bis zu den Grenzen der Erde". Er hatte auch keinen Grund, seine Lehre auf ein bestimmtes Volk zu beschränken, denn nach christlicher Anschauung sind alle Menschen Brüder, ist die Trennung in Nationen, die sich feindlich gegenüberstehen, nur eine Folge der Sünde. Die Wahrheit ist stets algemein, universal; nur der Irrtum ist lokal beschränkt (Nationalkultus); was daher wahr ist, ist für alle Völker, für alle Menschen wahr.

Christus stiftete seine Religion für alle Zeiten, so daß sie unveränderlich fortdauern soll bis ans Ende der Zeiten.

Dies verheißt der Erlöser selbst mit den Worten: „Auf diesen Felsen will ich meine Kirche bauen, und die Pforten der Hölle werden sie nicht überwältigen" (Matth. 16, 18). Und er sendet seine Apostel mit dem Befehl: „Lehret sie alles halten... und siehe, ich bin bei euch alle Tage bis ans Ende der Welt" (Matth. 28, 20). — Deshalb warnt auch der Heiland vor falschen Propheten und verbietet uns, solchen Glauben zu schenken, die anders lehren als er; ja der hl. Paulus verbietet, selbst von einem Engel vom Himmel einen anderen Glauben anzunehmen, als er im Auftrage Christi gepredigt habe (Gal. 1, 8).

Das Christentum ist daher die Vollendung und der Abschluß der gesamten Offenbarung Gottes, die absolute Religion; es ist für alle Menschen, für alle Zeiten unveränderlich, ewig wahr.

Es ist daher falsch, was Lessing u. a. lehren, daß das Christentum ebenso wie das Heidentum nur eine „Entwicklungsstufe" im Fortschreiten des Menschengeschlechtes sei und deshalb durch größere Bildung und Kultur verbessert und durch eine andere Religion, etwa der „Vernunft und Humanität" ersetzt werden könne. Eine solche Behauptung widerspricht der ausdrücklichen Erklärung Christi und ist gleichlautend mit einer völligen Leugnung der göttlichen Offenbarung, mit dem Unglauben; sie widerspricht auch der Geschichte, die von keiner Verbesserung des Christentums, aber von zahlreichen Scheußlichkeiten der „Vernunft und Humanität" (französische Revolution) zu berichten weiß. — Anders dagegen verhält es sich mit unserer Erkenntnis vom Christentum, diese kann bei dem einzelnen und bei der ganzen Kirche fortschreiten; so bringt z. B. jeder Konzilsbeschluß die göttliche Offenbarung unserem Verständnis näher, ohne daß dadurch eine neue Offenbarung stattfände.

Christus hat also eine, und nur eine, für alle Menschen und für alle Zeiten unveränderlich fortdauernde, ewig wahre Religion gestiftet. Wenn dieselbe aber wirklich seiner Absicht entsprechend allen Menschen und Zeiten rein und unverfälscht zukommen sollte, während er selbst doch schon nach 33 Jahren die Erde wieder verließ, so müssen wir von vornherein von seiner Weisheit erwarten, daß er in irgend einer Weise dafür sorgte, daß jemand über seine Lehre wachte und die Vermittlung der Religion an die einzelnen Menschen aller Völker und Zeiten übernahm. Wie er dieses gethan, haben wir im folgenden zu betrachten.

Dritter Teil: Die Göttlichkeit der katholischen Kirche.
(Demonstratio catholica.)

Erstes Kapitel: Die Gründung und Bestimmung der Kirche.

§ 37. Begriff der Kirche. Ihre Gründung durch Christus. Ihre Sichtbarkeit.

Unter der katholischen Kirche verstehen wir die Gemeinschaft aller rechtgläubigen Christen auf Erden unter ihrem gemeinsamen Oberhaupte, dem Papst.

Eine Gemeinschaft ist eine Vereinigung von mehreren Personen zur Erreichung eines gemeinsamen Zweckes. Je nach diesem Zweck unterscheidet man die Gesellschaften in wissenschaftliche, religiöse, politische u. s. w.

Es fragt sich nun: Hat Christus selbst, unmittelbar, eine Kirche gestiftet? — oder ist sie nur mittelbar sein Werk, insofern er die religiösen Lehren gab und es dann den einzelnen überließ, sich nach Lust und Laune miteinander zur Übung dieser Religion zu verbinden oder nicht? In letzterem Falle könnten die Bekenner seiner Lehre nach Belieben in die Kirche eintreten oder nicht, könnten der Kirche diese oder jene Einrichtung geben und dieselbe auch wieder ändern.

I. Christus wollte selbst, unmittelbar, eine Kirche stiften, wie seine eigenen Worte beweisen, in denen er eine völlig organisierte Kirche verheißt:

„Du bist Fels, und auf diesen Felsen will ich meine Kirche bauen, und die Pforten der Hölle werden sie nicht überwältigen" (Matth. 16, 18). — „Und ich muß noch andere Schafe herbeiführen, und es wird ein Schafstall und ein Hirte sein" (Joh. 10, 16). — Ferner befiehlt Christus ausdrücklich: „Sage es der Kirche, und wenn er die Kirche nicht hört, so sei er dir wie ein Heide und öffentlicher Sünder" (Matth. 18, 17), und giebt dem hl. Petrus den Auftrag: „Weide meine Lämmer, weide meine Schafe!" Dasselbe lehren die Gleichnisse, worin Jesus seine Kirche mit einer „Stadt auf einem Berge", mit einem „Lichte" auf dem Scheffel, mit einem „Senfkörnlein" vergleicht, das sich rasch vergrößert, mit einem „Sauerteig", der alles durchbringt, mit einem „Acker", der gute und schlechte Früchte trägt, mit einem „Netze" voll guter und schlechter Fische, mit „klugen und thörichten Jungfrauen" u. s. w.

II. Den Worten Christi entsprechend, finden wir sofort nach der Himmelfahrt, schon an demselben Tage, eine vollständig geordnete Kirche vor, welcher zehn Tage später (Apg. 2, 41) „gegen 3000 hinzugefügt werden" — 3000 zu einigen hundert, die Majorität zu der Minorität, weil diese Minorität eine geschlossene, geordnete Gemeinschaft bildete. Denn „sie verharrten in der Lehre der Apostel und in der Gemeinschaft des Brotbrechens und im Gebete ... und alle Gläubigen waren vereinigt und besaßen alles gemeinsam" (Apg. 2, 42 f.). Ebenso sprechen auch die Apostel stets von der Kirche Christi, als deren Diener sie sich selbst bezeichnen.

„Wachet über euch und die ganze Herde, in welcher euch der Heilige Geist zu Bischöfen gesetzt hat, um die Kirche Gottes zu leiten, die er sich mit seinem Blute erworben hat", ermahnt der hl. Paulus (Apg. 20, 28) die Vorsteher der Gemeinde zu Ephesus und klagt sich selbst an, daß er „die Kirche Gottes verfolgt habe" (1 Kor. 15, 9). Vgl. dazu die Worte, die Christus zu Paulus sprach: „Was verfolgst du mich?" (Apg. 9, 4), obgleich Paulus nur seine Kirche verfolgt hatte. Und ebenso weist er den hl. Paulus, nachdem er ihn wunderbarerweise bekehrt hat, auf seine Frage: „Was soll ich thun?" an die natürliche Autorität, die Kirche zu Damascus, „dort wird dir gesagt werden, was du thun mußt" (Apg. 9, 6). Auch Cornelius wird durch ein Wunder zum Glauben geführt, dann aber an die Kirche verwiesen (Apg. 10).

III. Selbst die Vernunft läßt die Stiftung der Kirche durch Christus höchst wahrscheinlich erscheinen, denn, wie vorher (§ 36) gezeigt, wollte Jesus, daß seine Lehre für alle Völker und alle Zeiten erhalten bleiben sollte. Diesem Zwecke wird aber nur durch Stiftung einer Kirche genügend entsprochen, die, unsterblich wie seine Lehre, sich von Geschlecht zu Geschlecht fortpflanzt und immerdar sein himmlisches Mittleramt zwischen Gott und den Menschen fortsetzt. So fordert die Voraussetzung einer übernatürlichen Offenbarung für alle Völker und Zeiten mit Notwendigkeit auch eine lebendige Autorität, die diese Offenbarung und ihre Früchte allzeit rein bewahrt.

Dies erkannte u. a. auch der berühmte Historiker Gfrörer an, als er noch Protestant und Vorkämpfer des Rationalismus war, indem er schrieb: „Der katholische Glaube ist, wenn man ihm sein erstes Axiom, eine übernatürliche Offenbarung, zugiebt, so folgerichtig wie die Bücher Euklids. Die Folgerungen aus dem obersten Grundsatz von der Offenbarung sind unabweisbar, und es giebt keinen Artikel der katholischen Dogmatik, welcher nicht aus jenem Princip auf das bündigste gerechtfertigt werden könnte" (Deby: „Die eine wahre Kirche", S. 88).

Daß die Kirche Christi sichtbar sein muß, versteht sich eigentlich von selbst; denn eine „unsichtbare Kirche" ist ein ähnliches Unding wie ein „unsichtbares Gemälde". Die Sichtbarkeit der Kirche ist aber auch leicht zu beweisen, denn sie ist 1. in der Heiligen Schrift aufs deutlichste ausgesprochen, da Christus seine Kirche ausdrücklich mit einer überall sichtbaren Stadt auf einem Berge, mit einem hochgestellten, weithin leuchtenden Lichte und ähnlichen sichtbaren Dingen vergleicht; da er ausdrücklich befiehlt: „Sage es der Kirche"; da er die Apostel sichtbar aussendet und sie beauftragt, die Gläubigen zu lehren, zu taufen und zu leiten, also eine sichtbare Gemeinschaft zu bilden. — Die Sichtbarkeit der Kirche wird ferner 2. aufs einfachste durch die Geschichte bewiesen: Mit dem Pfingstfest steht die Kirche sichtbar da zwischen Juden und Heiden, als Nachfolgerin der gleichfalls sichtbaren, fest gegliederten und abgeschlossenen Kirche des Alten Bundes, der Synagoge, sichtbar in ihrem Oberhaupte und den Vorstehern, in ihren Mitgliedern, in ihrem Gottesdienst und den heiligen Sakramenten und dem Bekenntnis ihrer Lehre. „Eine unsichtbare Kirche", sagt deshalb einer der klarsten protestantischen Theologen, Richard Rothe, „ist eine contradictio in adjecto. ... Die Vorstellung ist erst gebildet worden, weil man faktisch den Begriff der Kirche in seiner vollendeten Entwickelung als Begriff der katholischen Kirche aufgegeben hatte" (Deby, S. 89).

Wenn wir demnach die protestantische Lehre von der „unsichtbaren Kirche" in dem Sinne, als hätte Christus keine sichtbare Kirche gestiftet, als einen Widerspruch gegen die Heilige Schrift, gegen die Geschichte und gegen die Vernunft zurückweisen, so ist damit nicht ausgeschlossen, daß die sichtbare Kirche Jesu Christi auch ein unsichtbares Element in sich schließe. Die Kirche ist nämlich gleichsam „der fortgesetzte Christus", d. h. sie vertritt Jesus Christus auf Erden, setzt sein Werk, seine dreifache Thätigkeit, das Lehr=, Priester= und Hirtenamt fort, ja, Christus selbst lebt und wirkt in ihr unsichtbarerweise fort, wie er es auf Erden sichtbarerweise that; er ist es, der in der Kirche durch den Mund des Priesters lehrt, durch die Hand des Priesters die Sakramente spendet und täglich sein Opfer unblutigerweise erneuert und als unsichtbares Oberhaupt durch die sichtbaren Hirten sein Volk, die mit seinem Blute Erlösten, leitet und regiert. („Siehe, ich bin bei euch alle Tage bis ans Ende der Welt." — Gleichnis von dem Weinstock und der Rebe.) Wie Jesus Christus zugleich Gott und Mensch ist, so hat auch seine Kirche eine göttliche und eine menschliche Seite; und wie im lebendigen Menschen Leib und Seele zusammengehören, so „bilden in der Kirche die Einwohnungen und inneren Gaben des Heiligen Geistes (Glaube, Hoffnung und Liebe und die heiligmachende Gnade) die Seele der Kirche, den göttlichen Teil; den Leib der Kirche, den menschlichen Teil, bilden das äußere Bekenntnis des Glaubens und die Teilnahme an den Sakramenten" (Bellarmin).

Die äußere Zugehörigkeit zur Kirche genügt daher allein noch nicht zum ewigen Heile, sie ist aber der von Christus gewollte und angeordnete Weg, um so durch die Vermittlung der äußeren Kirchengemeinschaft auch zur inneren Lebensgemeinschaft mit Christus zu gelangen. Es kann daher jemand 1. nur äußerlich zur Kirche gehören, z. B. ein Katholik, der in schwerer Sünde ist (Gleichnis von den guten und schlechten Fischen im Netze); 2. in der äußeren und inneren Gemeinschaft der Kirche zugleich stehen (jeder tugendhafte Katholik); 3. nur innerlich zur Kirche gehören, weil ihm die äußere Zugehörigkeit unverschuldeterweise nicht möglich ist: jeder Gerechte, der ohne Wissen und Willen außerhalb der Kirche steht. Dies hat Pius IX. (Alloc. d. 9. Dec. 1854) ausdrücklich ausgesprochen mit den Worten: Außer der Kirche ist kein Heil ... „Aber es ist ebenso für gewiß anzunehmen, daß die, welche sich in unbesieglicher Unwissenheit über die wahre Religion befinden, deshalb mit keiner Schuld in den Augen Gottes belastet sind. Nun aber, wer sollte sich soviel anmaßen, daß er die Grenzen einer solchen Unwissenheit bezeichnen könnte nach Maßgabe der verschiedenen Verhältnisse und der Mannigfaltigkeit der Völker, der Gegenden, der Geister und so vieler anderer Dinge?" Deshalb laßt uns für alle beten 2c. (Dasselbe lehrt der römische Katechismus, P. I. A. 9.) Daß letzteres aber auch nur ausnahmsweise der Fall sein kann, ergiebt sich daraus, daß Christus als ordentlichen, gewöhnlichen Weg des Heiles die Vermittlung der Kirche angeordnet hat, den niemand absichtlich verwerfen kann, ohne damit Christus selbst zu verwerfen, wie dies schon St. Augustinus ausdrücklich ausspricht: „Manche empfangen unsichtbare Heiligung ohne sichtbare Sakramente; darum ist aber das sichtbare Sakrament nicht zu verachten, weil der Verächter desselben auf keine Weise unsichtbar geheiligt werden kann" (QQ. in Lev. Q 84).

§ 38. Die Bestimmung der Kirche und die Pflicht, sich ihr anzuschließen.

I. Die nächste Bestimmung der Kirche ist die Fortpflanzung der Religion Jesu Christi durch Lehre und Gnadenspendung („Lehret alle

Völker und taufet sie." Matth 28, 19). Das Ziel der Religion aber ist die Vereinigung mit Gott; die letzte Bestimmung der Kirche als Vermittlerin der Religion ist demnach, uns auf dem Weg zu Gott zu leiten und uns so der ewigen Seligkeit teilhaftig zu machen. Dieses spricht der Heiland aus, wenn er sagt: „Prediget das Evangelium allen Geschöpfen; wer glaubt und sich taufen läßt (Aufnahme in die Kirche), der wird selig werden" (Mark. 16, 16).

II. Wenn also die Kirche der von Christus selbst gewiesene Weg zur Erlangung der ewigen Seligkeit ist, so versteht es sich von selbst, daß jeder auch diesen Weg einschlagen und also der Kirche Christi beitreten muß.

Diese schon an sich klare Konsequenz der früheren Untersuchungen lehrt Christus ausdrücklich mit den Worten: „Wer euch höret, höret mich, und wer euch verachtet, der verachtet mich" (Luk. 10, 16); „wer die Kirche nicht hört, der sei euch wie ein Heide und öffentlicher Sünder" (Matth. 18, 17), d. h. wie einer, der freiwillig das Heil von sich stößt und deshalb nicht selig werden kann. Deshalb beurteilen auch die Apostel die Irrlehrer so strenge (Gal. 1, 8) und lehren, daß sie nicht selig werden können (Gal. 5, 19 ff. Tit. 3, 10. 2 Petr. 2, 1 ff. Jud. 11—13. 2 Joh. 7—9), und deshalb haben auch die Kirchenväter von jeher die Zugehörigkeit zur Kirche als Bedingung der Seligkeit betrachtet; so lehrt Cyprian: „Extra ecclesiam nulla salus" („außer der Kirche kein Heil") und: „Der kann Gott nicht zum Vater haben, der die Kirche nicht zur Mutter hat." — Ähnlich sprechen sich Ignatius und Irenäus aus. — Augustinus lehrt, daß die Kirche jene Arche ist, die allein bei der Sintflut verschont blieb, daß sie der Baum ist, von dem jeder Zweig, der abgeschnitten ist, verdorrt, daß „sie allein der Leib Christi ist, außerhalb dessen der Heilige Geist niemanden lebendig macht"; denn: „Extra ecclesiam est diabolus, sicut in ecclesia Christus." „Einem Menschen, der nicht die Einheit der katholischen Kirche festhält, nützt weder die Taufe, noch das reichlichste Almosen, noch selbst der Märtyrertod etwas zum ewigen Heil: er kann nicht gerettet werden" (tom. III. de fide ad Petr. cap. 39).

Der Satz des hl. Cyprian: *„Extra ecclesiam nulla salus"*, und die Lehre von der „allein seligmachenden Kirche" sind von Andersgläubigen vielfach als Intoleranz und als Verdammungsurteil aller Nichtkatholiken aufgefaßt worden. Allein diese Sätze sind eine so natürliche Folgerung aus der Lehre, daß es nur eine Wahrheit, nur ein Christentum, also auch nur eine wahre Kirche Christi geben kann, daß auch der ältere Protestantismus sich ebenso für die allein wahre und seligmachende Lehre ausgab. Ja, Luther sprach sogar oft aus, daß alle Katholiken verdammt seien, die seine Lehre nicht annähmen, und die alten protestantischen Glaubensbekenntnisse sprechen den Katholiken durchweg die Möglichkeit ab, selig zu werden (vgl. Deby: „Die eine wahre Kirche", S. 296—303). So weit ist die katholische Kirche nie gegangen! Ihre Lehre ist vielmehr folgende:

Es gehört der katholischen Kirche an jeder Getaufte, der 1. sich nicht freiwillig von ihr getrennt hat durch Übertritt zu einer Sekte oder durch Ungehorsam (gemäß den Worten Christi: „Wer die Kirche nicht hört" u. s. w.) oder 2. nicht zur Strafe von ihr ausgestoßen worden ist durch die Exkommunikation oder den Kirchenbann[1]. Daraus folgt, daß jeder Nichtkatholik, der giltig getauft und

---

[1] Das Recht, unter Umständen ein Mitglied auszustoßen, nimmt jede Gesellschaft für sich in Anspruch. Die Kirche schließt aus, damit der Sünder sich bessere

ohne seine Schuld im Irrtum ist, zur wahren Kirche Christi, zur katholischen, gehört und selig werden kann, aber, wie schon St. Augustinus lehrt, nicht durch seine Irrlehre, sondern durch die katholische Kirche. Ein solcher schuldlos Irrender, also z. B. ein Protestant, der so erzogen wurde, wird auch nach kirchlichem Sprachgebrauch niemals Häretiker oder Ketzer genannt. Häretiker kann nur ein Christ sein, der den katholischen Glauben bereits selbst als den wahren erkannt hat und sich dann mit Wissen und Willen dem Irrtum zuwendet und darin hartnäckig bleibt. „Außer der Kirche" steht also nur derjenige Getaufte, der bösen Willen hat! — Wenn jedoch die katholische Kirche alle Getauften zu ihren Kindern rechnet und für sie betet, so folgt daraus doch nicht, daß es gleichgiltig sei, zu welcher christlichen Lehre man sich bekenne, da auch die schuldlos Irrenden viele Gnaden entbehren, z. B. das Sakrament der Buße, das heilige Meßopfer u. s. w. Jedenfalls ist die Gleichgiltigkeit oder der Indifferentismus stets verwerflich, und auch jeder Nichtkatholik muß treu nach seinem Gewissen und Glauben leben und, wenn er diesen Glauben als falsch und die katholische Kirche als die wahre erkennt, sich auch zu der erkannten Wahrheit bekennen, da er sonst aufhört, schuldlos zu irren.

Da die Wasser=Taufe auch durch die Bluts= und die Begierde=Taufe ersetzt werden kann, so können sogar Juden und Heiden, kurz, Ungetaufte zur katholischen Kirche gehören und selig werden, wenn sie nämlich den ernsten Willen haben, alles zu thun, was Gott von ihnen verlangt, und wenn sie entweder nach dem natürlichen Gesetz des Gewissens sündenlos leben oder ihre Sünden vollkommen bereuen. Die Kirche verbietet — den Worten Christi gemäß: „Richtet nicht, damit ihr nicht gerichtet werdet" — ein Urteil über das Schicksal eines Menschen im Jenseits zu fällen, selbst über jene, die in der Exkommunikation gestorben sind; aber sie versagt mit Recht solchen die kirchlichen Ehren, die sich freiwillig von ihr getrennt haben.

Zweites Kapitel: Die Verfassung der Kirche.

§ 39. Klerus und Laien.

Christus konnte der Kirche seine Gewalt in zweifacher Weise übergeben:

1. Indem er der Gesamtheit der Gläubigen seine Gewalt gab und es diesen überließ, sich ihre Vorsteher selbst zu wählen. Dann wären die Vorsteher der Gesamtheit verantwortlich, verdankten dieser ihre Gewalt und könnten von ihr ein= und abgesetzt werden, ebenso wie dann die ganze Verfassung der Kirche von der Gesamtheit der Gläubigen auch geändert werden könnte (protestantische Ansicht).

2. Christus konnte selbst einzelne Männer als Vorsteher auswählen, diesen unmittelbar seine Vollmachten geben, unabhängig von dem Willen der Gläubigen; dann sind diese Vorsteher weder der Gemeinde verantwortlich noch von ihr absetzbar, weil dann ihre Gewalt kein Ausfluß von derjenigen der Gemeinde ist. Im letztern Fall besteht die Verfassung der Kirche kraft göttlicher Anordnung und ist unveränderlich. Auch ist dann die Kirche durch göttliche Einsetzung in eine lehrende und eine hörende geteilt (katholische Lehre).

---

und nicht durch den Namen eines Katholiken die Kirche schände und andere verführe. Exkommunizieren oder mit dem Anathema belegen heißt auch nicht soviel wie „verfluchen" oder „verdammen", sondern nur „ausschließen aus der Gemeinschaft". Beispiele von Exkommunikation durch den hl. Paulus finden sich 1 Kor. 5, 5 und 1 Tim. 1, 20, wo weit härtere Ausdrücke gebraucht werden.

I. Christus hat bei Gründung seiner Kirche benjenigen Weg eingeschlagen, welcher der beste zur Vermeidung von Spaltung und Streit war: Er hat in seiner Kirche ein besonderes, äußeres Priestertum eingesetzt, das nicht allen Gläubigen gemeinsam ist. Dieses priesterliche Amt, welches die dreifache Gewalt Christi (Lehr-, Priester-, Hirtenamt) in sich schließt, ward den Aposteln ausschließlich und unmittelbar von Christus selbst übertragen. Dieses beweisen:

a) Christi eigene Worte: „Wahrlich sage ich euch, was immer ihr auf Erden binden werdet, wird auch im Himmel gebunden sein, und was ihr auf Erden lösen werdet..." (Matth. 18, 18). — „Denen ihr die Sünden nachlasset, denen sind sie nachgelassen, denen ihr sie behaltet..." (Joh. 20, 23). Nur zu den Aposteln sind diese Worte gesprochen, denn nur sie waren zugegen. Ebenso wird nicht der Gesamtheit, sondern nur dem Petrus verheißen, daß er das Fundament der Kirche sein soll (Matth. 16, 18), und nur zu den Aposteln sagt Christus: „Wer euch hört, hört mich; wer euch verachtet, verachtet mich" (Luk. 10, 16); die Zwölfe hat er besonders ausgewählt, nachdem er die ganze Nacht vorher im Gebete zugebracht hat (Luk. 6, 12 f.). Nicht sie haben ihn erwählt, sondern er sie (Joh. 15, 16), und sie sind von Christus selbst unmittelbar gesandt, wie er vom Vater (Joh. 17, 19). Nachdem er sie drei Jahre lang persönlich unterrichtet hat, haucht er sie an, um symbolisch die Übertragung seines Geistes, die Gewalt von oben, darzustellen. So hat er in dem Apostolat ein abgesondertes, von den übrigen Gläubigen geschiedenes Priestertum eingesetzt, und mit diesem nahm die Kirche ihren Anfang. Es giebt sonach zwei kirchliche Stände: Die einen, denen der Herr zum Lose (κλῆρος), zum Anteil geworden, gehören dem Klerus an, die übrigen zählen zum Volk (λαός), sind Laien.

b) Die Auffassung der Apostel, in der Heiligen Schrift niedergelegt, zeigt, daß sie sich als von Christo selbst berufen wissen als „Diener Christi" (Röm. 15, 16), nicht der Gemeinde, „abgesondert" zum Apostelamte (Röm. 1, 1), berufen als „Apostel, nicht von Menschen, noch durch einen Menschen, sondern durch Jesus Christus und Gott den Vater" (Gal. 1, 1). Deshalb wählt nicht die Gemeinde einen neuen Apostel, sondern sie beten, daß Gott selbst durch das Los „zeige, wen er erwählt habe", „um die Stelle dieses Apostelamtes einzunehmen" (Apg. 1, 15); deshalb nennen sie sich „berufene Apostel Jesu Christi durch den Willen Gottes" (nicht der Gemeinde); deshalb verlangen sie, daß die Leute „sie ansehen sollen als Diener Christi und Ausspender der Geheimnisse Gottes" (1 Kor. 4, 1); deshalb ist es, „als ob Gott durch sie ermahnte" (2 Kor. 5, 20); deshalb müssen die wahren Christen „erbaut sein auf dem Fundamente der Apostel" (Eph. 2, 20). Christus „selbst machte einige zu Aposteln, andere zu Lehrern..." (Eph. 4, 11), oder, fragt Paulus höhnisch, „sind etwa alle Apostel, sind alle Lehrer?" (1 Kor. 12, 29.)

c) Die Geschichte. Nur die Apostel üben die Gewalt Christi aus, während die Gemeinde demütig sich unterwirft; nur sie gründen Gemeinden, setzen denselben Vorsteher ein (Apg. 14, 22), erteilen die Gnadengaben (Apg. 8, 15 f.), erlassen Vorschriften über kirchliche Disciplin (Apg. 15, 28), geben den Gemeinden Befehle („Das andere werde ich anordnen, wenn ich komme." 1 Kor. 11, 34), drohen ihnen („Was wollt ihr? Soll ich mit der Rute zu euch kommen oder in Liebe?" 1 Kor. 4, 21. — „Ich sage euch, wenn ich wiederum komme, werde ich nicht schonen." 2 Kor. 13, 2. — „Ich schreibe euch dies abwesend, damit ich anwesend nicht strenge verfahren muß, gemäß der Gewalt, welche mir der Herr gegeben hat." 2 Kor. 13, 10) und verhängen, „wenngleich abwesend dem Leibe nach, so doch gegenwärtig im

Geiste", die Strafe der Ausschließung (1 Kor. 5, 3) und nehmen wieder auf (2 Kor. 2); sie prüfen, ob die Gemeinde auch „in allem gehorsam sei" (2 Kor. 2, 9), denn sie sind „die Väter in Christo", welche die Gläubigen „durch das Evangelium erzeugt haben" (1 Kor. 4, 15). — Die ganze alte Kirche kennt nur die strengste Unterordnung der hörenden Kirche unter die lehrende, unter die Apostel und ihre Nachfolger, was besonders Ignatius M. betont. Vgl. die Beweisstellen bei Hettinger, Fundamentalth. S. 578 f.

II. Diese von Christo den Aposteln übertragene Gewalt sollte nicht als rein persönliches Vorrecht der Apostel mit ihrem Tode erlöschen, sondern als ein bleibendes Amt sich zum Heil der Kirche für alle Völker bis ans Ende der Zeiten auf die von den Aposteln geweihten Nachfolger fortpflanzen. Dies beweist:

a) Die Heilige Schrift. „Gehet hin und lehret alle Völker ... und siehe, ich bin bei euch alle Tage bis ans Ende der Welt" (Matth. 28, 19). Da die Apostel nicht bis ans Ende der Welt leben sollten, können diese Worte nur von ihnen in Vereinigung mit ihren Nachfolgern gesagt sein. — Die Heilige Schrift erzählt auch ausdrücklich, daß die Apostel Nachfolger eingesetzt haben: „Und sie setzten in den einzelnen Städten Priester ein und beteten mit Fasten..." (Apg. 14, 22). Deshalb ermahnt auch der hl. Paulus: „Achtet auf euch und auf die ganze Herde, in die euch der Heilige Geist als Bischöfe eingesetzt hat, um die Kirche Gottes zu regieren, die er mit seinem Blute erworben hat" (Apg. 20, 28).... „Gehorchet euren Vorstehern und folgt ihnen, denn sie wachen über euch als solche, die Rechenschaft ablegen müssen über eure Seelen" (Hebr. 13, 7 u. 17). Noch viele Stellen siehe Hettinger, Fund. S. 574.

b) Die Kirchengeschichte erzählt uns, daß das Amt der Apostel von diesen auf ihre Nachfolger überging. Bezeichnend sind 1. die vielen Namen, die den Nachfolgern der Apostel gegeben werden, wodurch ihre Gewalt ausgedrückt ist: Vorsteher, Vorsitzer, Bischöfe (= Aufseher), Führer, Herrscher, Apostel, Hirten, Oberpriester; 2. die ältesten liturgischen Dokumente, welche die Gebete und Formeln für die Weihe der Nachfolger enthalten; 3. die Verzeichnisse der Bischöfe in den Einzelkirchen, welche vielfach verbürgterweise bis auf die Apostel zurückgehen; 4. die ausdrücklichen Zeugnisse der Kirchenväter. Vgl. Belegstellen zu dem Gesagten, Hettinger, Fund. S. 578 ff.

c) Auch die Vernunft läßt uns erkennen, daß das Amt der Apostel mit ihrem Tode unmöglich aufhören konnte. Denn die Kirche ist, wie bewiesen, von Christus selbst zu dem Zwecke gestiftet und mit allen Gewalten ausgerüstet, daß sie allen Menschen aller Zeiten zur Erlangung der Seligkeit behilflich sei. Sie muß daher mit ihren Hilfsmitteln und Gewalten unverändert, wie Christus sie stiftete, so lange bestehen, als es noch Menschen giebt, die mit Gott versöhnt und zu ihm geleitet werden sollen, d. h. bis zum Ende der Zeiten. Es hört daher das Apostelamt mit dem Tode der ersten Träger desselben, der Apostel, ebensowenig auf wie das Königtum mit dem Tode eines Königs.

Der protestantischen Lehre von einem „allgemeinem Priestertum" in dem Sinne, als ob es keinen besonderen Priesterstand gebe, vielmehr alle Gläubigen gleiche geistliche Gewalt hätten, widersprechen die zahlreichen, zum Teil angeführten Stellen der Heiligen Schrift, welche von einer besonderen priesterlichen Gewalt reden, und die stete Überlieferung der Kirche. Wohl spricht die Heilige Schrift an wenigen Stellen von einem „heiligen und königlichen Priestertum" (1 Petr. 2, 9) aller Christen, aber dieses schließt das besondere Priestertum ebensowenig aus wie das allgemeine geistige Priestertum aller Israeliten (Exod. 19, 6) das besondere

Priestertum Aarons und seiner Nachkommen ausschloß. Auch die Beiworte derjenigen Stellen, die von einem allgemeinen Priestertum sprechen, zeigen deutlich, daß es sich nur um einen bildlichen Ausdruck handelt, wie z. B. Apok. 1, 5: „Er hat uns zu einem Königtum, zu Priestern gemacht"; denn kein Verständiger wird sich auf Grund solcher Stellen die königliche Gewalt anmaßen! Dieses Priestertum aller Christen beruht darauf, daß sie alle teil haben an dem großen Opfer Jesu und sich ihm selbst täglich mit dem „Opfer des Lobes" (Hebr.) darbringen und aufopfern sollen. Vgl. Hettinger, Fund. S. 571.

Bei den Aposteln ist eine zweifache Stellung zu unterscheiden: Sie waren 1. **außerordentliche Gesandte Jesu Christi**, „Apostel" im engeren Sinn, 2. die **ersten ordentlichen Vorsteher der Kirche**. In ihrer ersten Stellung waren sie vor allen Nachfolgern ausgezeichnet durch drei persönliche Vorzüge, die sich nicht vererbten: a) sie waren von Christus selbst erwählt und gesandt; b) sie waren inspirierte, authentische und unfehlbare Organe der christlichen Offenbarung; c) jeder von ihnen besaß in Unterordnung unter Petrus die Vollgewalt über die ganze Kirche, er war nicht auf einen bestimmten Teil beschränkt.

§ 40. Die Abstufungen im Klerus.

I. **Jesus Christus hat nicht allen Vorstehern seiner Kirche eine gleiche Gewalt verliehen.** In der Hierarchie (griech. = heilige Ordnung) erscheint als der oberste an Rang der Bischof; er steht nach Christi Anordnung (jure divino) über dem Priester und ist der alleinige vollberechtigte Nachfolger der Apostel.

Dies beweist im Anschluß an die Heilige Schrift (vgl. S. 79) das ganze christliche Altertum (vgl. Wedewer, Kirchengesch. § 12. — Beweisstellen der Kirchenväter bei Hettinger, Fund. S. 583 ff.). Zwar sind in der apostolischen Zeit die Namen der Vorsteher noch nicht streng geschieden, wohl aber ihre Gewalt, denn stets galt die Firmung (Apg. 8, 14 f.) und die Ordination oder Weihe als ein Vorrecht der Apostel und ihrer Nachfolger vor den Priestern (Hettinger a. a. O.). „Was aber die gesamte Kirche beobachtet, und was nicht durch Konzilien eingeführt, aber doch immer festgehalten wurde, kann nur von der Autorität der Apostel herstammen" (Augustinus).

Die Unrichtigkeit der protestantischen Ansicht, daß die Bischöfe ihre Gewalt durch Unterdrückung der ihnen ursprünglich gleichberechtigten Presbyter usurpiert hätten, leuchtet, wenn wir auch kein positives Zeugnis hätten, sofort ein, wenn man bedenkt, daß ein solches Ereignis in der ganzen Kirche, zu gleicher Zeit, schon so bald nach den Zeiten der Apostel unmöglich ohne Kampf hätte vor sich gehen können. Von einem solchen Kampfe weiß aber die Kirchengeschichte, die uns alle, selbst kleinere Kämpfe (über Osterfeier 2c.) berichtet, an keinem Orte etwas, sondern wo eine Erwähnung des Verhältnisses zwischen Bischof und Priester stattfindet, wird überall die Unterordnung des letzteren als selbstverständlich vorausgesetzt.

II. **Die Priester nehmen teil an der geistlichen Gewalt der Bischöfe.** Sie stehen aber den Bischöfen besonders darin nach, daß sie die geistliche Würde nicht fortpflanzen und auf andere übertragen können, da sie nicht den Vollbesitz derselben haben. Sie können alle Sakramente außer der Priesterweihe spenden. Hinsichtlich der Regierungsgewalt (potestas jurisdictionis) hat sich der anfangs bei den kleineren Sprengeln weniger hervortretende Unterschied zwischen Bischof und Priester mit der Zeit um so mehr vergrößert, je ausgedehnter die Diöcesen wurden, und je mehr Priester dadurch einem Bischof untergeordnet wurden.

III. Die Diakonen sind die Nachfolger der sieben von den Aposteln eingesetzten Almosenpfleger (Apg. 6, 1 ff.), die dienenden Gehilfen des Bischofs. Daß sie nicht nur Almosenpfleger waren, sondern eine höhere geistliche Bestimmung hatten, beweist die Forderung der Apostel, daß sie „voll des Heiligen Geistes und voll Weisheit" sein sollten, ebenso wie sie auch durch Gebet und Händeauflegung geweiht wurden. Ihre geistliche Würde sprechen auch die Kirchenväter aus (vgl. Hettinger, Fundamentaltheologie S. 141). Aus dem Diakonat entwickelten sich die übrigen niederen Weihegrade der Subdiakone, Akolythen, Exorcisten, Lektoren, Ostiarier (siehe Webewer, Kirchengesch. § 12).

§ 41. Petrus ist das Oberhaupt der ganzen Kirche.

Wie Christus die lehrende Kirche von der hörenden schied, wie er unter den Vorstehern selbst wieder verschiedene Gewalten einsetzte, so machte er auch einen der Apostel, den hl. Petrus, zum Oberhaupt der anderen Apostel und der ganzen Kirche. Dieses lehrt:

I. **Die Heilige Schrift:** A. „Selig bist du, Simon, Sohn des Jonas, denn Fleisch und Blut hat dir dieses nicht geoffenbart, sondern mein Vater, der im Himmel ist; und ich sage dir, du bist Fels, und auf diesen Felsen will ich meine Kirche bauen, und die Pforten der Hölle werden sie nicht überwältigen, und dir will ich die Schlüssel des Himmelreiches geben, und was immer du auf Erden binden wirst, das soll auch im Himmel gebunden sein" (Matth. 16, 18 f.).

Bei dieser Stelle ist besonders zu beachten: a) der Zusammenhang mit dem Vorhergehenden. Petrus allein hatte die Gottheit Jesu klar und deutlich bekannt, und zwar, wie der Heiland sagt, durch göttliche Eingebung des Vaters, also gemäß besonderer Bevorzugung vor den anderen Aposteln. Für dieses Bekenntnis will ihn der Heiland belohnen; deshalb ist der Sinn: Du hast mir der Wahrheit gemäß gesagt, daß ich Gott sei, „und ich sage dir", daß du zum Lohn für dein treues Bekenntnis die Grundlage, der Träger meiner Kirche sein sollst. — b) Die Umänderung des Namens. Namen sind in alter Zeit bedeutungsvoll, ihre Veränderung drückt eine neue Würde, einen neuen Stand aus, und wenn sie von Gott ausgeht, so bedeutet sie eine neue Bestimmung und Erwählung im Heilswerk, wie bei der Umänderung von Abram in Abraham, Jakob in Israel. Das Wort „Petrus" = Fels (hebr. Kephas) hat die Bedeutung „festes Fundament", welches dem Gebäude Stärke verleiht. Dies ergiebt sich aus anderen Stellen, wo es der Heiland in demselben Sinne gebraucht, so z. B. im Gleichnis: „Ein weiser Mann hatte sein Haus auf einen Fels gebaut, und es kamen Regengüsse, Ströme, und es wehten die Winde und stürmten gegen jenes Haus an, und es fiel nicht; denn es war auf einen Fels gebaut" (Matth. 7, 24 f., ebenso in ben Psalmen). — c) Die Worte: „auf diesen Felsen will ich meine Kirche bauen". Die Festigkeit der Kirche soll also auf dem hl. Petrus beruhen, insofern er der Träger derselben ist und durch Gottes besonderen Beistand („ich habe für dich gebetet" ... Luk. 22, 31) niemals wanken soll. „Meine Kirche" kann der Heiland nur die gesamte Kirche nennen, die er gründen will. — d) Die Worte: „die Pforten der Hölle". Sie bedeuten die ganze Macht des Bösen, den Gegensatz gegen die Kirche, gegen das Gottesreich. Also niemals wird das Widergöttliche, das Antichristentum die Kirche überwinden. — e) Die Worte: „Schlüssel des Himmelreiches". Sie bedeuten die Vollmacht, die höchste Gewalt, sie werden im Alten Testament von der Gewalt des Hohenpriestertums gebraucht (Jes. 22, 22 und öfter) und sind fast bei allen Völkern Symbol der Vollgewalt (Übergabe der Festungs=Schlüssel). — f) Die Worte: „was immer du binden — lösen wirst". Sie enthalten nicht nur die dem Petrus mit allen Aposteln gemeinsame Gewalt, Sünden zu vergeben, sondern das Recht, anzuordnen, zu „erlauben und zu verbieten" (vgl. Hettinger, Fund. 595 f.). — Die Deutungsversuche Andersgläubiger können den Sinn der so klaren Stelle unmöglich abschwächen. So ist die Behauptung, daß der Glaube des Petrus das Fundament sei, gewiß richtig, aber doch natürlich nur, insofern er sich in der Person des Petrus vorfindet, da er doch ohne einen Träger nicht gedacht werden kann. Auch ist „Christus der Grundstein", aber der unsichtbare, und er schließt einen sichtbaren nicht aus, beweist ihn vielmehr. Wenn einzelne Kirchenväter Christus selbst für den Fels, auf dem die Kirche erbaut sei, erklären, so thun sie dies nur bei besonderen Gelegenheiten und zu besonderem Zwecke in oratorischer, weiterer Anwendung, während dieselben Väter an anderen Stellen entschieden für den buchstäblichen, natürlichen Sinn eintreten (so z. B. Augustinus).

B. „Es sprach aber der Herr: Simon, Simon, siehe, der Satan hat nach euch begehrt, um euch zu sieben, wie den Weizen; ich aber habe für dich gebetet, daß dein Glaube nicht abnehme (wanke), und du wiederum befestige deine Brüder." (Luk. 22, 31 f.)

Durch diese Stelle wird Petrus zum Lehrer und Hüter des Glaubens, zum Befestiger seiner Brüder, vom Herrn bestimmt und für ihn die dazu notwendige Gnade durch Christi besonderes Gebet erfleht, das nicht unerhört bleiben kann.

C. „Und Jesus sprach zu Petrus: Simon, Joannis Sohn, liebst du mich mehr als diese? Er sagte zu ihm: Ja, Herr, du weißt, daß ich dich lieb habe. Er sagte zu ihm: Weide meine Lämmer! Da sagte er zu ihm zum zweitenmal: Simon, Joannis Sohn, liebst du mich? Er sagte zu ihm: Ja, Herr, du weißt, daß ich dich lieb habe. Er sagte zu ihm: Weide meine Lämmer. Da sagte er ihm zum drittenmal: Simon, Joannis Sohn, hast du mich lieb? Da ward Petrus traurig, weil er zu ihm zum drittenmal gesprochen: Hast du mich lieb? und er sprach zu ihm: Herr, du weißt alles; du weißt, daß ich dich lieb habe! Da sagte zu ihm Jesus: Weide meine Schafe!" (Joh. 21, 15 ff.)

Besonders zu beachten ist hierbei: a) Die feierliche Anrede, wie bei der Berufung zum Apostolate und zum Primate. — b) Die dreimalige Frage, eine leise Anspielung auf die dreimalige Verleugnung, da der Herr durch diese besondere Auszeichnung und die Frage: Liebst du mich mehr als diese? gleichsam feierlich verzeiht und auch den Mitaposteln zeigt, daß Petrus, trotz seiner persönlichen

Sünde, doch zu dem Amte des Vorstehers nicht untauglich geworden sei, weil er eine besonders große Liebe vor allen Aposteln hatte. — c) Der Ausdruck „weiden", in der Bedeutung „die kirchliche Regierung ausüben", kommt oft in der Heiligen Schrift vor; auch Homer nennt die Fürsten die „Hirten der Völker". — d) Die Unterscheidung von „Lämmern" und „Schafen" soll die Untergebenen, Unmündigen und die Vorsteher, die Mitapostel bedeuten und so die Leitung der ganzen Herde durch Petrus hervorheben. — Die Deutung Andersgläubiger: Christus habe durch diese Stelle nur den Petrus wieder in sein Apostelamt eingesetzt, das er durch die Verleugnung verloren habe, ist ganz haltlos, denn es steht nirgends, daß Petrus sein Amt verloren hätte; warum auch? Die anderen Apostel verleugneten Jesus durch die That gerade so, wie Petrus durch Worte (Matth. 26, 56). Der Wortlaut der Stelle aber spricht keine Wiedereinsetzung, sondern die Verleihung einer **neuen Würde** aus, wobei schon die Worte: „**Liebst du mich mehr als diese?**" eine Bevorzugung des Petrus deutlich erkennen lassen.

D. Überall in der Heiligen Schrift erscheint Petrus unter den Aposteln als der erste der Würde nach.

Bei der Aufzählung der Apostel erscheint er **immer als** der erste (Mark. 1, 36. Luk. 6, 14. Apg. 1, 13) und wird ausdrücklich der „erste" genannt (Matth. 10, 2). Zuerst tritt er auf nach der Himmelfahrt des Herrn, ergänzt die Zahl der Apostel und predigt dem Volke (Apg. 1, 15; 2, 14), wirkt das erste Wunder (3, 1 f.), giebt zuerst Rechenschaft vor dem Synedrium (4, 1 f.), hält die erste Kirchenvisitation ab (9, 32 f.), trägt infolge besonderer Offenbarung das Evangelium zuerst unter die Heiden (10, 5 f.). Er ist Vorsitzender auf dem Konzil zu Jerusalem (15, 7 f.), spricht den Bann aus über Simon, den ersten Häretiker (8, 20). Er bestätigt die Schriften Pauli (2 Petr. 3, 15), und dieser eilt zu ihm, um durch ihn das Siegel der kirchlichen Gemeinschaft zu empfangen (Gal. 2, 2), und verweilt fünfzehn Tage bei ihm vor Antritt seines Berufes. Petrus ist in den Evangelien so gleichmäßig ausgezeichnet, so unmittelbar Jesu an die Seite gestellt als der einzige, der zwischen ihm und den übrigen Aposteln vermittelt, daß kein anderer Apostel ihm hierin auch nur nahe kommt. Alle bedeutenden Momente im Leben Jesu sind in eine gewisse Beziehung zu ihm und oft nur zu ihm gesetzt; von seinem Schiffe aus lehrt er (Luk. 5, 1 f.), ihm verheißt er, daß er ein Menschenfischer (Luk. 5, 9 f.) werde; für sich selbst und Petrus beschafft er durch ein Wunder die Tempelsteuer (Matth. 17, 26); des Petrus Füße wäscht er zuerst (Joh. 13, 6). Ihm wird die Auferstehung Jesu auf dessen Gebot besonders angezeigt (Mark. 16, 1. 1 Kor. 15, 5), und nur **seine** Fehler und Demütigungen berichtet die neutestamentliche Geschichte; während sie die Stärke seines Glaubens und seiner Liebe und die ihm hierfür zu teil gewordene Auszeichnung meldet, malt sie sorgfältig die Tiefe seines Falles. Keinem andern hat aber auch Jesus soviel erziehende und bildende Thätigkeit gewidmet, keinem andern als diesem hat er seinen Märtyrertod und zwar zugleich mit der Erhebung zur höchsten Würde in der Kirche geweissagt (Joh. 21, 18). Und auch in seinem Tode sollte er seinem Herrn ähnlich werden.

Der Einwand, daß die (Gal. 2, 14 erzählte) brüderliche Zurechtweisung des Petrus durch Paulus dem Primate desselben widerspreche, ist ebenso hinfällig wie der Hinweis auf die Verleugnung des Petrus, da die **amtliche** Würde des Primates **persönliche** Fehler und Schwächen durchaus nicht ausschließt; so ist die Krankheit eines Arztes, die Ungerechtigkeit eines Richters, die Sünde eines Priesters kein Beweis, daß dieselben ihr Amt nicht besitzen, sondern nur daß alle Menschen gebrechlich und sündhaft sind. Übrigens beweist der Tadel des Petrus, wie schon Cyprian ausführt, gerade die hohe Stellung des Petrus. (Hettinger, Fund. 600.)

II. Die kirchliche Überlieferung. Die Kirchenväter a) geben dem Petrus Namen, wodurch sie seinen Primat aussprechen. b) Sie erklären die genannten Stellen der Heiligen Schrift in diesem Sinne; 17 Väter, darunter die hervorragendsten der ersten 400 Jahre, erklären z. B. die Stelle: „Du bist Petrus" als Übertragung der Gewalt über alle auf Petrus. c) Sie lehren ausdrücklich, daß Christus dem Petrus den Primat zu dem Zwecke verliehen habe, damit die Einheit in der Kirche begründet und erhalten werde. d) Sie sagen, Petrus lebe fort auf seiner Kathedra und lehre die Kirche; so schreibt Cyprian (Ep. 40 ad pleb.): „Gott ist einer und Christus ist einer und eine Kirche und ein Lehrstuhl, auf Petrus durch das Wort des Herrn begründet." (Vgl. über das Ganze: Hettinger, Fund. 606.)

Auch die **Vernunft** sagt uns, daß durch **ein Haupt** der Zweck der Kirche, die Einheit und Einigkeit aller Mitglieder, am vollkommensten erreicht werden kann, besser, als wenn nur eine moralische Einheit, ein Kollegium von Vorstehern, die Leitung hätte, weil dann in diesem Kolleg selbst wieder Uneinigkeit entstehen könnte. Christus vergleicht deshalb seine Kirche auch mit einer Herde mit **einem** Hirten, mit einem Körper, dem also auch **ein** Haupt entspricht, und wie er das einzige Oberhaupt der Kirche war, so soll auch sein Stellvertreter nur **einer** sein.

Der von Christus dem hl. Petrus verliehene Primat ist nicht nur ein Ehrenvorrang (primatus honoris), sondern ein Vorrang der vollen, höchsten und ordentlichen Gewalt und Autorität über die gesamte Kirche (primatus jurisdictionis), wie dieses der Wortlaut und klare Sinn der angeführten Stellen der Heiligen Schrift ausspricht. Die übrigen Apostel haben in Gemeinschaft mit dem hl. Petrus und darum in Unterordnung unter ihn die Kirche zu leiten. Die Regierungsform der Kirche ist somit wesentlich eine monarchische. Sie unterscheidet sich aber von der weltlichen Monarchie dadurch, daß das Oberhaupt zwar a) die höchste, aber nicht die einzige Gewalt hat, denn auch die Bischöfe sind als Nachfolger der Apostel „gesetzt vom Heiligen Geist, zu regieren die Kirche Gottes" (Apg. 20, 28); daß b) seine Gewalt bestimmt und eingeschränkt ist durch die Grundverfassung, die Christus unabänderlich der Kirche gegeben hat, und daß c) seine Gewalt nicht mit Strenge, sondern in Demut und Liebe ausgeübt werden soll.

Diese Vollgewalt hat Christus dem hl. Petrus unmittelbar übertragen, so daß er seine Gewalt nicht von der Kirche — weder von den Gläubigen noch von den Aposteln — sondern von Christus selbst empfangen hat, unabhängig von dem Willen der Kirche. Die Ansicht, als habe Petrus seine Gewalt nur als erwählter Vertreter der Kirche von der Gesamtheit übertragen erhalten, der sie eigentlich und zuerst zukäme, ist schon deshalb widerspruchsvoll, weil ja auf ihn die Kirche erst erbaut werden sollte und noch nicht vorhanden war, als er schon die höchste Gewalt empfing.

Aus allem folgt, daß der Primat, der von Christus dem hl. Petrus unmittelbar verliehen wurde, nicht eine nur apostolische oder kirchliche Einrichtung ist, sondern kraft göttlichen Rechtes unabänderlich in der Kirche besteht.

§ 42. Fortdauer des Primates in der Kirche.

I. Mit dem Beweise, daß die Kirche ihre Verfassung von Christus selbst **unveränderlich für alle Zeiten** erhalten hat (§ 37 u. 39, II), ist auch die Fortdauer des Primates des hl. Petrus in seinen Nachfolgern schon erwiesen.

II. Die Worte und Gleichnisse Christi zeigen deutlich die Fortdauer des Primates: Petrus ist das Fundament der Kirche, der Grundstein, welcher den ganzen Bau trägt; dieser muß so lang bestehen, als das Gebäude selbst bestehen soll. Petrus soll die oberste Schlüsselgewalt haben, diese muß bleiben, so lang es Menschen giebt, denen der Himmel erschlossen werden soll. Petrus soll die ganze Herde leiten, folglich muß er in seinem Nachfolger so lang fortleben, als eine Herde da ist, die geleitet werden soll.

III. Dasselbe ergiebt sich aus dem Zweck des dem hl. Petrus verliehenen Primates zur Erhaltung der Einheit in der Kirche, auf die der Heiland so besondern Wert legt[1]. Denn wenn die Einheit in der Kirche immer fortdauern soll, so muß auch der Primat, als Träger und Princip der Einheit und als der wirksamste Vereinigungspunkt, immer fortbestehen; ja, die Einheit und Einigkeit der Kirche verlangt nach dem Tode der Apostel noch mehr ein sichtbares Oberhaupt als zu Lebzeiten derselben, und je weiter die Kirche sich ausbreitete, um so nötiger wurde dasselbe.

Petrus mußte also in seinem Amte als Oberhaupt der ganzen Kirche einen Nachfolger haben, wie in jeder Gesellschaft mit dem Tode des Oberhauptes diese Würde nicht aufhört, und wir haben im folgenden nur zu untersuchen, wer der rechtmäßige Nachfolger des hl. Petrus in seiner obersten Würde ist.

§ 43. Der römische Bischof oder Papst ist der Nachfolger Petri im Primat.

I. Wie jemand durch rechtmäßige Übernahme eines königlichen Thrones zugleich auch alle Rechte dieses Sitzes übernimmt, so wurde der Nachfolger des hl. Petrus auf dem bischöflichen Stuhle zu Rom auch der Erbe der obersten Gewalt über die ganze Kirche. Es ist nun geschichtlich unleugbar, daß Petrus zu Rom als Bischof gewirkt hat und dort als Märtyrer gestorben ist (vgl. Wedewer, Kirchengesch. § 6; Hettinger, Fund. 612 f.); also kann kein anderer Bischof Anspruch erheben auf die Nachfolge Petri im Primat, der sich nach Christi Willen fortpflanzen mußte (§ 42), als der Bischof von Rom, der ihm auf seinem bischöflichen

---

[1] „Gieb ... daß sie eins seien, wie auch wir ... damit die Welt glaube, daß du mich gesandt hast" (Joh. 17, 22). — „Auf Petrus wird die Kirche gegründet ... und deshalb wird aus den Zwölfen einer auserwählt, damit durch die Aufstellung eines Oberhauptes die Veranlassung zu Spaltungen genommen würde." (Hieron. adv. Jovin.)

Stuhle nachfolgte. Wer dieses leugnen wollte, müßte angeben, wer denn der Nachfolger Petri sei, wenn nicht der römische Bischof; aber niemals hat ein anderer diesen Anspruch erhoben.

Schon die alte Zählung beweist dies; so sagt der hl. Hieronymus: „Clemens war der vierte römische Bischof nach Petrus; der zweite nämlich war Linus, der dritte Cletus" (Cat. script. 15). Durch Petrus ist der Primat auf immer mit dem bischöflichen Stuhle von Rom vereinigt, so daß der römische Episkopat und der Primat thatsächlich eins sind. Wäre Petrus als Bischof von Antiochia daselbst gestorben, dann hätte er dieser Stadt zugleich mit seinem Episkopat auch den Primat hinterlassen; so aber übertrug er — gewiß nicht ohne Gottes Walten und Willen — den Primat in seiner Person auf die römische Kirche. Wer daher rechtmäßigerweise dem hl. Petrus im Episkopat von Rom nachfolgt, empfängt von Christus den Primat — jure divino und nicht auf Grund kirchlicher Bestimmungen oder gar politischer und historischer Verhältnisse. Das Wort Papst (πάππας = Vater), ursprünglich eine Bezeichnung eines jeden Bischofs und selbst Priesters, wird seit dem fünften Jahrhundert ausschließlich Bezeichnung des römischen Bischofs.

II. Das Gesagte beweisen auch die Kirchenväter, deren Zeugnisse a) bis in die apostolische Zeit zurückgehen, b) der morgenländischen wie der abendländischen Kirche angehören, c) ausdrücklich die Bestimmung des Heilandes als Ursache des Primates angeben und darum diese Obergewalt des römischen Stuhles als auf göttlichem Recht beruhend darstellen.

Schon im apostolischen Zeitalter nennt der hl. Ignatius in seiner Ep. ad Rom. die römische Kirche „die Vorsteherin der kirchlichen Gemeinschaft". Irenäus († 202) schreibt von der römischen Kirche: „Mit dieser Kirche müssen wegen ihres mächtigeren Vorrangs alle Kirchen, d. h. die Gläubigen aller Orten, übereinstimmen, denn in ihr ist die bei allen und allerwärts geltende apostolische Tradition immer bewahrt worden" (c. Haer. III, 3). Tertullian († 240) nennt den römischen Bischof, obgleich er ihn damals bekämpft, doch den „Bischof der Bischöfe". Cyprian († 258) klagt über die Irrlehrer: „Sie wagen es, sich an den Lehrstuhl des Petrus zu wenden und an die oberste Kirche (eccl. principalis), von der die Einheit unter den Bischöfen ausgegangen ist ... und bedenken nicht, daß dieses die Römer sind, zu denen der Unglaube keinen Zutritt haben kann." Derselbe fragt: „Darf der glauben, er sei in der Kirche, welcher der Kirche widersteht und den Stuhl Petri verläßt, auf den sie gegründet ist?" Der hl. Gregor von Nazianz († 390) sagt, daß von Petrus, der Säule der Kirche, der Vorrang auf die römische Kirche übergegangen sei, deren Bischof „der Vorsteher des christlichen Erdkreises und das Band der christlichen Einheit" sei. Ambrosius († 397) sagt: „Wo Petrus, da ist die Kirche." Augustinus († 430) spricht von der „römischen Kirche, in der allzeit der Vorrang des apostolischen Lehrstuhls in Ansehen steht", und nennt sie „culmen auctoritatis"; von ihm ist auch der bekannte Ausspruch: „A sede apostolica rescripta venerunt, causa finita est", gewöhnlich citiert: „Roma locuta est, causa finita est". Schon die Namen, womit die Kirchenväter den römischen Stuhl und die Päpste bezeichnen, sprechen den Primat derselben aus, so „cathedra Petri", „sedes apostolica", „pontifex maximus", „pater patrum", „summus omnium praesulum pontifex", „τῶν ὅσων κεφαλῶν κεφαλή" u. a. m. Ebenso die Katakombenbilder, z. B. Moses, mit dem Stabe Wasser aus dem Felsen schlagend, mit der Umschrift „Petrus". Noch zahlreiche Stellen siehe Hettinger, Fund. 616—626.

III. Thatsächlich haben die römischen Bischöfe stets den Primat unter Zustimmung des ganzen Morgen- und Abendlandes ausgeübt, und selbst die Irrlehrer haben durch ihr Benehmen den Primat bezeugt.

Von Papst Clemens Rom. ist uns überliefert, wie er den Korinthern gegenübertrat (Wedewer, Kirchengesch. § 15); Victor I. entschied den Osterstreit; Stephanus mißbilligte Cyprians Vorgehen; Paul von Samosata, Patriarch von Antiochia, wurde vom Papst seiner Würde entsetzt; ebenso verwarfen die Päpste die Wahl Untauglicher, beriefen Patriarchen vor ihr Gericht, setzten ab und exkommunizierten; sie sind in den Stürmen des Arianismus die Zuflucht der Bedrängten, die Stütze des Glaubens, an die sich Rechtgläubige und Irrlehrer wenden, um Anerkennung zu finden. Am schönsten ist die Ausübung des Primates in den Akten des Konzils von Ephesus (431) geschildert, wo es heißt: „Niemandem ist es zweifelhaft, vielmehr allen Jahrhunderten bekannt, daß der hl. Petrus, der Fürst der Apostel und ihr Oberhaupt, die Säule des Glaubens und die Grundlage der katholischen Kirche, von unserem Herrn Jesus Christus die Schlüssel des Himmelreiches empfangen hat, und daß ihm die Vollmacht übergeben ist, die Sünden zu lösen und zu binden, ihm, der bis zu dieser Zeit und immerbar in seinen Nachfolgern lebt, den Vorsitz führt und das Urteil fällt" (Conc. Eph. Act. III). Ähnlich riefen alle Bischöfe des vierten allgemeinen Konzils zu Chalcedon (451) nach Verlesung des päpstlichen Schreibens von Leo I. aus: „Das ist der Glaube der Apostel, so glauben wir alle; Petrus hat durch Leo gesprochen" (Conc. Chalc. Act. II). — Diesen Vorrang des römischen Bischofs kannte schon der heidnische Kaiser Aurelian (275), und er erhielt von Kaiser Valentinian III. (445) auch bürgerliche Gesetzeskraft. Zahlreiche Belegstellen siehe Hettinger a. a. O.

Folgerungen aus dem Gesagten: 1. Der Papst hat die bischöfliche Gewalt über die gesamte Kirche; ihm steht nach Christi Anordnung die kirchliche Vollgewalt, das heißt die höchste, unmittelbare und ordentliche Gewalt über alle Christen zu, die durch keine andere Gewalt beschränkt ist als durch das göttliche und natürliche Recht — er ist „episcopus universalis". 2. Dem Papste sind als dem Oberhaupte alle Glieder der Kirche zum Gehorsam verpflichtet, und zwar sowohl im einzelnen, wie in ihrer Gesamtheit (Konzil). Ein allgemeines Konzil stellt die allgemeine Kirche dar; wie der menschliche Organismus dann kein wahrer Leib, sondern nur noch ein toter Rumpf ist, wenn ihm das Haupt fehlt, so ist auch eine Versammlung der Glieder der Kirche keine wahre Vertretung der Allgemeinheit ohne das Haupt, ohne den Papst. Ein „allgemeines" Konzil ohne Papst ist deshalb ein Widerspruch in sich, und ebenso verfehlt ist also die Frage, ob der Papst über oder unter einem allgemeinen Konzil stehe, da ein solches ohne ihn nicht existieren kann; der Papst steht ebensowenig wie der Mittelpunkt eines Kreises über oder unter dem Ganzen; er gehört notwendig zur Kirche, ist das Haupt, der Mittelpunkt derselben. — Der Grundsatz der alten Kirche lautet: „Prima sedes a nemine judicatur" („der höchste Stuhl wird von niemand gerichtet"), und da ohne den Willen des Papstes kein allgemeines Konzil zustande kommen kann, so ist eine Appellation vom Papst an ein Konzil selbstredend ungiltig. 3. Wie die oberste gesetzgebende, so steht auch die oberste richterliche Gewalt dem Papste zu; es kann daher in allen kirchlichen Fragen an ihn appelliert werden, aber nicht von seinem Urteil an eine höhere Instanz, weil es eine solche nicht giebt. Ebendeshalb ist der Papst an die kirchlichen Gesetze, auch die von Konzilien gegebenen, nicht im strengen Sinne gebunden, vielmehr kann er als oberster Gesetzgeber diese Gesetze jederzeit aufheben; wohl aber bilden die Kirchengesetze eine Direktive für ihn, insofern er als Oberer durch sein Beispiel Ehrfurcht vor dem Gesetze zu beweisen hat. — Über die teilweise Ungiltigkeit des Konzils von Konstanz, das sich „pro exstirpatione praesentis schismatis" über den Papst stellte, siehe Wedewer, Kirchengesch. § 61; über das Ganze: Hettinger, Fund. 628 f.

Aus den bisher entwickelten Grundsätzen ergiebt sich auch die Falschheit der entgegengesetzten Lehren über die Kirche, daß nämlich 1. eine Scheidung zwischen Christentum und Kirche und also ein Christentum ohne Kirche möglich sei, daß 2. der einzelne ohne Vermittlung der Kirche zu Christus in das richtige Verhältnis zu treten berechtigt sei, daß 3. die Kirche eine „Gemeinde" gleichberechtigter Glieder, nicht eine hierarchisch geordnete Körperschaft sei, daß 4. die wahre Kirche unsichtbar sei.

Selbst Andersgläubige bekennen offen ihre Achtung vor dem Primate und geben Zeugnis für sein segensreiches Wirken in der Geschichte. So z. B. Herder: „Rom hat schon frühe auf Einheit der Kirche, auf Reinheit der Lehre, auf Rechtgläubigkeit gedrungen. Nie hat Rom vor Ketzereien sich gebeugt; Goten, Vandalen, Longobarden waren arianisch, einige von ihnen beherrschten Rom, selbst einige Kaiser waren Arianer, Rom aber blieb katholisch. Ohne die katholische Hierarchie wäre Europa wahrscheinlich ein Raub der Despoten, ein Schauplatz ewiger Zwietracht oder gar eine mongolische Wüste geworden." Ganz ähnlich urteilt Johannes von Müller: „Was würden wir ohne den Papst geworden sein? — Das, was die Türken wurden ... welche in ihrer Barbarei geblieben sind." Vgl. auch Macaulays Urteil, § 54.

Drittes Kapitel: Die Kennzeichen der wahren Kirche Christi.

§ 44. Die Kirche Christi muß einig, heilig, katholisch und apostolisch sein.

Aus der Bestimmung der wahren Kirche, alle Menschen zur Seligkeit zu führen, ergiebt sich, daß sie als solche für alle Menschen erkennbar sein muß. Bedenkt man nun, daß es viele Sekten giebt, die sich auch für die wahre Kirche Christi ausgeben und Unvorsichtige an sich zu locken suchen, so erkennt man klar, wie wichtig die Kennzeichen der wahren Kirche sind. Christus mußte also dafür sorgen, daß jeder, der guten Willens ist, die eine wahre Kirche an ihren Merkmalen leicht erkennen kann.

Damit eine Eigenschaft der Kirche ein wahres „Kennzeichen" sei, muß sie a) der wahren Kirche allein zukommen, b) von ihr untrennbar und c) leicht und deutlich erkennbar sein. — Das Nicäno-Konstantinopolitanische Symbolum (381) zählt bereits **vier Kennzeichen** der wahren Kirche auf: „Ich glaube an die eine, heilige, katholische und apostolische Kirche", und der hl. Cyrill von Jerusalem († 386) ermahnt seine Schüler: Ihr wißt, daß verschiedene Sekten sich auch Kirchen nennen; deshalb mußt du „an die eine, heilige, katholische und apostolische Kirche glauben, damit du die Versammlungen der Häretiker fliehest und der heiligen, katholischen Kirche stets anhangest."

Die Kirche Christi muß I. das Kennzeichen der **Einheit** haben, d. h. sie kann nur eine einzige und eine einige sein. Einig muß sie sein im Glauben, im Kirchenregiment, d. h. in der Autorität (denn nur so lange darin Einheit ist, kann solche im Glauben bestehen) und im Kultus. Dieses sagt der Heiland selbst, der stets von **einer** Kirche spricht, die er gründen will, von **einer Herde**, deren Hirt er ist und der er alle zuführen will, der nur **eine Wahrheit**, **einen Weg** zum Vater, **einen Felsen der Kirche**, **einen Glauben**, **eine Taufe** kennt. — Ebenso fassen die Apostel die Kirche als etwas Einziges und Unteilbares auf und ermahnen die Gläubigen aufs dringlichste, dem Wunsche des Heilandes zu folgen und die Einheit zu bewahren, „auf daß alle eins seien". (Vgl. Joh. 17. Eph. 4, 3 ff. Gal. 1, 8. Röm. 12, 5. — 1 Kor. 12, 12.) — Auch die Apostelschüler und Kirchenväter lehren, daß die Einheit ein wesentliches Kennzeichen der wahren Kirche sei. (Belegstellen: Hettinger, Fund. 511 f. und Deby 105 ff.) — Endlich sagt uns auch die Vernunft, daß die Einheit zur Erfüllung der Aufgabe des Christentums durchaus notwendig ist, denn „jedes Reich, das in sich selbst uneins ist, wird zerstört werden". Die Einheit ist deshalb nichts Zufälliges in der Kirche, sondern das Bildungsgesetz derselben, und der eine Christus ist der letzte Grund der Einheit und Einzigkeit der Kirche.

Die Einheit der Kirche wird durch vorübergehende Streitigkeiten und selbst Schismen ebensowenig aufgehoben wie durch den Abfall des Judas, da sie menschliche Schwächen nicht ausschließt. Bei dem großen Schisma 1378—1417 waren alle von der Notwendigkeit der Einheit tief durchdrungen, und es war nur eine persönliche Frage, wer das rechtmäßige Oberhaupt sei. „Als ein göttliches Werk war diese organische, der Kirche gegebene Einheit unzerstörbar; Personen, Parteien, ganze Gemeinden und Teile der Kirche konnten sich losreißen, aber sie konnten die Verheißungen und Gaben, den der Kirche unabänderlich innewohnenden Geist nicht mit fortnehmen bei ihrem Ausgange, weder ganz noch stückweise; sie konnten die Kirche nicht zerreißen, nicht eine Vielheit von Kirchen, von Leibern des Herrn einführen, sich nicht als ebenbürtige Kirchen neben die eine, in ihrer Kontinuität und in der geordneten Succession des Apostolats beharrende darstellen. Wie viele Zweige auch von dem Baume abfielen, der Baum blieb und trieb mit unversiegender Lebenskraft neue Äste" (Döllinger).

II. **Die wahre Kirche muß heilig sein.** Aber nur insofern ist die Heiligkeit ein Kennzeichen der Kirche, als sie auch **äußerlich zu Tage tritt** — „aus ihren Früchten sollt ihr sie erkennen" — und sich in ihren Wirkungen zeigt. Dieses geschieht, wenn a) ihre Lehre heilig ist, b) wenn sie alle Heiligungsmittel treu bewahrt und ausspendet, c) wenn jederzeit viele Glieder der Kirche die übernatürlichen Tugenden in heroischem Grade üben und durch Wunder von Gott bestätigt werden.

Daß die wahre Kirche durch Wunderwirkungen ausgezeichnet sein müsse, lehrt der Heiland selbst mehrfach, z. B.: „Denen aber, die glauben, werden diese Zeichen folgen: Sie werden in meinem Namen Teufel austreiben, in neuen Sprachen reden" ꝛc. (Mark. 16, 17). — „Wahrlich, sage ich euch, wer an mich glaubt, der wird auch die Werke thun, die ich thue, und noch größere" (Joh. 14, 12). — „Gehet hin und prediget: Das Himmelreich ist nahe, und heilet die Kranken, erwecket die Toten" ꝛc. (Matth. 10, 8). Die Apostelgeschichte erzählt uns, wie thatsächlich die Apostel und ihre Schüler zum Beweise ihrer göttlichen Sendung Wunder gewirkt haben (siehe Deby 137), und die Kirchenväter halten mit der ganzen alten Kirche die Wundergabe für ein selbstverständliches Kennzeichen der Kirche Christi. — Wenn der Protestantismus die Wunder Christi, der Apostel und Apostelschüler, die zahlreich in der Heiligen Schrift erzählt werden, annehmen, diejenigen der spätern Zeit aber sämtlich verwerfen will, so ist dieses offenbar unkonsequent und führt schließlich zum Unglauben auch gegenüber den Wundern der Heiligen Schrift. Hettinger, Fund. 519 f.

III. **Die Kirche Christi muß das Merkmal der Katholicität oder Allgemeinheit haben**, d. h. sie muß thatsächlich über die ganze Welt verbreitet sein und aus innerer Kraft sich stets weiter zu verbreiten streben (principielle Allgemeinheit).

Dieses lehrt die Heilige Schrift des Alten und Neuen Testaments (Hettinger, Fund. 521 f.; Deby 138 ff.), dieses spricht der Heiland klar und deutlich aus in dem Befehl: „Gehet hin und lehret alle Völker" (Matth. 28, 20), und: „Ihr werdet mir Zeugen sein in Jerusalem und ganz Judäa und Samaria und bis an das Ende der Erde" (Apg. 1, 8). Denn „es mußte in Jesu Namen Buße und Vergebung der Sünden gepredigt werden unter allen Völkern" (Luk. 24, 27). Deshalb ist gleich zu Anfang „in jegliches Land der Schall (des Evangeliums) gedrungen" (Röm. 10, 18), deshalb „ist das Evangelium in der ganzen Welt und bringt Frucht und wächst" (Kol. 1, 6). Nach Christi Willen sollte seine Kirche das Senfkörnlein sein, das sich aus dem kleinsten Keim entwickelt und zum mächtigen Baume wird, in dessen Schatten die Völker wohnen; sie sollte dem Sauerteige gleichen, sollte langsam und still, aber mit unwiderstehlicher Gewalt die ganze Menschheit durchdringen und umgestalten. So haben schon die ältesten Kirchenväter stets die Verheißungen und Gleichnisse Christi verstanden (Hettinger, Fund. 522 f.), und schon Ignatius († 107) schreibt: „Wo Jesus Christus ist, da ist die katholische Kirche" (ad Sm. n. 8). — Daß die Kirche Christi allgemein sein müsse, ergiebt sich auch schon als Folgerung aus ihrem Zweck und ihrer Aufgabe: Für alle Menschen ist Christus gestorben, alle sollen selig werden und zur Erkenntnis der Wahrheit gelangen; somit muß also die Kirche zeitlich und räumlich eine allgemeine, eine katholische sein, die im Gegensatz zu dem heidnischen und jüdischen Nationalkirchentum und Partikularismus „keinen Unterschied kennt zwischen Jude und Heide" (Röm. 10, 12) „zwischen Hellenen und Barbaren" (Röm. 1, 14), sondern die ganze Welt umschließt.

IV. **Die Kirche Christi muß apostolisch sein**, „erbaut auf die Grundfeste der Apostel und Propheten, wo Jesus Christus selbst der Haupt-Eckstein ist" (Eph. 2, 20), d. h. sie muß mit allem Wesentlichen, in Lehre, Heilsmitteln und Verfassung, von den Aposteln abstammen. Diese Apostolicität der Kirche muß besonders erkennbar sein in der ununterbrochenen Reihenfolge des Papstes und der Bischöfe von den Aposteln an.

Daß die wahre Kirche apostolisch sein müsse, lehrt die Heilige Schrift, welche die Apostel und ihre Nachfolger als Grundlage, Lehrer und Vorsteher der Kirche bezeichnet; die ganze alte Kirche, besonders die Kirchenväter und selbst die Häretiker geben es zu. (Hettinger, Fund. 527 ff.)

Deshalb fragen die Kirchenväter stets nach dem Ursprung und der apostolischen Nachfolge bei den Irrlehrern: „Woher ist Donatus gekommen? Welcher Erbe ist er entsprossen? Aus welchem Meer aufgetaucht? Von welchem Himmel herabgefallen?" (Aug.); ein solcher Häretiker ist „ein Sohn ohne Vater, ein Neuling ohne Führer, ein Schüler ohne Lehrer, ein Nachfolger ohne Vorgänger" (Optatus v. Mileve). — Besonders wichtig ist hierfür Tertullians geistvolle Schrift „de praescriptione" („über die Verjährung"), worin er meisterhaft nachweist, daß die katholische Kirche den apostolischen Ursprung, den verjährten Besitz für sich habe, und demnach jede Lehre, die anders ist als die ihrige, von vornherein falsch ist. Ähnlich lehrt auch Irenäus: „Von jeder Lehre, welche nicht durch diesen Kanal, von den Aposteln, zu uns gelangt ist, müssen wir urteilen, daß sie nicht aus reiner Quelle stammt, vielmehr verderbt und verfälscht ist" (I. 13, 3). Der Prüfstein der wahren Kirche ist deshalb die rechtmäßige Sendung von den Aposteln, vermittelt durch die Reihenfolge der Bischöfe; der Mangel dieser apostolischen Abstammung und Sendung ist das Brandmal jeder Häresie; daher ist jede Neuerung in der Lehre Häresie, und jede Häresie ist eine Neuerung gegenüber dem alten, von den Aposteln überlieferten Glaubensgut.

§ 45. Die römisch-katholische Kirche, und nur diese, hat die vier Kennzeichen der wahren Kirche Christi.

I. Die römisch-katholische Kirche ist einig: a) im Glauben — dieses beweist die Übereinstimmung der Symbole und kirchlich approbierten Lehrbücher auf der ganzen Welt; b) im Kultus — wie ein Vergleich der Missalien, Agenden ꝛc. auf der ganzen Welt zeigt; c) im Kirchenregiment — dieses ergiebt sich aus der Verbindung der Gläubigen mit den Priestern, dieser mit den Bischöfen, der Bischöfe untereinander und mit dem Oberhaupte und Mittelpunkte, dem Papste. Diese dreifache Einheit ist aber nicht nur eine faktische, zufällige, sondern eine principielle, wesentliche, da die Kirche nach dem Princip der Einheit erbaut ist und dieses Princip der Einheit, den römischen Stuhl, stets lebendig in sich trägt.

Dieses Merkmal der Einheit fehlt allen anderen Konfessionen: Sie sind im Kultus, in der Verfassung und im Glauben, selbst in den wesentlichsten Lehren („fundamentale Artikel") nicht einig, und zwar ist dieses nicht nur eine thatsächliche, sondern eine aus dem Wesen derselben stammende Uneinigkeit, die ihren Grund im Mangel eines Einheitsprincips, einer lebendigen höchsten Autorität hat. — Was Tertullian schon zu seiner Zeit fand, gilt auch jetzt noch: „Was dem Valentin erlaubt war, steht auch den Valentinianern, seinen Anhängern, zu; was dem Marcion, das dürfen auch die Marcioniten, nämlich nach ihrem Gutdünken den Glauben verändern... deshalb stimmen alle Häresieen in vielen Punkten mit ihren Urhebern nicht überein" (de praescr. c. 42). Ebenso Augustinus: „Qui se ab unitate praeciderunt, in quot frusta divisi sunt?" — Vgl. Deby 155 ff. und 221 ff. — Schon die Einheit allein ist ein Zeichen der Göttlichkeit, denn sie ruht auf dem Gehorsam, und dieser ist ohne Demut nicht dauernd möglich. Mit der mangelnden Demut fehlt darum den Sekten auch der Gehorsam, das Band der Einheit.

II. Die katholische Kirche ist heilig. Ihre Lehre leitet zur Vervollkommnung an; sie bewahrt treu alle Heiligungsmittel und spendet sie aus; ganz besonders aber tritt welche Heiligkeit der Kirche zu Tage in der großen Zahl von Mitgliedern, welche die übernatürlichen Tugenden in heroischem Maße ausüben[1]: Tausende von Missionären reiben sich mit Verzicht auf

---

[1] Wollte man einwenden, die Kirche habe auch unwürdige Glieder, so ist zu erwidern, daß unwürdige Glieder nicht deshalb so sind, weil sie die Lehren der Kirche befolgen, sondern gerade, weil sie ihr nicht folgen. „Hört doch endlich einmal auf, die katholische Kirche zu verleumden. Die Fehler ihrer Kinder, wegen

alles Irdische in ihrem Beruf frühzeitig auf; stets sind einzelne von Gott besonders begnadigte Glieder und Heilige in der Kirche (vgl. Hergenröther, Kirchengesch. 1877, II 1060); Zehntausende von Märtyrern beweisen durch ihr Martyrium — den unbestreitbarsten Beweis heroischer Gottesliebe — die heiligende Kraft und innere Heiligkeit der Kirche auch in unseren Tagen; allein von 1873—1884 starben in Japan und China über 40000 Märtyrer. Ganz besonders aber zeigt sich die Heiligkeit der Kirche in der Fortdauer der übernatürlichen Gnadengaben und Wunder.

Schon Irenäus bemerkt darüber: „Die Häretiker können nicht den Blinden das Gesicht wiedergeben, den Tauben das Gehör, oder gar Tote erwecken, wie dieses der Herr und die Apostel thaten ... und dieses noch jetzt in der Kirche an jedem Orte geschieht." Die außerordentliche Gewissenhaftigkeit und Vorsicht der Kirche bei Prüfung angeblicher Wunder ist bekannt, sie übertrifft noch die Prüfung weltlicher Gerichte; ein vollständiger sogen. „kanonischer Prozeß" wird geführt, wobei alles eidlich erhärtet werden muß. — Über die zahlreichen wunderbaren Bestätigungen der Kirche in unserer Zeit siehe Hergenröther, Kirchengesch. 1061. — Die von der Kirche getrennten Konfessionen können sich das Merkmal der Heiligkeit nicht zusprechen, da sie in ihrer Lehre nicht alle Heiligungsmittel Christi treu bewahrt (z. B. Verwerfung einiger Sakramente, der evangelischen Räte und der guten Werke), vielmehr manches aufgenommen haben, was Gottes Heiligkeit widerspricht (z. B. die Lehre von der sola fides, von der absoluten Prädestination, von der Unfreiheit des menschlichen Willens u. s. w.). Ebenso fehlt ihnen auch das äußere Merkmal von Gott bestätigter Heiligkeit und übernatürlicher Gnadengaben. Vgl. Hettinger, Fund. 542 f. und Deby 256 ff.

III. Die römische Kirche besitzt das Merkmal der Katholicität, und zwar sowohl die thatsächliche Allgemeinheit (auf allen Weltteilen, unter allen Völkern, zu allen Zeiten verbreitet, zählt sie allein mehr Bekenner als alle anderen christlichen Gemeinschaften zusammen[1]) wie die principielle Allgemeinheit, indem sie unter Verwerfung des Nationalkirchentums sich fortwährend weiterzuverbreiten strebt und dabei keine Mühe scheut.

Besonders zu beachten ist noch, daß nur die katholische Kirche sich durch Bekehrung der Heiden, die anderen Konfessionen aber sich durch Gewinnung der bereits christlichen Völker verbreitet haben, wie schon Tertullian den Häretikern seiner Zeit scharf vorwirft. Ferner verbreitet sich die katholische Kirche durch die Kraft der Predigt und der Gnade, nicht durch menschliche Mittel (Gewalt, List, zeitlichen Vorteil), meist sogar unter materiellen und geistigen Verfolgungen und Angriffen. (Deby 274.)

IV. Die römisch-katholische Kirche ist apostolisch, und zwar sind ihre Lehren, ihre Heilsmittel und ihre Verfassung seit den Aposteln im wesent-

---

welcher ihr sie lästert, werden von ihr nicht gebilligt; im Gegenteil, sie bietet beständig alles auf, um ihre entarteten Kinder zu bessern. Warum wollt ihr nur die schlimme Seite sehen? Beurteilt die Lehre der Kirche nach dem, was sie öffentlich von ihren Kanzeln lehrt!" (Augustinus, De mor. eccl. cath. II. 34.)

[1] Circa 208 Mill. Katholiken, ca. 75 Mill. griechisch-schismatische Katholiken, ca. 80 Mill. protestantische Christen, wobei die Bekenner von mehr als 200 Sekten als Einheit gerechnet sind.

lichen unverändert dieselben — wie die Übereinstimmung der Glaubenssätze und Liturgieen mit den ältesten Kirchenvätern beweist — und ihre Vorsteher sind in ununterbrochener Reihenfolge durch die Mitteilung der Weihe die rechtmäßigen Nachfolger der Apostel und haben deshalb die rechtmäßige Sendung von Christus (Rom ist jetzt noch die einzige unmittelbar apostolische Kirche der Welt).

Im Gegensatz zur apostolischen Kirche tragen alle anderen Konfessionen den Stempel ihrer Zeit und meist den Namen ihres Führers an der Stirne. Keine von ihnen ist apostolisch, alle sind erst lange nachher entstanden, von allen gilt Augustins Wort: „Deine Eltern haben nicht geglaubt, was du lehrst"; sie alle kann man mit Hieronymus fragen: „Warum kommst du nach 400 Jahren uns zu belehren, als hätten wir vorher nichts gewußt? Ohne deine Lehre war die Welt christlich bis auf den heutigen Tag; wir müssen in jener Kirche bleiben, welche von den Aposteln gegründet wurde und bis auf den heutigen Tag währt." (Deh. 280.)

Einwand: Die wahre Kirche Christi war im Mittelalter so vollständig im Glauben und in der Lehre verderbt, daß eine Reformation durchaus notwendig war, und somit ist das Werk der „Reformation" nur die Wiederherstellung der alten Kirche. Widerlegung: Eine Reformation im Glauben und in der Lehre[1] setzt die Möglichkeit voraus, daß die wahre Kirche Christi jemals im Glauben abirren könnte, und widerspricht dadurch den feierlichsten Versprechungen des Heilandes (§ 46). Was Eusebius erzählt, der Irrlehrer Artemon habe den Verfall der Kirche mit Papst Zephyrin († 218) beginnen lassen, wiederholt sich seitdem bei allen Irrlehrern in gleicher Weise, nur mit dem Unterschied, daß sie in der Zeitangabe nicht übereinstimmen. — Und zu welchen Konsequenzen führt der Einwand! Nehmen wir einmal an, die katholische Kirche sei „durchaus verderbt" gewesen und somit nicht mehr die wahre Kirche Christi, wie war dann in den 15 Jahrhunderten, wo nur die katholische Kirche herrschte, wo auf allen Altären der ganzen christlichen Welt tagtäglich der „Götzendienst" des Meßopfers Gott dargebracht wurde, der Heilige Geist bei seiner Kirche? — Und alle Heiligen, alle Kirchenväter, alle Millionen Märtyrer, die auch von den „Reformatoren" anerkannt und gepriesen werden, sollten als Götzendiener für einen Götzendienst oder in demselben gestorben sein?

Viertes Kapitel: Die kirchliche Lehrgewalt.

§ 46. Die Kirche kann im Glauben nicht irren.

Daß die von Christus gestiftete Kirche in ihrer Gesamtheit im Glauben nicht von der Wahrheit abirren kann, lehrt:

I. Die Heilige Schrift. a) Christus verheißt es seiner Kirche: „Die Pforten der Hölle werden sie nicht überwältigen" (Matth. 16, 18); die Hölle würde aber die Kirche am gründlichsten und sichersten besiegt haben, wenn sie dieselbe zum Irrtum im Glauben verleiten könnte; also muß dieses nach Christi

---

[1] In sittlicher Hinsicht wurde die Notwendigkeit einer Besserung im 15. und 16. Jahrhundert von der Kirche selbst laut und offen anerkannt, denn wo Menschen, da ist Sündhaftigkeit. Daß auch die höchste Würde nicht vor tiefem Falle schützt, kann uns der Apostel Judas lehren!

Verheißung unmöglich sein. — „Mir ist alle Gewalt gegeben im Himmel und auf Erden, gehet daher hin und lehret alle Völker … und siehe, ich bin bei euch alle Tage bis ans Ende der Welt" (Matth. 28, 18); wenn der Heiland „alle Tage" (ununterbrochen) „bis ans Ende der Welt" der Kirche seinen wirksamen Beistand geben will, so kann sie unmöglich in Irrtum verfallen, denn sonst würde seine Verheißung unwahr. — „Und ich will den Vater bitten, und er wird euch einen andern Tröster geben, damit er **bei euch bleibe in Ewigkeit,** den Geist der Wahrheit … ihr werdet ihn erkennen, weil er **bei euch bleiben und in euch sein wird** … der Tröster aber, der Heilige Geist, den der Vater in meinem Namen senden wird, **der wird euch alles lehren und euch alles eingeben"** (Joh. 14, 16—26). „Wenn aber jener Geist der Wahrheit gekommen sein wird, so wird er euch einführen in die gesamte Wahrheit" (Joh. 16, 13) — dieses schließt eine Verirrung im Glauben völlig aus.

b) **Aus den Befehlen Christi ergiebt sich dasselbe:**

Er gebietet unbedingt, die Kirche zu hören („Wer die Kirche nicht hört …". Matth. 18, 15 f.), und zwar ebenso pünktlich, als ob er selbst rede („Wer euch hört, höret mich …" Luk. 10, 16); wenn wir aber die Kirche so unbedingt hören sollen, als ob **Christus selbst rede,** dann muß er sie auch ebenso unfehlbar im Glauben machen, wie er selbst ist, da er ja sonst, wenn sie irrte, uns selbst in Irrtum führen würde. Wie könnte auch Gott unter Strafe der ewigen Verdammnis den Glauben an die Entscheidungen einer Kirche verlangen, die er nicht vor Irrtum geschützt hätte!

c) **Die Apostel sprechen die Unfehlbarkeit der Gesamtkirche aus:**

„Die Kirche ist eine Säule und Grundfeste der Wahrheit" (1 Tim. 3, 15), sagt der hl. Paulus und nennt sie „Christi Leib" und „Christi Braut"; so wenig das Haupt sich vom Leibe trennt, so wenig der himmlische Bräutigam seine Braut verläßt, ebensowenig kann die Kirche, mit ihm vereint, in Irrtum fallen. Die Apostel waren von dem Glauben an den übernatürlichen Beistand des Heiligen Geistes, der sie vor Irrtum schützte, so durchdrungen, daß sie ihre gemeinsamen Beschlüsse zu Jerusalem mit den Worten beginnen: „**Es hat dem Heiligen Geiste und uns gefallen** …" (Apg. 15, 28). — Wie die Apostel, so haben auch die ältesten Kirchenväter stets die Verheißungen der Heiligen Schrift in diesem Sinne aufgefaßt. (Hettinger, Fund. 557 f.)

II. **Auch die Vernunft lehrt uns,** daß die Unfehlbarkeit der Kirche nur eine Folgerung aus dem Ziel und der Aufgabe ist, die der göttliche Stifter seiner Kirche gesetzt hat. Könnte die Kirche in Glaubenssachen irren, so würden Christi Absichten vereitelt. Soll nämlich einerseits, wie bewiesen, die Kirche alle Menschen aller Zeiten zum Himmel führen, und ist anderseits der wahre Glaube so sehr eine Bedingung der ewigen Seligkeit, daß jeder, der anders glaubt und lehrt, „aus der Kirche ausgeschlossen sei" (Gal. 1, 8 f.), so darf die Kirche selbst niemals im Glauben abirren. Sie wäre sonst wie der Blinde, der einen andern Blinden führt, so daß beide in die Grube fallen; sie wäre dann nicht mehr der Weg zum Himmel, die Leiterin zur Seligkeit, sondern eine Verführerin zur Verdammnis, was der denkbar größte Gegensatz gegen das ihr von Christus gesetzte Ziel ist.

Während also die Gesamtheit der Kirche nie in Irrtum fallen kann, ist dieses wohl bei den einzelnen Gliedern und Gemeinden möglich, wie die Kirchengeschichte

Viertes Kapitel: Die kirchliche Lehrgewalt. 95

aller Jahrhunderte zeigt; so ward z. B. die einst blühende nord-afrikanische Kirche fast ganz vernichtet. — Aus der Unverirrlichkeit der Kirche ergiebt sich auch die absolute Verwerflichkeit jeder Trennung von der Kirche. Mag es auch in Rom schlecht stehen, schließen wir mit Luther (Febr. 1519), "so ist doch diese und keine Ursache so groß, noch mag sie es werden, daß man sich von derselben Kirche losreißen oder scheiden soll" (Artikel "Von der römischen Kirche", Irmischer, Luthers Werke, 24. Bd. S. 8).

§ 47. Die Entscheidungen des kirchlichen Lehramtes im allgemeinen.

Der gesamten Kirche kommt die passive Unfehlbarkeit oder Unverirrlichkeit zu, d. h. sie kann niemals vom Glauben abirren (§ 46); das Urteil aber darüber, welches der wahre Glaube ist, an dem die gesamte Kirche festhalten soll, steht nicht der Gesamtheit, sondern nur dem kirchlichen Lehrkörper zu, welcher der Träger der aktiven Unfehlbarkeit ist. Ehe wir dieses besprechen (§ 48 und 49), müssen wir die Entscheidungen des kirchlichen Lehramtes selbst näher erörtern.

Die Autorität des kirchlichen Lehramtes beruht in ihrer Unfehlbarkeit und in ihrer verpflichtenden Kraft auf der übernatürlichen Leitung des Heiligen Geistes. Deshalb sind alle Gläubigen verpflichtet, dem kirchlichen Lehramt unbedingten, äußeren und inneren Gehorsam zu leisten. Dieses höchste Urteil in Glaubenssachen hat seine Bedeutung und Wirkung nicht erst infolge der Zustimmung der gesamten Kirche, sondern unabhängig von derselben[1]. Die Wirkung des Heiligen Geistes bei der Leitung des kirchlichen Lehramtes besteht in dem Ausschluß jeden Irrtums auf seiten desselben; jedoch ist die Unfehlbarkeit, welche den kirchlichen Entscheidungen zukommt, von der Unfehlbarkeit der Propheten, Apostel und Verfasser der heiligen Schriften, von der sogen. "Inspiration", sehr verschieden, denn bei den Propheten und Aposteln war die Einwirkung des Heiligen Geistes eine positive[2], bei dem kirchlichen Lehramt ist sie eine negative[3], eine den Irrtum in Glaubenssachen abwehrende.

Es ist deshalb nicht die Aufgabe der lehramtlichen Unfehlbarkeit, neue Offenbarungen zu verkünden, da die Offenbarung in Christo abgeschlossen ist, sondern

---

[1] Sonst wäre die Ordnung des kirchlichen Organismus von Grund aus zerstört, dann hinge die "lehrende" Kirche von der "hörenden" ab, dann läge die Entscheidung der kirchlichen Fragen nicht bei der von Christus eingesetzten Obrigkeit, sondern beruhte auf der wechselnden Meinung der Massen.

[2] Sie bestand in der Eingebung des zu Schreibenden und zu Sagenden, wie es der Heiland verheißt: "Denn ich will euch Worte und Weisheit geben, der all eure Gegner nicht widerstehen können" (Luk. 21, 15), und wie es die Apostelgeschichte (6, 10) vom hl. Stephanus erzählt: "Und sie konnten der Weisheit und dem Heiligen Geiste nicht widerstehen, der aus ihm sprach."

[3] Die Gabe der Unfehlbarkeit ist keine dem Lehrkörper (habituell) innewohnende Eigenschaft, auch nicht eine persönliche Gabe, sondern eine Amtsgnade, die deshalb persönlich irrige Anschauungen auch nicht ausschließt, sondern die Verkündigung der göttlichen Wahrheit vermöge der Vorsehung (per modum assistentiae divinae) vor Irrtum schützt und zur rechten Entscheidung anleitet.

sie soll den Irrtum von der Wahrheit ausscheiden und klar und bestimmt die Lehre der Kirche erklären. Der Beistand des Heiligen Geistes bei den Verkündigungen des kirchlichen Lehramtes schließt auch die menschliche Thätigkeit nicht aus, setzt sie vielmehr so sehr voraus, daß die Organe des kirchlichen Lehramtes streng verpflichtet sind, durch Anwendung aller menschlichen Mittel — besonders durch Gebet und Forschung in den Quellen der Offenbarung — die Wahrheit zu ergründen. Die menschliche Thätigkeit ist somit bei den Lehrentscheidungen der Kirche viel umfassender als bei den inspirierten Organen des Heiligen Geistes. Die göttliche Vorsehung führt dann durch äußere Fügungen und innere Erleuchtungen die kirchlichen Organe in den wahren Sinn der Quellen ein. Aber nicht auf der größeren oder geringeren Gelehrsamkeit, auf der Zahl, Tugend oder Weisheit der Glaubensrichter beruht der Wert der kirchlichen Entscheidung, sondern auf dem Beistand des Heiligen Geistes, der nötigenfalls die menschlichen Mängel und Schwächen ersetzt, so daß auch die persönliche Unwürdigkeit kein Hindernis bildet. Deshalb verschwinden auch die Einwände von möglicher Geisteskrankheit, Vernachlässigung der Forschung, menschlichen Neigungen ꝛc. im Hinblick auf das Walten des Heiligen Geistes, der ja gerade zur Beseitigung solcher Mängel verheißen wurde.

§ 48. Der römische Papst als Träger der kirchlichen Lehrgewalt.

Unter der „kirchlichen Lehrgewalt" verstehen wir hier jene Gewalt zu lehren, in der nach Christi Anordnung die Vollmacht enthalten ist, in Glaubenssachen endgiltig zu entscheiden, mit der also der Beistand des Heiligen Geistes, die Unfehlbarkeit verbunden ist.

Urheber der unfehlbaren Lehrentscheidung ist an erster Stelle der Papst, als Oberhaupt der gesamten Kirche, aber nur, wenn er eine „definitio dogmatica" „ex cathedra" giebt, d. h. wenn er in Fragen des Glaubens und der Sitten auf Grund der kirchlichen Glaubensquellen mit der Absicht, die Gesamtheit der Gläubigen zu verpflichten, in freier Weise eine Lehrbestimmung erläßt.

Das Charisma der Unfehlbarkeit ist eine Amtsgnade, dem Papst nicht für seine Person, sondern zum Besten der Kirche verliehen; deshalb ist es, ebenso wie die priesterliche Gewalt, unabhängig von der persönlichen Heiligkeit; so wenig es die Person des Papstes vor Sünde bewahrt, ebensowenig bewahrt es ihn als Privatperson, auch in dogmatischen Fragen, vor Irrtum. — Die dogmatischen Definitionen ex cathedra werden meist in Form einer dogmatischen Konstitution oder eines Rundschreibens an die ganze Kirche (Encyklika), auch wohl in feierlicher Anrede (Allokution) gegeben; als unfehlbare Glaubenserklärungen müssen sie dann sicher gelten, wenn in denselben die Verpflichtung aller Gläubigen zur Annahme klar und unzweifelhaft ausgesprochen ist, doch braucht die Androhung der Erkommunikation nicht dabei zu sein. Als unfehlbare Aussprüche können nicht betrachtet werden: Befehle des Papstes, die sich auf Einzelfälle beziehen, Urteile über Personen, Erklärungen, Antworten auf Anfragen einzelner Bischöfe, ebensowenig die Entscheidungen der römischen Kongregationen über Glaubenssachen, wenn sie auch vom Papst in der gewöhnlichen Weise gutgeheißen sind.

Die Unfehlbarkeit des römischen Bischofs ergiebt sich:

1. Aus der Heiligen Schrift, und zwar, da sie ein Ausfluß aus der Primatialgewalt ist, besonders aus den Stellen, die den Primat

Viertes Kapitel: Die kirchliche Lehrgewalt.

erweisen: a) Matth. 16, 18: „Du bist Petrus ...";denn da er das Fundament ist, auf dem die unfehlbare Kirche ruht, so kann er nicht im Glauben irren, ohne daß die Kirche selbst irrte. — b) Joh. 21, 15: Petrus soll die ganze Herde weiden, und alle sollen seine Hirtenstimme hören. Dieses ist nur unter Voraussetzung der Unfehlbarkeit möglich, weil nur so die Schafe die Pflicht haben können, ihm zu gehorchen. — c) Luk. 22, 32: Petrus soll die Brüder im Glauben stärken. Dieses kann er aber nur, wenn er selbst im Glauben nicht wankt, wenn er bei der Stärkung der anderen nicht selbst dem Irrtum unterworfen ist. (Vgl. die Auslegungen der Väter bei Hettinger, Fund. 731 ff.)

II. **Aus der kirchlichen Überlieferung, aus den Zeugnissen der Väter und dem Gebrauche der Kirche.** — So lehrt schon Irenäus, daß mit der römischen Kirche wegen ihres Vorranges alle Kirchen der ganzen Welt übereinstimmen müssen (§ 43); nach seiner Ansicht kann also die römische Kirche nicht irren, weil ja sonst die anderen mitirren müßten. Cyprian sagt, daß zu der römischen Kirche „der Unglaube keinen Zutritt haben kann", und bekannt ist Augustins Wort: Roma locuta est, „causa finita est". Sozomenos erzählt (hist. eccl. VI. cap. 22): „Als die Streitigkeiten über den Heiligen Geist ausbrachen und täglich heftiger wurden, da schrieb auf die Kunde hiervon der Bischof zu Rom (Liberius, † 366) an die Kirchen des Morgenlandes, sie sollten mit den Bischöfen des Abendlandes drei Personen als gleicher Wesenheit und Würde anerkennen. Alle fügten sich, da die Sache von der römischen Kirche entschieden war, und der Streit schien beendet." Auf dem Konzil zu Ephesus (431) durfte der päpstliche Legat Philippus den Glauben an die Unfehlbarkeit des Papstes als selbstverständlich hinstellen (§ 43). In gleicher Weise sprachen sich die Päpste selbst über ihre Entscheidungen aus und verlangten stets von allen Gläubigen unbedingten Gehorsam. So tadelt es Julius I. (337—352), daß man den römischen Stuhl nicht zuerst um Entscheidung gebeten habe, und fragt: „Oder wißt ihr nicht, daß dieses Gewohnheit ist, daß uns zuerst geschrieben wird und von hier entschieden wird, was recht ist?" — „Ist es nicht mein Glaube," schreibt Felix II. (483—492) an Kaiser Zeno, „von dem der Herr selbst bezeugt hat, daß er allein wahr und durch keine Widerwärtigkeiten besiegt werden soll, indem er der auf mein Bekenntnis zu gründenden Kirche versprochen hat, daß die Pforten der Hölle sie niemals überwältigen würden?" — Diesen Worten entsprach auch die Handlungsweise der Päpste und Konzilien. Eine Reihe von Irrlehren alter und neuer Zeit wurde durch päpstliche Entscheidung ohne allgemeines Konzil verurteilt, und die Konzilien erkannten dieses an und baten stets ihrerseits um die päpstliche Bestätigung. Bedenkt man dabei, daß auch kleinere Synoden durch die Bestätigung des Papstes allgemein verbindlich wurden (wie z. B. zu Ephesus 431, wo nur 198 Bischöfe zugegen waren), während auch den größten Versammlungen der Bischöfe ohne Papst Ansehen und Geltung fehlte (so die Versammlung von 400 Bischöfen zu Rimini im Jahre 359), daß also die Billigung oder Verwerfung des römischen Stuhles über Geltung oder Ungiltigkeit entschied, so sehen wir, daß sein Urteil wenigstens stillschweigend dadurch als das entscheidende, unfehlbare galt, selbst einem allgemeinen Konzil gegenüber. (Vgl. zahlreiche Belegstellen aus den Vätern und Konzilien bei Hettinger, Fund. 734 ff.) — Die Kirche hat auch ausdrücklich dasselbe gelehrt, wenn sie auf dem zweiten Konzil zu Lyon (1274) den Griechen ein Glaubensbekenntnis vorlegte, worin es nach Anerkennung des Primats heißt: „Wie der Papst vor den übrigen verpflichtet ist den

Glauben zu verteidigen, so müssen auch die über den Glauben entstandenen Streitigkeiten durch **sein Urteil** entschieden werden." — Das Konzil im Vatikan (1870) erklärte, „daß der römische Papst, wenn er von seinem Lehrstuhl aus (ex cathedra) spricht, d. h. wenn er in Ausübung seines Amtes als Hirte und Lehrer aller Christen kraft seiner höchsten und apostolischen Gewalt eine von der ganzen Kirche festzuhaltende, den Glauben oder die Sitten betreffende Lehre entscheidet, vermöge des göttlichen, im hl. Petrus ihm verliehenen Beistandes jene Unfehlbarkeit besitzt, mit welcher der göttliche Erlöser seine Kirche ... ausstattete".

Unbegreiflich ist der Einwand, die Unfehlbarkeit sei eine „Menschenvergötterung", durch sie werde der Papst „Gott gleich gemacht". Man könnte diesen Vorwurf sonst gegen jeden von Gott Begnadigten, ganz sicher aber gegen die Propheten und Apostel erheben. Luther, der bereits die päpstliche Unfehlbarkeit bekämpfte, nahm sogar einen besondern göttlichen Beistand an für **jeden** Christen, der gläubig die Bibel lese, so daß derselbe den richtigen Sinn der Heiligen Schrift finde, also eine Art von Unfehlbarkeit, und niemand wird ihm deshalb den Vorwurf der „Menschenvergötterung" machen.

§ 49. Die übrigen Träger der kirchlichen Lehrgewalt.

Auch die rechtmäßigen Bischöfe sind in ihrer Gesamtheit (nicht aber jeder einzeln) Träger des unfehlbaren kirchlichen Lehramtes. Ein Urteil derselben über Glaubens- oder Sittenlehren findet statt:

I. Auf den allgemeinen (griech. ökumenischen) Konzilien, den rechtmäßig berufenen Versammlungen aller Bischöfe des Erdkreises zur Beratung kirchlicher Angelegenheiten unter dem Vorsitze des Papstes. Die Unfehlbarkeit der allgemeinen Konzilien ergiebt sich schon daraus, daß sie die gesamte Kirche repräsentieren.

Die Konzilien sind weder durch positiv göttliche noch durch rein menschliche Einsetzung in Gebrauch, sie sind vielmehr apostolischen Ursprungs (Apostelkonzil im Jahre 50 zu Jerusalem. Apg. 15, 28) und für die Kirche zwar nicht durchaus notwendig, aber doch höchst nützlich und segensreich. Zur Giltigkeit der Beschlüsse ist nur Stimmenmehrheit erforderlich (nicht aber Einstimmigkeit, die noch nie auf irgend einem Konzil vorhanden war, Hettinger, Fund. 755 f.), und besonders die Bestätigung der Beschlüsse durch den apostolischen Stuhl.

Die Bischöfe sind auf einem allgemeinen Konzil im eigentlichen Sinne Lehrer und Richter des Glaubens. Wollte man einwenden, die Bischöfe könnten doch, nachdem der Papst ex cathedra entschieden, keine **andere** Meinung mehr vorbringen und hätten somit nichts mehr zu thun, so vergäße man, daß es sich bei den Konzilien überhaupt nie um Auffindung einer neuen, **ungewissen** Lehre handelt, sondern nur um Klarstellung der Offenbarung. Wie es daher kein Mangel an Freiheit ist, daß Gott nicht irren und nicht sündigen kann, so ist es auch gewiß keine Beschränkung der Bischöfe, daß sie nicht das Gegenteil von der Wahrheit aussprechen können; auch alle Konzilien waren an die Aussprüche der früheren gebunden und haben oft die Beschlüsse früherer Synoden einfach wiederholt und neu erklärt. — Ein allgemeines Konzil hat auch neben der Unfehlbarkeit des Papstes noch seine große und volle Bedeutung, insofern seine Autorität äußerlich (extensiv) weit größer ist als die päpstliche allein.

II. Gleichsam nur eine andere Form der Konzilien ist es, wenn der Papst und die auf der ganzen Erde zerstreuten Bischöfe ihre

Übereinstimmung über eine Lehre schriftlich aussprechen, weil dann die Gesamtheit, wenn auch nicht physisch, so doch moralisch vereint und somit des göttlichen Beistandes gewiß ist. Auf diese Weise sind in den ersten Jahrhunderten viele Irrlehren verurteilt worden.

§ 50. Das Gebiet des unfehlbaren Lehramtes.

Das kirchliche Lehramt hat im Auftrag Christi über alles zu entscheiden, was der Heiland geoffenbart und uns als Norm des Glaubens und Handelns vorgelegt hat; sein Gebiet reicht also so weit wie die Offenbarung Christi, welche es zu erklären und rein zu bewahren hat.

Wir haben demnach mit göttlichem und katholischem Glauben (fide divina — sofern Gott eine Wahrheit geoffenbart hat, fide catholica — sofern die Kirche sie uns zu glauben vorstellt) alles das anzunehmen, was 1. ausdrücklich als Glaubenssatz von der Kirche gelehrt worden ist, was 2. in den feierlichen Bestimmungen der Päpste und Konzilien als Glaubenslehre enthalten ist, was 3. durch das ordentliche Lehramt der Kirche als allgemein angenommene katholische Wahrheit verkündigt wird.

Selbstredend erstreckt sich die Unfehlbarkeit des kirchlichen Lehramtes nicht nur auf die Wahrheiten an sich, sondern auch auf den Ausdruck, den ihnen die Kirche giebt, da ja sonst ihr unfehlbares Lehramt für uns illusorisch wäre; man kann also nicht sagen: „Die Kirche hat diese Glaubenswahrheit **falsch ausgedrückt.**"

Von den göttlichen Offenbarungen, die wir unbedingt annehmen müssen, sind diejenigen Wahrheiten verschieden, die nicht eigentlich geoffenbart sind, aber die Grundlage und Voraussetzung der Offenbarung bilden. So setzt z. B. die geoffenbarte Lehre von der Welt und vom Menschen einen bestimmten philosophischen Schöpfungsbegriff voraus. Auch über diese natürlichen Wahrheiten (Verwerfung des Materialismus als unvereinbar mit der Schöpfung) urteilt die Kirche mit Unfehlbarkeit, und die Gläubigen haben die Pflicht, solche Entscheidungen als durchaus sicher anzunehmen.

§ 51. Die Quellen der Offenbarung: I. Die Heilige Schrift.

Das kirchliche Lehramt, welches uns die göttliche Wahrheit in unfehlbarer Weise vermittelt, schöpft dieselbe aus den beiden Quellen der Offenbarung, aus der **Heiligen Schrift** und aus der **mündlichen Überlieferung**. Die Kirche behandelt beide Quellen mit gleicher Ehrfurcht, aber sie stellt sie nicht völlig gleich; denn die Heilige Schrift **ist** das Wort Gottes, die mündliche Überlieferung **enthält** nur das Wort Gottes. Deshalb überragt die Heilige Schrift an Erhabenheit, Würde und Kraft die mündliche Überlieferung, wogegen diese die ursprüngliche, von Christus angeordnete und von den Aposteln angewandte Form der Glaubensverbreitung ist. Während die Heilige Schrift ferner nicht alle Glaubenswahrheiten und diese nicht immer in deutlicher Weise enthält, spricht die Überlieferung die ganze kirchliche Lehrentwicklung klar und bestimmt aus. So bilden beide sich ergänzend die reiche Schatzkammer, aus der die Kirche ihre Glaubenshinterlage (depositum fidei) schöpft.

Die Heilige Schrift ist die Sammlung jener Bücher, welche unter Eingebung des Heiligen Geistes geschrieben und von der Kirche als das Wort Gottes anerkannt sind. Daß die heiligen Schriften echt, unverfälscht und glaubwürdig sind, wurde früher bewiesen; wir haben hier zu erörtern: I. Inspiration, II. Kanon, III. Auslegung, IV. Authentie der Vulgata, V. Lesung der Heiligen Schrift, besonders in der Landessprache.

I. Über die Inspiration der Heiligen Schrift hat die Kirche zuletzt auf dem vatikanischen Konzil sich folgendermaßen ausgesprochen: „Die Kirche hält die heiligen Schriften für heilige und kanonische nicht in dem Sinne, als ob sie nur durch menschliche Thätigkeit verfaßt und nachher durch die Autorität der Kirche gutgeheißen worden wären (etwa wie die Konzilienbeschlüsse), auch nicht nur deshalb, weil sie die Offenbarung ohne Irrtum enthalten (etwa wie ein guter Katechismus), sondern aus dem Grunde, weil sie, unter Eingebung des Heiligen Geistes geschrieben, Gott selbst zum Urheber haben und als solche der Kirche übergeben worden sind." — In dieser Erklärung ist der Unterschied zwischen der Heiligen Schrift und anderen Glaubensurkunden klar ausgesprochen. Zum Wesen der Inspiration gehört a) ein übernatürlicher Antrieb zur Abfassung des betreffenden Schriftwerkes, b) eine übernatürliche Erleuchtung des Verstandes und Anregung des Willens, infolge deren c) der heilige Schriftsteller alles niederschreibt, was und wie es der Heilige Geist will, so daß er d) vor jedem Irrtum bewahrt bleibt. — Diese Inspiration hat die Kirche stets gelehrt (Conc. Flor. 1439 u. Trid.), haben die Propheten, Christus und die Apostel ausgesprochen. So beginnen die Propheten oftmals: „Der Herr hat mir gesagt" 2c. Vgl. Isaias, Jeremias, Ezechiel. — „Dieses alles ist aber geschehen, damit erfüllt würde, was der Herr durch den Propheten gesagt hat" (Matth. 1, 22). — „Es mußte die Schrift erfüllt werden, in der der Heilige Geist durch den Mund Davids voraussagte" (Apg. 1, 16); „denn nicht durch Menschenwillkür ward jemals eine Weissagung gebracht, sondern, vom Heiligen Geiste getrieben, haben heilige Menschen Gottes geredet" (2 Petr. 1, 21).

Die Inspiration erstreckt sich wenigstens auf alle in der Heiligen Schrift mitgeteilten Thatsachen und Aussprüche, besonders auf die Glaubens= und Sittenlehren; auch in natürlichen Dingen ist ein Irrtum der Heiligen Schrift nicht erwiesen. Dagegen ist eine Wort= oder gar Buchstaben=Inspiration, wie sie der ältere Protestantismus (Quenstedt, Dannhauer und die Form. consens. Helvet. sogar für die hebräische Punktation) annahm, schon wegen der verschiedenen Lesarten durchaus unhaltbar. Die Inspiration hindert nicht die freie menschliche Thätigkeit, deshalb sehen wir in der Heiligen Schrift die sprachlichen, nationalen und persönlichen Eigentümlichkeiten der heiligen Schriftsteller deutlich hervortreten, ebenso wie sie nach den Anschauungen ihrer Zeit schrieben.

II. Wie über die Inspiration, so haben wir auch über den kanonischen Charakter eines heiligen Buches eine hinreichende Gewißheit nur durch das Urteil der Kirche, welche denselben auf Grund der Überlieferung verbürgt. Was zunächst das Alte Testament betrifft, so hat die Kirche (Trid.) als kanonisch alle jene Bücher bezeichnet, welche in der Vulgata enthalten sind, gleichviel ob sie proto= oder deuterokanonisch sind (vgl. § 15). — Daß die deuterokanonischen Bücher mit Recht von der Kirche den protokanonischen an Geltung und Wert völlig gleichgestellt werden — von den Lutheranern wurden sie als „Bücher, so nicht der Schrift gleichgehalten, und doch nützlich und gut zu lesen sind", der Bibel zugefügt, von den Reformierten ganz weggelassen — beweist: a) das Verhalten der Juden selbst, indem die hellenistischen Juden alle Bücher annahmen wie die Vulgata, die palästinensischen Juden aber unter sich uneinig waren und einige auch die deuterokanonischen Bücher gelten ließen. b) Im Neuen Testament werden die deuterokanonischen Bücher von den Aposteln häufig citiert und somit den protokanonischen ganz gleich gestellt; ebenso verfährt Flavius Josephus. c) Die Kirchenväter haben, entsprechend der Septuaginta und Vulgata, welche beide die deuterokanonischen Bücher vollständig enthalten, stets diese alle als göttlich und inspiriert angesehen und gebraucht; deshalb ist auch die orientalische Kirche und sind die alten Sekten des Morgenlandes mit Rom hierüber einig. (Näheres siehe Hettinger, Fund. 679 ff.)

Für die Bücher des Neuen Testamentes stand zu Ende des zweiten Jahrhunderts der Kanon fest; so hat ihn z. B. die Itala im zweiten Jahrhundert gerade wie das Tridentinum, nur wurden einige von Eusebius als „bestrittene" bezeichnet, die aber auch immer allgemeiner zur Annahme gelangten, bis auf den Synoden von Hippo (393) und Karthago (397) der Kanon fixiert wurde, den die Kirche auf dem Konzil von Trient bestätigte und den auch die Protestanten annahmen (vgl. § 20).

Wenn Luther einige Bücher des Neuen Testaments beanstandete, so that er dies nicht aus historischen Gründen, sondern weil sein „Geist sich in das Buch (Apokalypse) nicht schicken" konnte; so nannte er auch den Jakobusbrief eine „ströherne Epistel", weil er seiner Lehre vom „Glauben allein" widersprach.

III. Da in der Heiligen Schrift „manches schwer zu verstehen ist, was ungelehrte und leichtfertige Menschen leicht zu ihrem eigenen Verderben mißdeuten" (2 Petr. 3, 16), so hat die Kirche das Recht und die Pflicht, **bindend und unfehlbar über den wahren Sinn der Heiligen Schrift zu entscheiden**. Jedes Mitglied der Kirche ist also verpflichtet, die kirchlichen Erklärungen der Heiligen Schrift in Sachen des Glaubens und der Sitten gläubig anzunehmen und die Bibel nicht gegen die einmütige Übereinstimmung (unanimis consensus) der Kirchenväter zu erklären; hinsichtlich rein wissenschaftlicher Fragen herrscht vollste Freiheit.

Diese Bestimmungen der Kirche sprechen etwas Selbstverständliches aus für denjenigen, der überhaupt die Kirche als Lehrerin und Hüterin der Offenbarung betrachtet, da durch beliebige Schriftauslegung der Willkür und dem Unglauben Thür und Thor geöffnet wären. Was den unanimis consensus der Kirchenväter betrifft, so ist derselbe, gleichviel ob wir die Väter als Bischöfe und Nachfolger der Apostel oder einfach als die ältesten Zeugen und Lehrer betrachten, ein sicheres Zeugnis für den überlieferten Glauben. Wo die Kirchenväter nicht übereinstimmen und die Kirche keine offizielle Erklärung gegeben hat, ist der kirchlichen Wissenschaft ein weites Feld zur Forschung gegeben.

IV. Da jede Übersetzung zugleich auch die ursprünglichste Form der Auslegung ist, so hat die Kirche die alte lateinische Übersetzung, die sogen. **Vulgata, für authentisch erklärt** und den Gebrauch derselben für kirchliche Zwecke vorgeschrieben.

Das Konzil von Trient ließ den im Laufe der Zeit vielfach verderbten Text der Vulgata verbessern und schrieb, da die damaligen griechischen Texte ganz unzuverlässig und von sehr geringem Alter waren, diese neue, unter Clemens VIII.

1592 vollendete Ausgabe der Vulgata „pro authentica"[1] zum Gebrauch für kirchliche Zwecke vor. Die Kirche wollte dadurch nicht ein Urteil über den Urtext abgeben und die Vulgata diesem vorziehen, sondern sie lehrt dadurch nur, daß die Vulgata im Wesentlichen, in Fragen des Glaubens und der Sitten, als das Wort Gottes zu betrachten sei. Dadurch ist die Mangelhaftigkeit der Vulgata in geringeren Dingen nicht geleugnet. Der Zweck dieser kirchlichen Bestimmung war, der Konfusion durch zu viele Bibelausgaben und Übersetzungen ein Ende zu machen, die Gläubigen vor häretischen Übersetzungen zu schützen und ihnen das Wort Gottes rein in die Hand zu geben. Deshalb ist durch jenes Dekret der Gebrauch anderer Texte und Übersetzungen, selbst häretischer, dann nicht ausgeschlossen, wenn solche nicht „tanquam textus sacer" gebraucht werden, sondern nur zum wissenschaftlichen Verständnis der Heiligen Schrift.

V. Hinsichtlich der Lesung der Heiligen Schrift in der Landessprache hat die Kirche in weiser Absicht, um die Gläubigen vor falschen Übersetzungen und vor Irrtum im Verständnis zu bewahren, festgesetzt, daß jeder Katholik nur eine solche Ausgabe lesen soll, die 1. von der kirchlichen Behörde gutgeheißen und 2. mit erklärenden Anmerkungen zu den schwierigen Stellen versehen ist. (Solche Ausgaben sind in Deutschland besonders die von Allioli und von Loch-Reischl.)

Niemals hat die Kirche ein absolutes Verbot der Bibellesung für die ganze Kirche erlassen; sie hat vielmehr stets die Lesung der Heiligen Schrift allen jenen dringend empfohlen, die daraus Nutzen ziehen können. Darum wünscht die Kirche, daß der Leser a) hinreichende Kenntnis besitze und b) in frommer Weise lese, im Geiste der Demut und Ehrerbietung gegen Gottes Wort. Wie sehr die Kirche mit diesen Wünschen recht hat, beweist die Geschichte so vieler Häresieen; so mordeten und plünderten die Wiedertäufer unter Citierung von Bibelstellen; die Familisten lehrten mit Berufung auf die Bibel, „daß es gut sei, in Sünden zu verharren, damit die Gnade besto reichlicher erscheine", und die Antinomier predigten, daß „Unzucht und Mord heiliger auf Erden und seliger im Himmel mache" — alles Sektierer, die nach der Glaubensspaltung entstanden und sich auf die Bibel als einzige Glaubensquelle beriefen. Die Kirche befindet sich mit diesen „Einschränkungen" des Bibellesens ganz in Übereinstimmung mit der alten Kirche; „denn woher anders", sagt der hl. Augustinus, „kommen so viele Ketzereien, als weil man die Schrift, welche an sich gut ist, schlecht versteht und, was man schlecht verstanden hat, frech und hartnäckig zu behaupten sich erkühnt" (tract. 18 in Joh. 1). Ja, „es giebt keinen Irrlehrer, der nicht von seiner gotteslästerlichen Lehre behauptete, daß sie der Schrift gemäß sei" (St. Hilarius ad Const. 2, 9). — Die Kirche hat darum auch die seit 1804 gegründeten protestantischen Bibelgesellschaften mißbilligt, welche die Bibel jedem ohne Unterschied in die Hand geben wollen. Zudem fehlen den verbreiteten Ausgaben stets die erklärenden Anmerkungen; sie sind also für Katholiken ungeeignet.

§ 52. Die Quellen der Offenbarung: II. Die mündliche Überlieferung.

Unter Tradition, Erblehre oder mündlicher Überlieferung im kirchlichen Sinne versteht man eine religiöse Lehre, welche ursprünglich mündlich mitgeteilt

---

[1] Eine Übersetzung heißt in der Rechtssprache authentisch (griech. = rechtsgiltig), wenn sie 1. im wesentlichen mit dem Urtext übereinstimmt und 2. amtlich als solche bezeugt ist.

wurde und so auf die Nachfolger übergegangen ist, mag sie später aufgezeichnet worden sein oder nicht. — Die Tradition ist ausgesprochen vor allem in der öffentlichen Lehre der Kirche (in Konzilienbeschlüssen, päpstlichen Entscheidungen, Glaubensbekenntnissen, approbierten Katechismen, Liturgieen), dann im Kultus und in den Gebräuchen der Kirche, ferner in den Schriften der Kirchenväter, in den Märtyrerakten, in der Kirchengeschichte, in der gemeinsamen Lehre der theologischen Schulen, selbst in der allgemeinen Übereinstimmung der Gläubigen. Das oberste Urteil über die Tradition kommt dem kirchlichen Lehramt zu, von welchem sie unter dem Beistande des Heiligen Geistes unfehlbar bewahrt wird.

Es giebt neben der Heiligen Schrift eine Erblehre, d. h. manche von Gott geoffenbarte Lehren sind in der Heiligen Schrift gar nicht oder nur unvollständig ausgesprochen, dagegen mündlich von den Aposteln gelehrt worden; dies läßt sich leicht erweisen:

I. **Es ist geschichtlich unleugbar, daß die Lehre Christi anfangs nur mündlich verkündigt und fortgepflanzt wurde, wie sie nur mündlich von Christus übergeben worden war.**

Manche der wichtigsten Glaubenslehren sind erst gegen Ende des ersten Jahrhunderts durch das Johannesevangelium in die Bibel gekommen, und doch glaubte sie schon vorher jeder Christ, ja, die christliche Religion bestand jahrelang, wuchs und blühte, bevor auch nur ein Buchstabe des Neuen Testaments geschrieben war. Tausende und Zehntausende von Märtyrern starben für die Lehre Christi, ohne daß sie je ein Wort derselben gelesen hätten, und wie uns Jrenäus bezeugt (adv. haeres. 3, 4), gab es ganze Völker, die Jahrhunderte lang ohne Kenntnis der Bibel treue Christen waren. Er schreibt nämlich: „Wie aber, wenn uns die Apostel keine Schriften hinterlassen hätten, müßte man zur Richtschnur des Glaubens nicht notwendig die Tradition nehmen, welche die Apostel den Hirten der Kirche anvertraut haben? An sie halten sich auch viele Völker unter den Barbaren, die an Christus glauben und die Lehre des Heilandes ohne Papier und Tinte durch den Heiligen Geist in ihren Herzen eingeschrieben haben, indem sie sich sorgfältig an die alte Tradition halten." Da also Christus nur mündlich lehrte, und ebenso die Apostel durch mündliche Predigt die Welt bekehrten, müßte derjenige, der den Wert dieser mündlichen Lehre angreift, doch mindestens den Beweis erbringen, daß in der Bibel alle Lehren Christi niedergelegt seien. Dieses ist aber nicht nur unmöglich, sondern

II. **die Heilige Schrift selbst protestiert gleichsam dagegen, daß sie die einzige Glaubensquelle sei.**

Sie erzählt den Auftrag Christi, mündlich sein Evangelium zu verkündigen („Prediget das Evangelium allen Geschöpfen." — „Wer euch hört, der höret mich." — „Der Glaube kommt vom Anhören, das Anhören aber von der Predigt des Wortes Christi" — u. v. a.), und teilt uns mit, wie die Apostel durch ihre mündliche Unterweisung die Völker bekehrten. Ja, die Heilige Schrift selbst weist auf die mündliche Lehre als Ergänzung der schriftlichen hin: „Noch vieles andere that Jesus; wenn dieses alles einzeln niedergeschrieben würde, so glaube ich, würde die Welt die Bücher nicht fassen" (Joh. 21, 25). — Vgl. 1 Kor. 11, 2. — 2 Thess. 2, 15 und 3, 6. — 1 Tim. 6, 20. — 2 Tim. 1, 12 — u. a. m. — Wenn aber nach Gottes Willen die Bibel die einzige Glaubensquelle hätte sein sollen, warum hat Christus dies niemals ausgesprochen? — Warum schrieb er dann nicht selbst? — Warum befahl er nicht seinen Aposteln, sogleich alles aufzuschreiben? — Warum schrieben die Apostel erst so lange (8—60 Jahre) nach seinem Tode? — Warum schrieben sie nicht alle, nicht einmal die meisten? — Warum schrieben sie nur gelegentlich, auf besondere Veranlassung? — Warum so wenig, gleichsam nur notgedrungen und ungern? (2 Joh. 12. — 3 Joh. 13.) — Warum verfaßten sie nicht ein klares, allen verständliches Lehrbuch? — Und wie ist es mit den des Lesens Unkundigen, welche 1500 Jahre lang die überwältigende Mehrheit bildeten? — Wie unbegreiflich ist es dann auch, daß Gott die zum Bibelgebrauch durchaus notwendige Druckkunst erst 1400 Jahre später erfinden ließ, da es doch vorher fast allen unmöglich war, eine Bibel zu besitzen, denn eine solche kostete mehrere Tausend Mark!

III. Die ganze alte Kirche, die Schüler und Nachfolger der Apostel betonen stets die Tradition als das Erste und Wichtigste.

Irenäus (adv. haeres.), Tertullian (de praescript. haeret.), Vincentius Lerinensis (commonitorium) u. a. haben ganze Abhandlungen geschrieben, um darzuthun, daß man mit Irrlehrern, die sich schon damals stets auf die Bibel beriefen, nicht über die Bibel streiten, sondern daß man ihnen die apostolische Tradition entgegenhalten solle; „denn das ist göttlich und wahr," sagt Tertullian, „was von Anfang her überliefert ist; die Irrlehrer hingegen behaupten, man müsse in Glaubenssachen auf keinen andern Grund seine Beweise bauen als auf die geschriebene Glaubensurkunde. Allein solche Zänkereien über die Heilige Schrift haben in der Regel keinen andern Erfolg als Kopf und Brust zu ermüden." Diese Regel, sich an die Lehre der Kirche zu halten, spricht der hl. Augustin besonders scharf aus, wenn er sagt: „Ich würde selbst dem Evangelium nicht glauben, wenn mich nicht die Autorität der katholischen Kirche bewöge" (contr. ep. fund. 5). Auf allen Konzilien, vom nicänischen bis zum letzten, wurde deshalb stets an erster Stelle die Erblehre befragt und nach dieser entschieden.

IV. Ohne die Tradition wüßten wir nicht einmal, welches die echten, von Gott inspirierten Bücher der Heiligen Schrift sind.

Wenn schon Luther den Jakobusbrief und die Apokalypse verachtete, weil er „kein evangelisch Art" in denselben fand und sein „Geist sich in dieselbe nicht schicken" konnte, so haben seine Nachfolger mit demselben Recht und aus ähnlichen nichtigen Gründen alle Bücher des Neuen Testamentes angegriffen und nicht ein einziges mehr wird von allen übereinstimmend als echt und göttlich angenommen. Nach der Verwerfung der Tradition ist dieses ganz natürlich; denn Gott allein kann uns offenbaren, welche Schriften er inspiriert hat, und nur die Kirche kann dieses auf Grund der Überlieferung bezeugen und weiter fortpflanzen. Dazu kommt, daß schon im ersten Jahrhundert eine Reihe von Evangelien, Apostelgeschichten und Briefen vorhanden war, welche den Namen eines Apostels trugen, aber von der Kirche als falsch verworfen wurden. Umgekehrt waren Markus und Lukas keine Apostel, und doch sind ihre Evangelien nach der Lehre der Kirche inspiriert und Teile der Heiligen Schrift, während der Brief des Barnabas — der in der Heiligen Schrift selbst „Apostel" genannt wird — die Schriften des Clemens Rom., Ignatius M., Hermas und Papias nicht in den Kanon des Neuen Testamentes aufgenommen wurden, wenngleich man sie sehr hoch schätzte und in den Kirchen vorlas. Warum dieses? Hierauf kann derjenige mit keinem einzigen Grunde antworten, der die kirchliche Tradition verwirft. Noch merkwürdiger ist es, daß die Gegner der Erblehre nur von der katholischen Kirche die heiligen Schriften empfangen haben, und daß nur die Tradition ihnen deren Göttlichkeit verbürgt. Die Tradition hat aber nur für denjenigen Wert, der sie wirklich für eine unfehlbare, reine Quelle des

Glaubens hält! — Diesen schreienden Widerspruch fühlte schon Luther, als er noch 21 Jahre nach seiner Trennung von der Kirche schrieb: „Wir müssen ihnen einräumen, wahr ist es, im Papsttum ist das wahre Wort Gottes, Apostelamt und daß wir die Heilige Schrift, Taufsakrament und Predigtstuhl von ihnen genommen haben; was wüßten wir sonst davon? Darum muß auch der Glaube, christliche Kirche und der Heilige Geist bei ihnen sein" (Jen. Ausg. von 1556 VII. 179, oder Wittenb. Ausg. IV. 227, oder „Ev. Joh. cap. 16, ausgelegt 1538"; ähnliche Stellen mehrfach, so z. B. Jen. Ausg. v. 1586 IV. 320, oder „ein Brief an zwei Pfarrherrn von der Wiedertaufe anno 1528"). Vergeblich sucht Calvin über diesen wunden Fleck hinauszukommen, wenn er schreibt: „Wenn die Papisten uns fragen, woher wir denn Gewißheit haben, daß die Heilige Schrift Gottes Wort sei, nachdem wir das Urteil der Kirche verworfen, so ist dies gerade so, als ob einer fragte: Wie können wir schwarz von weiß unterscheiden? Denn wir haben das Gefühl von der Wahrheit der Heiligen Schrift nicht weniger deutlich als jenes von der schwarzen und weißen Farbe" (Instit. lib. I. cap. 7, Nro. 2 oder Corp. Ref. Vol. 30, pag. 57). Was würde Calvin wohl jetzt sagen, wenn ihm Strauß und Millionen anderer erklärten, daß sie dieses „Gefühl" nicht hätten? Also die Grundlage der ganzen Religion wird schließlich eine Sache des „Gefühls"! — Von neueren Protestanten, die vielfach „diese Achillesverse des protestantischen Systems" (Strauß) erkannten, sagt besonders klar der Engländer Cobbet in gewohnter Offenheit: „O, was ist das für eine ärgerliche Sache für uns Protestanten, daß wir das Neue Testament, dieses Buch, das uns das einzige Mittel zur Seligkeit zeigt, von dem Papste und der katholischen Kirche empfangen haben", deren „verdammten Götzendienst" man uns verabscheuen lehrt. So haben wir also keinen andern Weg zur Seligkeit als ein Buch, das wir von einer „abgötterischen" Kirche und von deren Oberhaupt, dem „Antichrist", empfangen haben?

V. Wie ist ferner ohne die Tradition die rechte Auslegung der Heiligen Schrift zu finden?

Daß die Heilige Schrift nicht etwa leicht zu verstehen, daß vielmehr eine Auslegung notwendig ist, bedarf wahrlich keines Beweises mehr, wenn man die Worte des hl. Petrus (2 Petr. 3, 16) liest und die nicht endenden Streitigkeiten der Theologen sieht, die sich trotz alles „Forschens" nicht einigen können. Wer trotzdem die Verständlichkeit der Heiligen Schrift behauptet, der werfe einen Blick auf die mehr als 200 verschiedenen Erklärungen zu anscheinend so deutlichen Stellen wie: „Dieses ist mein Leib"; der trete zwischen die Hunderte von Sekten, die sich alle auf die Heilige Schrift als einzige Glaubensquelle berufen, und schlichte ihre Streitigkeiten mit den „einfachen" Worten der Schrift! — Wer die Tradition verwirft, dem fehlt der Maßstab, um die Heilige Schrift zu messen, und deshalb haben nicht nur alle Sekten ihre Irrlehren, sondern viele sogar die schändlichsten Verbrechen mit Berufung auf die Heilige Schrift zu rechtfertigen gesucht (vgl. § 51, 5).

VI. Endlich sind manche Glaubensartikel und Gebote gar nicht, andere nur andeutungsweise und an sich unverständlich in der Heiligen Schrift enthalten.

Wo steht z. B. in der Heiligen Schrift, daß der Sonntag statt des Sabbats zu feiern sei? Im Gegenteil: Feierlich und deutlich gebietet die Heilige Schrift die Heiligung des Sabbats, Christus und seine Jünger feiern ihn, und dennoch — gilt er auch den Protestanten nur als Werktag. Warum? Weil die Tradition uns berichtet, daß die Apostel in Christi Auftrag diese Änderung vornahmen. Ferner wird den Christen von den Aposteln ausdrücklich (Apg. 15, 29) der Genuß von Blut verboten. Warum beobachtet dieses kein Protestant? Weil die Tradition uns lehrt, daß es später aufgehoben wurde. Scheinbar ganz deutlich sagt der Heiland: „Lehret alle Völker und taufet sie." — „Wer glaubet und sich taufen läßt, wird selig werden", und Paulus sagt, daß die Kinder christlicher Eltern „nicht unrein, sondern heilig sind" (1 Kor. 7, 14). Nach der Heiligen Schrift müßte man demnach schließen, daß die Taufe christlicher Kinder, besonders solange sie nicht belehrt sind und glauben können, ungültig sei — und dennoch taufen auch die Protestanten die unmündigen Kinder, weil die Tradition uns erklärt, daß Christus nur von den Erwachsenen sprach. (Die Wiedertäufer, die sich streng und konsequent an die Heilige Schrift hielten und die Kindertaufe verwarfen, konnten von Luther und Melanchthon nur aus der Tradition widerlegt werden.) Anderseits befiehlt der Heiland ausdrücklich die Fußwaschung (Joh. 13, 14) und sagt aufs nachdrücklichste: „Ihr sollt gar nicht schwören" — warum wird dieses nicht so befolgt? Weil die Tradition es uns anders erklärt. — Wo steht in der Bibel dasjenige, was der Heiland nach seiner Auferstehung 40 Tage lang den Aposteln „vom Reiche Gottes" gesagt hat? (Apg. 1, 3.) Und wo ist dasjenige enthalten, was in dem verlorenen ersten (§ 20) Brief des hl. Paulus an die Korinther stand? Wenn wir nicht ganz willkürlich annehmen, daß Paulus in demselben gar nichts von Bedeutung geschrieben habe, so kann in der Heiligen Schrift schon deshalb nicht alles enthalten sein, weil sie nicht mehr vollständig ist.

Wir kommen daher zu dem Schluß: **Bibel und Tradition gehören zusammen;** die Bibel bestätigt als erstes und ehrwürdigstes Glied die Tradition, und die Tradition vervollständigt und erklärt die Bibel, die allein nicht genügen kann.

§ 53. Die Glaubensregel.

Regel oder Richtschnur des Glaubens ist dasjenige, wonach der Glaube bestimmt werden muß; diese Glaubensregel kann nur das lebendige Lehramt der Kirche Christi sein, denn:

I. (Negativer Beweis.) Der einzelne kann in der Bibel diese Autorität nicht finden, wie wir im vorigen Paragraphen gesehen haben.

Auch die von anderen aufgestellte Glaubensregel, der Heilige Geist erleuchte jeden einzelnen, ist nicht nur durchaus unbewiesen, sondern auch durch die Erfahrung widerlegt, daß jede Sekte etwas anderes glaubt, der Heilige Geist sich also widerspräche. Aber auch aus der Heiligen Schrift und den Denkmälern der Tradition zusammen kann der einzelne seinen Glauben nicht mit Sicherheit schöpfen, denn auch die Denkmäler der Tradition enthalten keineswegs eine bestimmte Antwort auf alle Fragen und Streitigkeiten, die im Laufe der Zeit immer neu entstehen und unbedingt entschieden werden müssen, wenn nicht die Einheit des Glaubens untergraben werden soll.

II. (Positiver Beweis.) Das lebendige Lehramt der Kirche erfüllt dagegen alle Anforderungen, die wir an eine Glaubensregel stellen müssen; eine solche muß nämlich

a) eine sichtbare, lebendige, dauernde sein, denn nur eine solche kann die Streitigkeiten schlichten, weil man nur eine solche befragen und ihre Antwort vernehmen kann. Kein Reich kann bestehen ohne lebendige, sichtbare Autorität, welche die Gesetze anwendet, deren toten Buchstaben erklärt und über Recht und Unrecht entscheidet; so auch im Reiche Christi auf Erden.

b) Sie muß die höchste Autorität besitzen, muß im Namen Gottes mit Unfehlbarkeit entscheiden, damit nach ihrer Entscheidung jeder Zweifel und Streit beendet ist und sich jeder willig unterwerfe.

Diese Eigenschaften besitzt das Lehramt der Kirche; es ist a) lebendig, sichtbar und ununterbrochen „alle Tage bis ans Ende der Welt" fortdauernd. Es besitzt ferner b) die höchste Autorität („Wer euch hört, hört mich" 2c.) und entscheidet nach Christi Anordnung mit Unfehlbarkeit (§ 48), denn die Apostel und ihre Nachfolger sind die von Christus erwählten „Zeugen" der Wahrheit (Apg. 1, 8), zu denen er sprach: „Gehet hin und lehret alle Völker" (Matth. 28, 20); „wie mich der Vater gesandt hat, so sende ich euch" (Joh. 20, 21); so ist also die Kirche die „Säule und Grundfeste der Wahrheit" (1 Tim. 3, 15), und der Heiland hat vor seinem Leiden noch besonders gebetet „nicht nur für diese, sondern auch für jene, welche durch das Wort dieser an mich glauben werden" (Joh. 17, 20). So faßte auch die ganze alte Kirche stets die Worte Christi auf (Beweisstellen bei Hettinger, Fund. 652 ff.), und so wurde es stets in der Kirche gehalten.

Diese Einrichtung Christi — die Belehrung des einen Menschen durch den anderen — entspricht ebenso dem Wesen und Bedürfnis des Menschen wie der Weisheit und Würde Gottes. Darum verweist der Heiland stets an die von Gott eingesetzte Autorität: die geheilten Aussätzigen sollen sich „dem Priester zeigen" und sich „rein sprechen lassen"; Paulus (Apg. 9, 17) und Cornelius (Apg. 10, 33) werden an die Kirche verwiesen (§ 37, Nr. 2). Zugleich entspricht diese Einrichtung auch dem Wesen des Menschen auf das vollkommenste, denn die mündliche Belehrung ist die natürlichste, welche niemals durch eine schriftliche ganz ersetzt und bei Ungebildeten gar nicht angewandt werden kann; sie entspricht auch so schön der Natur des Menschen, der durch Stolz und Unglauben der Sünde verfallen war und nun durch den demütigen Glauben, die gläubige Unterwerfung unter andere gerettet werden soll; sie entspricht endlich durchaus der Schwäche des Menschen, der, sich selbst überlassen, so leicht abirrt, dem Selbstbetrug und Irrtum verfällt und deshalb einer steten Leitung bedarf. Über die Falschheit der Glaubensregeln der Häretiker — die alle im letzten Grunde nur das glauben, was die Vernunft erkennt, und nur deshalb, weil sie es einsieht, deren Glaube also eigentlich nur auf der Autorität der eigenen Vernunft beruht — urteilt schon der hl. Augustinus klar und treffend: „Sagt es doch offen, daß ihr dem Evangelium Christi nicht glaubt; denn ihr, die ihr im Evangelium glaubt, was ihr wollt, und nicht glaubt, was ihr wollt, glaubt viel mehr euch, als dem Evangelium." Contr. Faust. 17, 3. (Hettinger, Fund. 655 ff.)

Das kirchliche Glaubensprincip lautet also: Der Christ glaubt alles, was Gott geoffenbart hat und uns durch seine Kirche zu glauben vorstellt, es mag in der Heiligen Schrift stehen oder nicht; und zwar glauben wir nicht deshalb, weil wir es selbst erkennen, sondern deshalb, weil Gott durch seine Kirche uns die Wahrheit verbürgt.

§ 54. Schlußbetrachtung.

Wie einzig steht die katholische Kirche da in der Weltgeschichte, ein Musterwerk der göttlichen Weisheit und Allmacht, das „von Gott ist" und deshalb „nicht zerstört werden kann" (Gamaliel). Ja, sie ist wahrhaft Gottes Werk, die Kirche Christi, den Patriarchen verheißen, im Alten

Bunde versinnbildlicht, durch die Propheten vorausgesagt, durch den Gottes=
sohn begründet, durch die Apostel wunderbar über die ganze Erde ver=
breitet, durch das Blut der Märtyrer befruchtet, durch Wunder ohne
Zahl erhalten und beglaubigt. Sie ist Jahrhunderte alt und doch ewig
jung; einig und eins durch alle Zeiten im Glauben und in ihrem Ober=
haupt; heilig in ihrer Lehre, in ihren Wirkungen, ihrem Walten, dem die
ganze Welt die Civilisation und Kultur verdankt; heilig in vielen ihrer
Glieder, unerschöpflich in Entfaltung ihrer Wirksamkeit, unermüdlich in
ihrer Thätigkeit und Ausbreitung; allgemein durch alle Jahrhunderte,
unter allen Himmelsstrichen und Völkern. Sie trotzt allen Stürmen und
Umwälzungen, sie hat alle Verfolgungen der Juden und Heiden, die Ein=
fälle der Barbaren, die Angriffe einer falschen Wissenschaft, das vereinte
Sturmlaufen der menschlichen Leidenschaften, des Stolzes und der Sinn=
lichkeit, die Ränke und Verleumdungen der Gottlosigkeit und des Un=
glaubens, kurz alle Angriffe der menschlichen und diabolischen Mächte
ausgehalten, überdauert, besiegt.

„Weil die Kirche nicht feige oder stolz=genügsame Weltflucht, sondern Welt=
überwindung und Weltdurchdringung als ihre Aufgabe erkennt, darum alles echt
Menschliche in sich aufnimmt, um es zu weihen, zu heben und mit ihrem Geiste zu
durchdringen, so ist sie allein es auch, welche allem, was des Menschen Geist bewegt
und in seiner Seele lebt, gerecht zu werden vermag. Da ist der kühnste Flug der
Forschung und wieder das stille Sichversenken in Liebe. Weltmann oder Mönch,
Gelehrter oder Künstler, König und Taglöhner, das rüstig wirkende und schaffende
wie das beschauliche Leben finden hier ihre Stätte und in dem Wechselverkehr durch
die Kirche ihre Ergänzung und Schutz gegen Ausartung. Aber gerade weil sie die
wahre Kirche ist und die volle, ganze Wahrheit in sich trägt, wird und muß sie
angefeindet werden von allen, die außerhalb der Wahrheit stehen oder nur einen
Bruchteil der Wahrheit sich gerettet haben" (Hettinger). Dies beweist, daß die Kirche
über allen Gegensätzen steht als deren lebendige Ausgleichung und Vermittlung in
der einen, ewigen Wahrheit. Voll Bewunderung erkennt selbst der größte protestan=
tische Historiker Englands die Erhabenheit der katholischen Kirche an. „Es giebt
auf Erden kein Werk," sagt Macaulay, „und hat niemals eines gegeben, welches die
Untersuchung so sehr verdient wie die römisch=katholische Kirche. Die Geschichte
dieser Kirche verbindet die zwei großen Zeitalter der Civilisation, das Altertum und die
neue Zeit. Es giebt keine andere Institution in Europa, die uns zu den Zeiten
zurückführte, wo der Rauch der Opfer aus dem Pantheon aufstieg, und wo Giraffen
und Tiger im Amphitheater umhersprangen. Die stolzesten Königshäuser sind im
Vergleich mit der langen Reihe der römischen Päpste nur von gestern her. Und das
Papsttum besteht nicht etwa im Zustande des Verfalls und als Ruine, sondern voll
Leben und Kraft, während alle anderen Reiche, die mit ihm von gleichem Alter
waren, längst in Staub zerfallen sind. Die katholische Kirche sendet noch immer
bis zu den Grenzen der Erde ihre Sendboten aus, ebenso eifrig wie jene, die einst
mit Augustinus an der Küste der Grafschaft Kent landeten, und sie tritt noch immer
feindlichen Königen mit derselben Macht entgegen, mit der Leo dem Attila entgegen=
trat. Die Zahl ihrer Angehörigen ist größer als in irgend einer früheren Zeit; ihre
Eroberungen in der neuen Welt haben sie für das in der alten Verlorene reichlich
entschädigt, und wir sehen keinerlei Anzeichen, daß das Ende ihrer langen Herrschaft

Viertes Kapitel: Die kirchliche Lehrgewalt.

nahe sei. Sie sah den Anfang aller Regierungen und kirchlichen Gemeinschaften, die jetzt existieren, und wir möchten nicht behaupten, daß sie nicht auch bestimmt sei, ihr Ende zu sehen. Im vorigen Jahrhundert war das Papsttum so erniedrigt, daß 1799 selbst scharfsichtige Beobachter menschlicher Dinge geglaubt haben, seine letzte Stunde sei gekommen; doch das Ende kam noch nicht, die Tage der Anarchie waren vorüber, eine neue Ordnung der Dinge ging aus dem Chaos hervor, neue Dynastieen, neue Gesetze, neue Rechtstitel — und mitten unter all diesem feierte die alte Religion ihre Wiedergeburt. Die Araber haben eine Sage, daß die große Pyramide von Gizeh, von vorsintflutlichen Königen erbaut, allein von allen menschlichen Werken die Wucht der Fluten ertragen habe. Das ist das Schicksal des Papsttums! Es schien unter der großen Überschwemmung begraben, aber als die Flut abgelaufen, erschien es allein unter den Trümmern einer Welt, die vergangen war, am Lichte des Tages. Die holländische Republik war dahin, das deutsche Reich war dahin, der große Rat von Venedig, der alte Schweizerbund, das Haus Bourbon, Frankreichs Parlamente, sein Adel — sie waren alle dahin. Aber die unveränderliche römische Kirche war wieder da!"

So wollen wir denn als treue Kinder allzeit der wahren Kirche angehören, die uns in ihrem Schoße aufgezogen, von Jugend auf mit ihrer Lehre genährt, mit den heiligen Sakramenten gestärkt, mit ihren Verheißungen ermutigt hat; wollen unerschütterlich „den Herrn, unsern Gott, und seine Kirche lieben, Gott als Vater, die Kirche als Mutter" (Augustinus), jene Kirche, die, als ein wunderbares „Zeichen unter den Völkern erhoben", die Märtyrer großgezogen, die Heiligen herangebildet, den Erdkreis friedlich erobert und alles Schöne in Kunst und Wissenschaft hervorgebracht oder befördert hat, die, wie der Heiland, „Wohlthaten spendend einherging" durch die Jahrhunderte, aber auch gleich ihm von Verblendeten mit ungerechtem Hasse verfolgt wird. Zu jenen unserer Mitchristen aber, die wir ohne ihre Schuld von der wahren Kirche getrennt sehen, wollen wir in herzlicher Liebe mit dem hl. Cyprian sprechen: „Glaubet doch nicht, teuerste Brüder und liebste Kinder, daß ihr jemals das heilige Evangelium verteidigen könnt, wenn ihr von seiner Herde, von seiner Einheit und von seinem Frieden getrennt seid. Gute Soldaten, die sich über Unordnungen im Heere beklagen, sollen in dem Lager bleiben, um durch gemeinsamen Rat denselben abzuhelfen unter Leitung des Kriegführers. Weil also die kirchliche Einheit nicht zerrissen werden darf, und wir die Kirche nicht verlassen können, um zu euch zu kommen, so kommet doch zurück zu der Kirche, zu eurer Mutter und zu euern Brüdern. Dazu ermahnen wir euch mit dem großen Eifer wahrhaft brüderlicher Liebe." (Ep. 44 ed Baluz.)

Namen- und Sachregister.

Abbias 33.
Absolut 4.
Aggäus 33.
Alleinseligmachende Kirche 76.
„Allgemeines Priestertum" 79 f.
Allioli 102.
Altes Testament, Inhalt 30 ff.
Ambrosius 86.
Amos 32.
Anathema 77.
Anselm 5.
Antilegomena 42.
Antinomier 102.
Apokalypse 40.
Apokryphen 47.
Apollonius von Tyana 27.
Apologeten 1.
Apologetik, Begriff und Aufgabe 1.
— Einteilung 2.
— Stellung u. Methode 2.
Apologie, Geschichte 1.
Apostel, zweifache Stellung derselben 80.
Apostelgeschichte 38 f.
Aristoteles 21, 24.
Armut, heilige 69.
Artemon 93.
Atome 11.
Auferstehung Jesu 60 ff.
Augustinus 1, 22, 42, 45, 64, 76, 86, 90, 91, 92, 93, 97, 102, 104, 107, 109.
Aurelian 87.
Ausbreitung des Christentums, wunderbare 62.
Authentie der Vulgata 101 f.
„Authentisch" 102.

Baco 25.
Barnabas 43.
Baruch 32.
Bayle 10.
Bedingt 4.
Bellarmin 75.
Bewegung b. Weltkörper 12.
Bibelgesellschaften 102.
Bibellesen 102.
Bibellesung, „Verbot" der Brevier 31. [102.
Büchner 11.
Buddha 27.
Buffon 10, 36.
Burmeister 14.

Calderon 69.
Calvin 105.
Causalitätsgesetz 4.
Causalnexus 8.
Celsus 43.
Cerinth 43.
Chalcedon, Konzil von 87.
Christentum, die absolute Religion 72.
— wohlthätiger Einfluß desselben 68 f.
— wunderbare Erhaltung desselben 67 f.
„Christus" 50.
Chronik, zwei Bücher der 30 f.
Cicero 8, 10, 19, 24, 51.
Claudius 48.
Clemens von Alexandria 43.
Clemens Romanus 43, 87, 104.
Cobbet 105.
Cotta, Bernhard 14.
Cyprian 76, 84, 86, 97, 109.
Cyrill von Jerusalem 88.

Damasus I. 33.
Daniel 32.
Dannhauer 100.
Dante 69.

Deby 74, 76, 89, 90, 91, 92, 93.
Demokritus 12.
Deuterokanonische Bücher 33, 100.
Diakone 81.
Döllinger 58, 89.

Echtheit des Alten Testaments 33 ff.
Echtheit des Neuen Testaments 40 ff.
Ehe im Christentum 69.
Einfluß des Christentums, wohlthätiger 68 f.
Ephesierbrief 39.
Ephesus, Konzil von 87.
Erblehre 102 ff.
Erklärung der Heiligen Schrift 101.
Esdras, Buch 31.
Esther, Buch 31.
Eusebius 93, 101.
Evangelien, falsche 45.
Ewig 4.
„Ewiger Kreislauf" 6.
Erkommunikation 76.
„Extra ecclesiam nulla salus" 76.
Ezechiel 32.

Familie im Christentum 69.
Familisten 102.
Felix II. 97.
Fichte 22.
Flavius Josephus 41, 44, 48, 56, 59, 101.
Fontenelle 10.
Fundamentaltheologie 2.

Galaterbrief 39.
Gamaliel 68.
Gehirn, Funktionen dess. 16.
Geister, böse 28.

Geistigkeit der menschlichen Seele 15.
Gewissen 9.
Gfrörer 74.
Glauben und Wissen 24 f.
Glaubenshinterlage 99.
Glaubensprincip, kirchl. 107
Glaubensregel 106.
Glaubwürdigkeit des Alten Testaments 36 ff.
Glaubwürdigkeit des Neuen Testaments 46 ff.
Göthe 23, 24.
Gottesbeweise 6 ff.
— Stellung derselben in der Apologetik 2.
Gottheit Jesu Christi 70 ff.
Gregor der Große 29.
Gregor von Nazianz 86.

Habakuk 33.
Hake 15.
Häretiker 77.
— Zeugnis ders. für die Echtheit des Neuen Testaments 43.
Harpe, La 10.
Hartwig 8.
Hebräerbrief 40.
Hegel 20.
Heilige Schrift 29 ff., 99.
Hellenistische Griechisch, das
Hellsehen 16, 28.   [41.
Herder 88.
Hergenröther 92.
Hermas 104.
Hettinger, fast auf jeder Seite citiert.
Hierarchie 80.
Hieronymus 33, 46, 85, 86,
Hilarius 102.   [93.
Hohes Lied 32.
Holzammer 22, 34.
Homologumena 42.
Horaz 51.
Hörende Kirche 77.
Humboldt, Alex. von 14.
Hus u. a., keine Märtyrer 67.
Hypothesen des Materialismus 13.

Jakobusbrief 40.
Jason von Cyrene 31.
Jeremias 32.
Ignatius 43, 86, 90, 104.
— Briefe dess. 42.

Inspiration der Heiligen Schrift 100.
„Intoleranz" der Kirche 76.
Job, Buch 31.
Joel 32.
Johannes, Apostel, drei Briefe des hl. 40.
— Evangelium dess. 38.
— Offenbarung dess. 40.
Jonas 33.
Josua, Buch 30.
Jrenäus 43, 86, 92, 97, 103,
Jsaias 32.   [104.
Jtala 33.
Judas Thaddäus, Brief des hl. 40.
Judith, Buch 31.
Julian der Abtrünnige 43.
Julius I. 97.
Justinus 42, 43.

Kanon 33.
— des Neuen Testaments 101.
Kanonische Bücher 100.
Kassandra 28.
Katakombenbilder 86.
„Katholische" Briefe 39, 40.
Kennzeichen der Kirche 88 ff.
Kennzeichen der Offenbarung 24 ff.
Ketzer 77.
Kirche, Begriff ders. 73 ff.
— Bestimmung ders. 75 ff.
— von Christus gestiftet 73.
— lehrende und hörende 77.
— Verfassung ders. 77 ff.
— Zugehörigkeit zur 75.
Kirchenväter, ihr Zeugnis für die Echtheit des Neuen Testaments 42.
Klerus 78.
Kolosserbrief 39.
König, Arthur 8.
Könige, Vier Bücher der 30.
Konsequenzen des Materialismus 13 f.
Konstanz, Konzil von 87.
Konzilien 98 f.
— ohne Papst 87.
Korintherbriefe 39.
Kosmologischer Beweis 6 f.
Kreislauf, „ewiger" 6.
Kunst im Christentum 69.

Lacordaire 69.
Lactantius 66.

Laien 78.
Laodicea, Synode von 44.
Lebensalter, hohes der Patriarchen 36.
Lehrende Kirche 77.
Leo I. 87.
Lessing 72.
Lesung der Bibel 102.
Liberius 97.
Liebig 6, 13.
Loch-Reischl 102.
Lucian 65.
Lukas, Evangelium dess. 38.
Lüken 19.
Luther 76, 95, 101, 104, 105.
Lyon, Konzil von 97.

Macaulay 108.
Macrobius 48.
Makkabäer, zwei Bücher der 31.
Marcion 43.
Markus, Evang. dess. 38.
Märtyrer, Begriff ders. 65.
— in Japan und China 92.
— Zahl ders. 64.
Märtyrertum beweist die Göttlichkeit des Christentums 65 ff.
Materialismus 10 ff.
— Hypothesen dess. 13.
— Konsequenzen dess. 13 f.
Matthäus, Evang. dess. 38.
Maupertuis 10.
Messianische Weissagungen
„Messias" 50.   [50.
Michäas 33.
Montanus 43.
Montesquieu 10.
Moses 37.
— Fünf Bücher dess. 30.
— Glaubwürdigkeit dess. 36
Muhammed 27.
Müller, Joh. von 88.
Mythen 34.
„Mythen" im Neuen Testament 44.

Nachtseite des Seelenlebens 16.
Nachtwandler 16.
Nahum 33.
Nehemias, Buch 31.
Nero 48.
Neues Testament, Inhalt 38 ff.

Newton 22.
Notwendig 4.

Offenbarung 23.
— Kennzeichen ders. 24 ff.
— Notwendigkeit ders. 23 f.
— Quellen ders. 99.
Oken 13.
Onesimus 39.
Ontologischer Beweis 5.
Optatus von Mileve 90.
Orakel 28.
Osee 32.

Pantheismus 20 f.
Papias 43, 104.
Papst, Nachfolger Petri 85 ff.
Paul von Samosata 87.
Paulinischen Briefe, die 39.
Pentateuch 30.
Peregrinus Proteus 65.
Peschittho 33, 43.
Petrus, zwei Briefe des hl. 40
Pflanzenseele 15.
Philemon, Brief an 39 f.
Philipperbrief 39.
Philippus, päpstlicher Legat 97.
Philo 41.
Plato 16, 19, 21, 23, 24.
Polykarp 42, 43.
Porphyrius 43.
Prediger Salomos 32.
„Priestertum, allgemeines" 79 f.
Primat 81 ff.
Prozeß, kanonischer 92.
Propheten 32.
Protokanonische Bücher 33,
Prudentius 66. [100.
Psalmen, Buch der 31.
Psychologischer Beweis 9 f.

Quadratus 44.
Quellen der Offenbarung 99.
Quenstedt 100.

Rationalismus 26.
Reformation 93. [84.
Regierungsform der Kirche
Reihe, „unendliche" 6.
Religion 22 f.
Richter, Buch der 30.
Rittgen 13.
Römerbrief 39.

Rothe, Richard 74.
Rousseau 21, 22, 49.
Ruth, Buch 30.

Schelling 20.
Schleiden 11.
Schriftauslegung 101.
Seele, Arten ders. 15.
— Geistigkeit ders. 15.
Seelenleben, Nachtseiten desselben 16.
Septuaginta 33.
Sichtbarkeit der Kirche 74.
Sirach, Buch 32.
Sklavenfrage, Lösung derselben im Christentum 40.
Sklaverei 69.
Sokrates 21.
Somnambulismus 16, 28.
Sophonias 33.
Sozomenos 97.
Sprüche, Buch der 12.
Staatsleben im Christentum 69.
Stephanus 87.
Strauß 13, 14, 105.
Suetonius 48, 51.
Swedenborg 16.
Synoptiker 38.

Tacitus 48, 51, 63.
Talmud 49.
Tatian 43.
Teleologischer Beweis 7 ff.
Tertullian 43, 86, 90, 91, 104.
Testamentum 29.
Thessalonicherbriefe 39.
Thomas von Aquin 1, 10, 13, 23.
Thora 30.
Tier und Mensch 17.
Tierseele 15.
Timotheus, zwei Briefe an
Tobias, Buch 31. [39.
Tradition 102 ff.
Traditores 46.
Trennung von der Kirche, Verwerflichkeit ders. 95.
Trient, Konzil von 101.

Überlieferung, mündliche 102 ff.
Übersetzungen des Alten Testaments 33.
„Unendliche Reihe" 6.

Unfehlbarkeit, aktive, des kirchlichen Lehramtes 95.
— passive, der Gesamtkirche 94.
— des Papstes 96.
— keine Menschenvergötterung 98.
Unglaube, Thorheit desselben 21 f.
Unsichtbare Kirche 75.
Unsterblichkeit 18 ff.
Unverfälschtheit des Alten Testaments 35 f.
— des Neuen Testaments 45 f.
Ursache 4.

Valentinian III. 87.
Valentinus 43.
Vatikan, Konzil im 98, 100.
Veränderlich 4.
„Verbot" d. Bibellesung 102
Verfassung der Kirche 77 ff.
Victor I. 87.
Vincentius Lerinensis 104.
Virchow 12.
Virgilius 51.
Vogt 11.
Vulgata 33.

Weisheit, Buch der 32.
Weissagung 28.
Weissagungen Jesu 58 f.
„Widersprüche" im Neuen Testament 45, 47.
Wiedertäufer 102, 106.
Wirkung 4.
Wissen 24 f.
Wissenschaft im Christentum 69.
Wunder 26.
— bei dem Martyrium 66.
Wunder Jesu 56 ff.

Xenophanes 24.

Zacharias 33.
Zeitlich 4.
Zeno, Kaiser 97.
Zephyrin 93.
Zufall 8.
Zufällig 4.
Zugehörigkeit zur Kirche 75.
„Zweckwidriges" in der Natur 9.